长城：铸牢中华民族共同体意识的纽带

——第三届长城论坛暨长城学科高质量发展研讨会论文集

郝　平 主编

山西大学长城文化生态研究院、历史文化学院、考古文博学院
燕山大学中国长城文化研究与传播中心 编

燕山大学出版社
·秦皇岛·

图书在版编目（CIP）数据

长城 ：铸牢中华民族共同体意识的纽带 ：第三届长城论坛暨长城学科高质量发展研讨会论文集 / 郝平主编. 秦皇岛 ：燕山大学出版社，2025. 10. -- ISBN 978-7-5761-0937-5

Ⅰ. K928.77-53

中国国家版本馆 CIP 数据核字第 2025DP7649 号

长城：铸牢中华民族共同体意识的纽带

——第三届长城论坛暨长城学科高质量发展研讨会论文集

CHANGCHENG: ZHULAO ZHONGHUA MINZU GONGTONGTI YISHI DE NIUDAI

郝　平 主编

出 版 人：陈　玉

责任编辑：张岳洪　唐　雷　　**策划编辑**：张岳洪

责任印制：吴　波　　**封面设计**：陈　帅

出版发行：燕山大学出版社　　**电　　话**：0335-8387555

地　　址：河北省秦皇岛市河北大街西段 438 号　　**邮政编码**：066004

印　　刷：秦皇岛墨缘彩印有限公司　　**经　　销**：全国新华书店

开　　本：787 mm×1092 mm　1/16　　**印　　张**：16.75

版　　次：2025 年 10 月第 1 版　　**印　　次**：2025 年 10 月第 1 次印刷

书　　号：ISBN 978-7-5761-0937-5　　**字　　数**：310 千字

定　　价：88.00 元

本书为山西省高等学校人文社会科学重点研究基地（长城文化生态研究院）
项目资助成果

编辑委员会

序

1984年，党和国家领导人题词“爱我中华，修我长城”。2019年，习近平总书记视察嘉峪关时强调要做好长城文化价值发掘和文物遗产传承保护工作。2024年5月14日，习近平总书记在给八达岭长城脚下的乡亲们的回信中指出：“长城是中华民族的代表性符号和中华文明的重要象征，凝聚着中华民族自强不息的奋斗精神和众志成城、坚韧不屈的爱国情怀。保护好、传承好这一历史文化遗产，是我们共同的责任。”

为纪念党和国家领导人题词40周年，深入学习贯彻习近平总书记关于长城保护的重要指示，2024年10月18—19日，山西大学和中国考古学会长城考古专业委员会在山西太原共同主办了“长城：铸牢中华民族共同体意识的纽带——第三届长城论坛暨长城学科高质量发展研讨会”。本次会议由山西大学长城文化生态研究院、历史文化学院、考古文博学院和燕山大学中国长城文化研究与传播中心、《地方文化研究》杂志社、山西省历史学会等单位共同承办，朔州市委宣传部、朔城区委宣传部、山阴县委宣传部协办。来自中国长城学会、中国考古学会长城考古专业委员会、中国文化遗产研究院、燕山大学、天津大学、武汉大学、西北大学、河北工业大学、河北地质大学、河北经贸大学、甘肃省文物局、陕西省考古研究院、河南省文物考古研究院以及山西省内山西大同大学、忻州师范学院、山西省考古研究院、山西省古建筑与彩塑壁画保护研究院等全国近40所高校、科研院所的80多位专家学者参加了会议。

本届论坛共发表学术报告49篇，这些成果紧扣“长城：铸牢中华民族共同体意识的纽带”主题，涉及史地考古、建筑材料、长城文学、长城抗战、长城旅游、管理保护以及长城国家文化公园建设等方面，甚至长城概念及其训诂也引起了学者的重视，突显了长城研究的多学科性日趋加强。论文的含金量大幅提升，基金项目研究成果论文多达21篇，占比四成多，其中包括9篇国家级的基金项目，充分说明长城研究越来越受到国家和地方政府的关注，更多的学者开始关心长城的科学研究与保护利用。硕博士生、女性研究者越来越多，参加论坛的硕博士生约占三分之一，女性研究者近二分之一，这是长城研究队伍持续壮大的生动表现。不过从参会人员所属学科专业来看，主要仍集中在历史、考古、文学、建筑、管理等学科专业，自然科学门类的学者参与度较小。由于长城所涉人地关系的发展演变及其对当下社会的价值与意义无疑是长城学科建设不可偏废的重要环节，我们也将努力吸引更多的自然科学学者参与到长城的研究与保护中来，持续推进长城学科的高质量发展。

为反映本次会议成果，我们在前两届论坛均出版论文集之后，继续将论文结集出版，这是第三本。本次会议的一些论文即将公开发表，充分说明了参会论文的高水平，但为尊重学术习惯，这些论文本论文集不再收录。本论文集收录的论文我们大致归为以下三类：长城与铸牢中华民族共同体意识、长城史地考古、长城多学科建设。长城史地考古当然是长城多学科建设的重要组成部分，但它是长城研究的传统方向，文章数量较多，我们还是把它列为一类。

除2022年因为疫情原因未能举办论坛，自2021年起我们已连续举办三届论坛，既有收获，也发现了一些问题，这对我们来说无疑是宝贵的财富。未来我们也将继续组织更好、更全面的论坛，真诚希望有更多高校和科研院所、更多学科专业的专家学者、更多的年轻人参与论坛，投入长城文化价值发掘和遗产传承保护工作中来，持续努力，久久为功，弘扬长城文化，讲好长城故事。

是为序。

郝平

2024年12月15日

目 录 CONTENTS

长城与铸牢中华民族共同体意识

长城史地考古

长城多学科建设

长城与铸牢中华民族共同体意识

“我者与他者”：长城一线与汉匈之间的边界意识 *

姬丽君 赵李菲 **

摘要：秦汉长城有三个定位，划定疆域的山河界限、汉匈国家的政治界限、民族之间的文化界限。长城依托山川形胜而建，它奠定了汉匈划界而治的政治格局，延续了由来已久的夷夏观念。外在的界限定位不等于汉匈政治轸域的决然隔离，长城的形成与维修，反映的是秦汉时代对于“边界秩序”的看法与规划，也反映了“和而不同”的文化理论，夷夏之防的旧观念与夷夏一体的新理想，共同融合于长城一线的象征意义之中而并行不悖，汉王朝与匈奴国之间产生了一种边界法则，国家之间、民族之间、文化之间的差别意识与融通规则逐步向制度化、规范化过渡，这些维护了汉匈双方政治体系交流运行的稳定与效率。

关键词：汉代 长城 夷夏 边界意识

长城如今作为中华文明的图腾，实有一个极为漫长的塑造历程。回顾早期历史，出于军事防卫、边疆安全、政治战略等考虑，秦王朝修建长城的动机，实用功能大过于象征意义。战国阶段长城就是一种军防工事，六国皆有筑造，所谓“长城

* 基金项目：国家社科基金特别委托重大项目“碑铭所见大同地区民族融合历史研究”（编号：21@ZH030）；山西省高等学校人文社会科学重点研究基地（长城文化生态研究院）项目（编号：SDCC2023008）。

** 作者简介：姬丽君，山西大学历史文化学院讲师；赵李菲，山西大学历史文化学院2022级博士研究生。

内外”，则起因于秦王朝建造大一统疆域的需要，为北击匈奴，始皇派蒙恬增筑边防扩充要塞，将北边城墙工事连为一体，中原与北地之间出现了长达万余里的人造军事防线。秦长城因规模浩大而显著于世，实质还是六国时期军事防卫的固有思维。到了汉代，长城产生了更多的政治含义。

20 世纪 80 年代，随着“长城学”概念的提出，许多学者看到了长城作为国家象征物的文化深意，新观点纷纷涌现：秦汉长城的建筑与汉民族的形成是大有关联的；① 与秦长城相比，汉长城其实是汉匈关系的产物，它的修筑与移动更是“中原农耕文明向外发展和农耕界限向北推移的具体表现之一”；② 汉长城在张骞凿空西域之后延伸到了西域地区，长城防线一方面继续发挥着军事政治的保障作用，另一方面推动了中原与西域经济文化的交流。③ 两汉时期汉匈交往频繁，两个帝国之间的军事防御体系不可能完全倚靠建造高城墙这种原始的方式，于是长城一线就附加了除军事之外的许多其他功能，而最鲜明的无外乎长城的边界属性及附属价值。王明珂认为，“秦汉长城成为一具体、实质的华夏边缘，华夏以此隔阻北方畜牧化、武装化人群南下争夺生存资源”，④ 这就从资源争夺的现实视角还原了长城本体的实用功能，也为秦汉长城的性质、大一统帝国的疆域管理以及汉匈多样化的交往方式等话题提供了新思路。

长城一线是农耕与游牧文明的分界，华夏与胡族的分界，汉王朝与匈奴国的分界。既是边界符号，理应重视长城既非国土意识也非国界线理念的边界含义，即汉匈两个政治体对于有争议的边界地带持怎样的管理看法，汉匈双方共同认可的边界秩序又是什么。许倬云说：“自从西周以后，中国内外之间的区别，乃是一个多重结构的共同体的内和外，不是单纯的华夏与夷狄，而是‘网内’与‘网外’多层次的我者与他者。”⑤ 秦汉长城隔绝出了地理区位上的“我”与“他”，而不能隔绝双方的文化交融，借用“我者与他者”的比拟，本文将剖析长城一线在汉匈交往关系中的政治定位及更深层次的边界含义。

---

① 陈江：《秦汉长城的建筑与汉民族的形成》，《东南文化》，1995 年第 1 期，第 82-87 页。

② 白音查干：《汉长城考察与研究》，《内蒙古师范大学学报（哲学社会科学版）》，1987 年第 1 期，第 95-103 页。

③ 王子今：《交通史视角的秦汉长城考察》，《中国长城文化学术研讨会论文集》，中国书籍出版社，2020 年，第 24-36 页。

④ 王明珂：《华夏边缘：历史记忆与族群认同》，上海人民出版社，2020 年，第 7 页。

⑤ 许倬云：《经纬华夏》，南海出版公司，2023 年。

一、“长城”的移动与汉匈之间的边界地带

有学者提到过，“长城的阻隔作用是明确的”。[①] 中国古代修筑长城，旨在筑城守塞，抵御外敌。每一座城墙都是一条展示防御诉求的地理界限，七国所造长城地势走向各不相同，不只为了隔离南北。吕思勉解释过“长城”的由来：“郭之设，如专于一面，即为长城，亦所以防抄掠。战国时秦、赵、燕三国，皆有长城，所以防北族，齐亦有长城，则所以防淮夷也。”[②] 修建长城是否缘起于城郭之筑造也许有待考察，但可以确定的是战国长城没有太多的象征意义，大多是为划界而用，至秦汉时，长城依然保持着划界而治的现实效用，以内是冠带之国，以外是引弓之地，以长城为界，汉匈双方都有互不相犯的政治需求。

不只为划界，防御也是长城的原始价值。东方相邻之国都曾修筑长城抵御秦国。《史记·秦本纪》记载：“孝公元年，河山以东强国六，与齐威、楚宣、魏惠、燕悼、韩哀、赵成侯并。淮泗之间小国十余。楚、魏与秦接界。”[③]《史记正义》释曰：“楚北及魏西与秦相接……魏西界与秦相接，南自华州郑县，西北过渭水，滨洛水东岸，向北有上郡鄜州之地，皆筑长城以界秦境。”[④] 因征战频繁，七国内部由于城池得失而常常修筑长城，这不仅有划定势力范围的意思，还有为防御外敌、制造军事防御区的战略意义存在。

“冠带战国七，而三国边于匈奴”，[⑤] 这是战国的国际格局，《史记·匈奴列传》亦有载：“则赵有代、句注之北，魏有河西、上郡，以与戎界边。其后义渠之戎筑城郭以自守。”[⑥] 由于中原国家与北方民族的临界位置常常发生战事摩擦，筑城防御、设郡管理就成了边防惯例。秦昭襄王为灭义渠，筑秦长城，设陇西、北地、上郡；赵武灵王变俗胡服，为破林胡、楼烦而筑赵长城，设云中、雁门、代郡；燕国将领秦开为破东胡，筑燕长城，设上谷、渔阳、右北平、辽西、辽东郡。长城皆依山川地形而建，其实就是一丛一丛的城墙工事，由于山川河流的间隙也很分明，因此这些人造边界能够起到的屏障作用还是有限的。需要特别指出的是，秦昭襄王长城大

---

① 王子今：《秦汉长城与丝绸之路交通》，《芝车龙马：秦汉交通文化考察》，西北大学出版社，2020 年，第 170 页。

② 吕思勉：《先秦史》，中国文史出版社，2018 年，第 246 页。

③《史记·秦本纪》，中华书局，1959 年，第 202 页。

④《史记·秦本纪》，第 202 页。

⑤《史记·匈奴列传》，第 2886 页。

⑥《史记·匈奴列传》，第 2885 页。

致位于北纬36°～38°。

在频繁的军事活动当中边境线的随机移动是合理的也是通行惯例，而如果将燕赵秦长城联结起来，造出万余里的边防工事，再将部分地段的长城向北推移，这就单方面地扩大了边防区，也有政治示威、炫耀武备的意思。秦王朝初建，秦始皇便命令蒙恬“北筑长城而守藩篱”，这个“藩篱区”就是要将三国长城连为一线，西起临洮、东至辽东，而重点在于，中间段就务须要收回河南地。《史记·秦始皇本纪》：“三十三年，……西北斥逐匈奴。自榆中并河以东，属之阴山，以为三十四县，城河上为塞。又使蒙恬渡河取高阙、陶山、北假中，筑亭障以逐戎人。……三十四年，谪治狱吏不直者，筑长城及南越地。”① 这一记载中秦王朝居于北纬41°的北部边境线一目了然，都城咸阳又距离匈奴活跃地区太近，因此秦始皇非常重视秦王朝北部疆域的安定，筑长城、移罪犯戍边、修直道等，都是意在充实“藩篱区”、拓宽边界地带、整合边地资源以防御匈奴。从秦昭襄王长城到秦始皇长城，这个“藩篱区”介于北纬36°～41°之间，与“却匈奴七百余里”的记录相差不远。

秦长城的主体区域为：“起临洮，至辽东，延袤万余里。”②《史记·秦始皇本纪》亦有载：“地东至海暨朝鲜，西至临洮、羌中，北据河为塞，并阴山至辽东。”③《史记正义》释曰：“阴山在朔州北塞外。从河傍阴山，东至辽东，筑长城为北界。”④ 制造界限，原就是长城修筑的初衷，那么，界限的移动就意味着特殊的政治信号。秦长城一线大致位于北纬41°～42°之间，也可简称为41°线，由东向西所处山脉，分别有大兴安岭、燕山、太行山、阴山、贺兰山、祁连山、天山等。此自然界限将游牧区域与农耕区域天然地划分开来，但是，在此山系上修筑的长城却有南北反复移动的历史现象。

秦昭襄王长城其实是斜穿北纬38°线，然而秦始皇北筑长城，则把长城一线（亦称“北边”）往北推至41°线，专设北地、上郡、云中、九原四郡，意在控制匈奴南下的最快通道。秦末汉初，“诸侯畔秦，中国扰乱，诸秦所徙适戍边者皆复去，于是匈奴得宽，复稍度河南，与中国界于故塞”，⑤ 这个“故塞”，甚至有可能是秦国与义渠原本的界限（北纬35°甘泉山附近），从文义可知，中原大乱，秦始皇长城在此时收效甚微，乐观地说，中原政权与胡族政权的势力范围实际上又回归到了以秦

①《史记·秦始皇本纪》，第253页。
②《史记·蒙恬列传》，第2565-2566页。
③《史记·秦始皇本纪》，第239页。
④《史记·秦始皇本纪》，第241页。
⑤《史记·匈奴列传》，第2887-2888页。

昭襄王长城为界。至汉武帝再次修筑长城，则又将匈奴势力赶至北纬 41° 线，回归到了秦始皇长城。[①] 长城界线、胡汉分界线、游牧与农耕自然界线，三线会随着汉匈之间政治活动的变化而产生移动、重合、相离等动态。

到了汉代，长城已然成为汉匈分而治之的外交术语。《汉书·西域传》记载，“自周衰，戎狄错居泾渭之北。及秦始皇攘却戎狄，筑长城，界中国”，[②] 何谓“界中国”，颜师古释曰：“为中国之竟界也。”[③] 汉初刘邦白登山之围，在事实上划分出了汉匈属地的治域，《史记》详细记载了这一事件：“匈奴使左右贤王将万余骑与王黄等屯广武以南，至晋阳，与汉兵战，汉大破之，追至于离石，后复破之。匈奴复聚兵楼烦西北，汉令车骑击破匈奴。匈奴常败走，汉乘胜追北，闻冒顿居代上谷，高皇帝居晋阳，使人视冒顿，还报曰：‘可击。’上遂至平城。上出白登，匈奴骑围上，上乃使人厚遗阏氏。阏氏乃说冒顿曰：‘今得汉地，犹不能居，且两主不相厄。’居七日，胡骑稍引去。”[④] 纵观平城之战的主战场位置，广武南、晋阳、离石、娄烦、上谷等大致在北纬 38° 线，平城、白登山在北纬 40°，所谓“今得汉地，犹不能居”，此文本书写的视角下的“汉地”区域，应当就是秦始皇长城以南区域。汉孝文帝的致单于书，再次明确了汉匈二主的治域范围：“先帝制：长城以北引弓之国，受命单于；长城以内冠带之室，朕亦制之。使万民耕织射猎衣食，父子无离，臣主相安，俱无暴逆。”[⑤]

这一界限在匈奴视角之下显然不被认同，北纬 38° ～ 41° 线之间在事实上才是明确的、可供争夺的边境地带。秦汉时，北部民族虽是游牧习性，但都在逐步产生领地观念与国家意识。匈奴与东胡相邻，时常受其侵犯，《史记》记载：“东胡王愈益骄，西侵。与匈奴间，中有弃地，莫居千余里，各居其边为瓯脱。东胡使使谓冒顿曰：‘匈奴所与我界瓯脱外弃地，匈奴非能至也，吾欲有之。’冒顿问群臣，群臣或曰：‘此弃地，予之亦可，勿与亦可。’于是冒顿大怒曰：‘地者国之本也，奈何予之！’诸言予之者，皆斩之。”[⑥] 对于治理范围不能远及的地区，是否还有必要耗费军事力量去争夺，通过群臣与冒顿单于的交谈可知，这一时期匈奴对于边地疆域的权属观念正在逐步成熟，同时也包含有扩张领土的意图。

---

① 参见李零：《我们的中国》第四编《思想地图》，生活·读书·新知三联书店，2016 年，第 166-167 页。

② 《汉书·西域传上》，中华书局，1962 年，第 3872 页。

③ 《汉书·西域传上》，第 3873 页。

④ 《史记·韩信卢绾列传》，第 2633-2634 页。

⑤ 《史记·匈奴列传》，第 2902 页。

⑥ 《史记·匈奴列传》，第 2889 页。

汉武帝之前，匈奴侵扰汉边多数情况都已过秦始皇长城一线，侵扰范围渐渐逼至北纬 38° 线以南，许多记载可供证实。秦末，“南并楼烦……悉复收秦所使蒙恬所夺匈奴地者，与汉关故河南塞，至朝那、肤施，遂侵燕、代”；[①] 汉初，“匈奴大攻围马邑，韩王信降匈奴。匈奴得信，因引兵南逾句注，攻太原，至晋阳下”；[②] 汉文帝三年，“匈奴右贤王入居河南地，侵盗上郡葆塞蛮夷，杀略人民”；[③] 汉文帝十四年，“匈奴单于十四万骑入朝那、萧关，杀北地都尉卬，虏人民畜产甚多，遂至彭阳。使奇兵入烧回中宫，候骑至雍甘泉”。[④] 回中宫、甘泉等地是当时南北交通的战略要地，匈奴不断试探南下限度并且逼近咸阳、长安都城之地的行为，逼迫汉王朝不再单独倚靠和亲策略，孝文帝三年下诏曰：“汉与匈奴约为昆弟，毋使害边境，所以输遗匈奴甚厚。今右贤王离其国，将众居河南降地，非常故，往来近塞，捕杀吏卒，驱保塞蛮夷，令不得居其故，陵轹边吏，入盗，甚敖无道，非约也。其发边吏骑八万五千诣高奴，遣丞相颍阴侯灌婴击匈奴。”[⑤] 汉景帝之后，武备之事提上日程，“于是汉使三将军军屯北地，代屯句注，赵屯飞狐口，缘边亦各坚守以备胡寇。又置三将军，军长安西细柳、渭北棘门、霸上以备胡”，[⑥] 屯兵戍边位置约在北纬 35° 线（古代的王朝线[⑦]），秦汉时，匈奴侵边基本不会超过此线，但是对河南地（北纬 37° 线）则是一直抱有匈奴属地的心理，尤其怨恨汉武帝收河南地、北筑长城、恢复北纬 41° 长城线的行为，“匈奴右贤王怨汉夺之河南地而筑朔方，数为寇盗边，及入河南，侵扰朔方，杀略吏民甚众”。[⑧] 可以发现，汉文帝致单于书中的“长城内外”与匈奴视角的“长城内外”始终不在同一纬度，然而这种政治界限的

---

① 《史记·匈奴列传》，第 2890 页。

② 《史记·匈奴列传》，第 2894 页。

③ 《史记·匈奴列传》，第 2895 页。

④ 《史记·匈奴列传》，第 2901 页。

⑤ 《史记·孝文本纪》，第 425 页。

⑥ 《史记·匈奴列传》，第 2904 页。

⑦ 李零《我们的中国》第一编《茫茫禹迹》：“北纬 41 度线是长城线，这一线上的秦皇岛、北京、大同、呼和浩特和包头都是边塞。北纬 38 度线是缓冲带和过渡带，北方民族南下，可以在这里挡一下，正定、太原、榆林在这一线。北纬 35 度线是王都线，三代王都在这一线，秦到北宋的历朝古都也在这一线。这是早期中国的底线。”（生活·读书·新知三联书店，2016 年，第 26 页。）

⑧ 《史记·匈奴列传》，第 2907 页。

动态移动却又不会超过某种限度。[①] 总之，长城向南向北的有限移动，左右着汉匈边界地带的南北限度。

二、“长城”的意蕴与汉匈之间的文化防御

汉匈双方既是两个民族、两个国家、两个政治体，同时也是两个文化体。长城这一阻隔实体不只是横亘在农牧交界、政权交界等等这些常规的象限之间，更重要的是，秦汉长城延续了先秦以来的思想惯性，甚至使严守夷夏之防的思想意识变得非常具象化。

春秋时期夷夏之防思想较为兴盛。在政治环境不太友好的历史条件之下，不同民族之间应当严守一种文化防线。严夷夏之防是历史流变当中沉淀出的思想意识，它的生成与延续都有相应的合理性，毕竟早期中国与周边民族的交流历史记载多以战争事件为主，且西周亡于西戎一事留下了沉重且漫长的历史记忆。许多记载都反映过春秋时期爆发过的夷夏冲突，《左传・定公十年》中孔子曰：“裔不谋夏，夷不乱华。”[②]《公羊传・僖公四年》：“夷狄也，而亟病中国。南夷与北狄交，中国不绝若线。”[③]《论语・八佾》：“子曰：‘夷狄之有君，不如诸夏之亡也。’”[④]“夷夏之防”固然有一些遗存的孔子言论为其支撑，体现了儒家思想保守性的一面，但其中并没有狭义的民族观，《论语・子路》：“樊迟问仁。子曰：‘居处恭，执事敬，与人忠。虽之夷狄，不可弃也。’”[⑤] 夷夏之防线不是实体的界限，而如何定义这种虚拟的界限，还应当考量不同文化爆发冲突的深浅程度。

夷夏之防在公羊学阐释中有了理论性的升华。根据《公羊传》所载，夷狄与诸

---

① 参见李零《我们的中国》第三编《大地文章》：“很多人都以为，夷夏之界是汉长城，其实不然。……诸夏攘夷，主要是把他们的势力推到北纬 38 度以北，……再往北，到北纬 41 度左右，中原地区的影响更弱，几乎消灭。再以北，则完全是胡地。秦昭襄王、秦始皇两拒戎胡，再修长城，基本上是把戎狄从北纬 34 度推到 38 度，再推到 41 度，41 度是最后的分界线。秦汉之际，中国内乱，情况倒过来，匈奴又尽收河南故地，把汉胡分界线推回到北纬 38 度，以朝那、肤施为界，并东侵燕、代。汉武帝第三次拒胡，再把这条线推回去，也还是不能改变这一带是胡汉杂居的局面。”（生活・读书・新知三联书店，2016 年，第 183 页。）

②《左传・定公十年》，上海古籍出版社编：《十三经注疏》，上海古籍出版社，1997 年，第 2148 页。

③《公羊传・僖公四年》，上海古籍出版社编：《十三经注疏》，上海古籍出版社，1997 年，第 2249 页。

④《论语・八佾》，上海古籍出版社编：《十三经注疏》，上海古籍出版社，1997 年，第 2466 页。

⑤《论语・子路》，第 2507 页。

夏之间不应当是相互征服、统治的交流模式，反而更强调政治体之间的互不打扰、互不侵犯。《隐公七年》《庄公十年》《僖公二十一年》都有类似的观点——“不与夷狄之执中国”。此观点可有三重阐释，第一，夷夏有别。《僖公二十一年》有载：“秋，宋公、楚子、陈侯、蔡侯、郑伯、许男、曹伯会于霍，执宋公以伐宋。孰执之？楚子执之。曷为不言楚子执之？不与夷狄之执中国也。”[①] 第二，夷夏不相治。《隐公二年》：“春，公会戎于潜。”何休注曰：“王者不治夷狄。录戎来者不拒，去者不追也。”[②] 第三，夷夏若相治，理应先内诸夏、后外夷狄。《成公十五年》：“冬，十有一月。叔孙侨如、会晋士燮、齐高无咎、宋华元、卫孙林父、郑公子、邾娄人会吴于钟离。曷为殊会吴？外吴也。曷为外也？春秋内其国而外诸夏，内诸夏而外夷狄。王者欲一乎天下。曷为以外内之辞言之？言自近者始也。”[③] 大一统的进程是由近及远的，即通俗的攘外必先安内之义，董仲舒认为，“亲近以来远，未有不先近而致远者也”，[④] 主张的正是安内才能攘外的先后逻辑，文明教化的进程应是由近及远的像水波纹一般层层外扩的自然规律。总之，夷夏之防是个含糊的复杂概念，若要简化视之，除去理想模式而只论逻辑起点，那就是承认夷夏有别，承认民族习俗之别、文明类型之别、治理模式之别等各类差异，强调的是差别意识的合理性，而非文明高下之分。

在具体的政事活动之中，夷夏之防思想的差别意识具有催化效用。华夏与胡族的势力范围在长城一线起到的不只是画圈的作用，还强化了两种文明形态的差异性。而从“我者”的角度出发，夷夏之防思想、建造长城事务与中原国家内部亟须的大一统政治需求，三者是相互契合的。王明珂说过，“‘华’有众多或繁华之意；‘华夏’原与‘诸夏’意义相同，都指的是一个多元联合体。秦人在周室东迁后的‘驱戎’，黄河中、下游诸国的华夏认同意识逐渐增强，并相互奥援以对抗戎狄——所谓‘内诸夏而外夷狄’。在驱戎之后，强大的华夏北方诸国更往北扩土，并建长城以维护之。此种种发展都意味着，华夏为一保护及垄断南方农业资源的认同群体；无论是实质的长城，或是作为华夏族群边界的‘非我族类’概念，皆将‘戎狄’排除于华夏之外”。[⑤] 不得不承认，秦汉长城及其防御体系的建立，分别强化了南北地域的民族性与族群认同，至少通过区分南北意识的方式深化了秦汉王朝的国

① 《公羊传·僖公二十一年》，第 2256 页。

② 《公羊传·隐公二年》，第 2202 页。

③ 《公羊传·成公十五年》，第 2297 页。

④ （汉）董仲舒著，张世亮等译注：《春秋繁露·王道》，中华书局，2012 年，第 114 页。

⑤ 王明珂：《游牧者的抉择：面对汉帝国的北亚游牧部族》，上海人民出版社，2018 年，第 115 页。

家凝聚力，也算是推进了海内为一的政治理想。

当然，长城实体的建立与夷夏之防的传统，二者之间不一定有完整意义上的因果渊源。吕思勉的说法或可提供佐证思路，“汉族所以要筑长城，也是防这些小部落侵盗的缘故。像后世的匈奴、突厥……原不是长城所能防。后人议论秦始皇的筑长城，有人说他‘立万世夷夏之防’，固然迂缪可笑。又有人说，筑了长城，还是无用，引后世史事为证，也是限于‘时代错误’的”。① 秦汉是大一统思想盛行的时代，秦王朝所建立的“海内为一”的体制，应是一种主张夷夏无别而共尊皇帝的体制，所以，与战国至秦这段时代特性相比，夷夏之防的思维显得陈腐许多。汉武帝曾想锐意征战，意图亲征匈奴，② 大行令王恢表示赞成并说道：“臣闻全代之时，北有强胡之敌，内连中国之兵，然尚得养老长幼，种树以时，仓廪常实，匈奴不轻侵也。今以陛下之威，海内为一，天下同任，又遣子弟乘边守塞，转粟挽输，以为之备，然匈奴侵盗不已者，无它，以不恐之故耳。臣窃以为击之便。”③ 这段文义当中完全不见夷夏之防的意思，反而充斥了深厚的崇武理念，武力不仅能完成六国一统，也能实现夷夏一统，这是顺应时代的一种观点。如果这一逻辑站得住脚的话，秦汉联结长城万余里，只是战国以来的军事防御习惯加之崇武思想的推动而已。

夷夏之防的思想遗存，主要表现为以长城实体作为讨论对象而反射出的异族交往心理。凡讨论到与匈奴如何相处、长城边塞的武备力量增设与否等话题，夷夏有防论还是占据主流。据记载，李斯就曾劝谏秦始皇放弃北征意图：“昔秦皇帝任战胜之威，蚕食天下，并吞战国，海内为一，功齐三代。务胜不休，欲攻匈奴，李斯谏曰：‘不可。夫匈奴无城郭之居，委积之守，迁徙鸟举，难得而制也。轻兵深入，粮食必绝；踵粮以行，重不及事。得其地不足以为利也，遇其民不可役而守也。胜必杀之，非民父母也。靡敝中国，快心匈奴，非长策也。’”④ 汉代也有许多类似的记载，如“夫匈奴行盗侵殴，所以为业，天性固然”⑤“匈奴负戎马之足，怀禽兽之心，迁徙鸟举，难得而制也。得其地不足以为广，有其众不足以为强，自上古不属为人”⑥ 等等。攻讦他族的民族习性与文明形态是夷夏有防论的表述方式而已，然而汉

① 吕思勉：《白话本国史》，中国文史出版社，2018 年，第 59 页。

② 邢义田：《汉武帝在马邑之役中的角色》，《天下一家：皇帝、官僚与社会》，中华书局，2011 年，第 136-149 页。

③《汉书·韩安国传》，第 2399 页。

④《史记·平津侯主父列传》，第 2954 页。

⑤《汉书·主父偃传》，第 2801 页。

⑥《史记·韩安国传》，第 2861 页。

匈双方作为两个政治体，外交模式就不可能如此简单，事实上，不论是“我者”还是“他者”的视角，双方都有文化防御的政治心理。

汉初，贾谊对一直以来的和亲与输送财物的国家行为表示担忧，他认为以损伤汉王朝尊严与财物来换得北边安定的行为不可取，长期实施民众将不堪重负，故而上书“三表五饵”策略：“爱人之状，好人之技，仁道也；信为大操，常义也；爱好有实，已诺可期，十死一生，彼将必至：此三表也。赐之盛服车乘以坏其目；赐之盛食珍味以坏其口；赐之音乐妇人以坏其耳；赐之高堂邃宇仓库奴婢以坏其腹；于来降者，上以召幸之，相娱乐，亲酌而手食之，以坏其心：此五饵也。”[①] 长城以南资源广阔，“五饵”实为利诱策略，中原文明有仁道传统，“三表”则是教化策略。贾谊对匈奴屡次侵边的行为作出了性质判定，认为此举并非只为物质资料，其中也有扩张领地的打算，如何在不以兴兵作战为前提的情况下扭转汉匈外交格局，核心就是使用经济优势、文化输出等方式利诱匈奴，推动匈奴天性潜移而默化。为提防这一策略，潜逃北地的中行说也曾提醒匈奴单于，不要过度沉溺于长城以南的资源优势：“匈奴人众不能当汉之一郡，然所以强者，以衣食异，无仰于汉也。今单于变俗好汉物，汉物不过什二，则匈奴尽归于汉矣。”[②] 贾谊的“三表五饵”很有代表性和实效性，此说预见了秦汉大一统进程之中的汉匈交往心理的界限形态。

春秋时因戎族势力的崛起，夷夏之防蕴含了囿于时代特征的诸夏本位思想，孔子说“裔不谋夏，夷不乱华”，顾炎武的解读颇为合理，“君臣之分，所关者在一身；夷夏之防，所系者在天下。故夫子之于管仲，略其不死子纠之罪，而取其一匡九合之功，盖权衡于大小之间，而以天下为心也。夫以君臣之分犹不敌夷夏之防……”[③] 在当时，夷夏之防甚至优先于孔子最为重视的君臣之分，反射出了当时诸夏文明与夷狄文化之间正处于深刻交流与冲撞的形态。相较之下，经历了战国兼并洗礼又进入秦汉大一统政治下的夷夏之防，诸夏本位立场已然淡化了很多，儒家所主张汉匈关系的理想状态，是顺其自然的柔性外交而非断交、征战等占用国家资源、消耗民心民力的方式。西汉宣帝之后，汉匈关系已经走出了早期的军事战备期，但是，“天设山河，秦筑长城，汉起塞垣，所以别内外，异殊俗也”，[④] 这种理念才是汉匈实际政治关系当中的文化本体，汉元帝拒绝已经内附的匈奴呼韩邪单于的罢塞之请，也是例证之一。不同的历史习惯、民族文化、政治体制之间建立文化防

①《汉书·贾谊传》，第2265页。

②《史记·匈奴列传》，第2899页。

③（清）顾炎武撰，（清）黄汝成集释，栾保群校点：《日知录集释》，中华书局，2020年，第371-372页。

④（汉）荀悦，（晋）袁宏著，张烈点校：《后汉纪·灵帝纪》，中华书局，2002年，第465页。

御策略，一定程度上有利于双方外交秩序的形成与运作，对国家内部也有稳固政治的作用。

三、“长城带”与汉匈之间的边界秩序

如果将秦汉帝国与匈奴国视作两个政权的话，那么北纬 36° ～ 41° 的“长城带”是关系到北疆边防的重要区域，该区域具有军事缓冲区、战略防备区的政治意义。但众所周知，秦汉长城从未起到完全隔绝汉匈往来的作用，从历史脉络来看，匈奴侵边、汉匈和亲，随后双方互开关市，久居长城一带的边地军民显然没有夷夏之防的鲜明意识。这里的“长城带”不仅是个城墙的概念，它还概指不同文明形态移动与交往过程中的复合地带，如同两个圈层相交的区域，它的存在很能体现华夏文明之夷夏一体的最高理想。

战国后期，随着大一统思潮的发展，夷夏一体观念渐成主流。此说中的民族偏见大大弱化，强调的是夷夏二者相互融通，以达成“溥天之下，莫非王土”的共同秩序。夷夏之间如何一体，《尚书》记载：“无怠无荒，四夷来王”,[①]“明王慎德，四夷咸宾”。[②]《左传》记载：“德以柔中国，刑以威四夷”,[③]“天子失官，学在四夷”。[④]《春秋繁露》载：“是以知明先，以仁厚远，远而愈贤，近而愈不肖者，爱也，故王者爱及四夷，霸者爱及诸侯，安者爱及封内，危者爱及旁侧。”[⑤]《白虎通义》：“德至八方，则祥风至，佳气时喜，钟律调，音度施，四夷化，越裳贡。”[⑥]

许多典籍记载了诸夏与夷狄相交往、共融通的政治模式，如何融通，典籍中常说的是王化路径，所以有学者评价道：“所谓‘夷夏一体’也是建立在以夏变夷的思想基础上。……不同的族群、不同的民族都有以我族为中心的文化意识。”[⑦]与夷夏一体更加契合的儒家政论，一是“大一统”说。《公羊传·隐公元年》：“元年，春王正月。……何言乎王正月？大一统也。”何休注曰：“统者始也，总系之辞。夫王者始受命改制，布政施教于天下，自公侯至于庶人，自山川至于草木昆虫，莫不

---

① 《尚书·大禹谟》，上海古籍出版社编：《十三经注疏》，上海古籍出版社，1997 年，第 135 页。

② 《尚书·旅獒》，第 194 页。

③ 《左传·僖公二十五年》，第 1821 页。

④ 《左传·昭公十七年》，第 2084 页。

⑤ 《春秋繁露·仁义法》，第 316 页。

⑥（汉）班固集注，肖航译注：《白虎通义·封禅》，中华书局，2024 年，第 231 页。

⑦ 董耀会：《长城文化经济带建设研究》，燕山大学出版社，2021 年。

一一系于正月，故云政教之始。”[①] 二是“太平世”说。《公羊传》何休注：“著治太平，夷狄进至于爵，天下远近小大若一。”[②] 通过汉代儒家的阐释，夷夏一体就不仅仅是原先朴素的和平诉求，有了理论支撑的夷夏一体说奠定了汉王朝的国家政治理想，使四海一家、王者无外、天下和同的愿望演变成了大一统帝国的最高文化共识。

夷夏观念没有严格的地理界限，也没有不能跨越的文化界限，然而这是就理想而言的。在真实的政治交往关系中，汉匈国家之间、民族之间界限意识一直存在，“长城带”正是这种界限意识映射到国家边疆领域的政治地貌。美国学者赖德懋提出过一套“边缘地域”理论，他认为：“在真正的草原游牧和灌溉农业地带之间，有一个在地理条件和生产性质上的过渡地带。这个过渡地带构成一个边缘性的社会，从未被游牧或农业民族完全真正征服。草原游牧民族和农业民族之间的斗争，都要借助这些边缘社会的支持。”[③]“长城带”的性质与此处说的“边缘地域”极为相似，那么“长城带”所蕴含的界限意识也应该是客观的，不容易被政治体制所同化的。有学者对国家之间的边界意识下过定义，说它是一种“和边界与意识自然融合起来的特殊认知行为”，或可说是，生活在统一国家实体内的公民对其国家领土边界事务与边疆历史掌故人文风貌的了解与认知行为。[④] 毋庸置疑，“长城带”是国与国之间这种边界意识的外向性表现。[⑤] 拉铁摩尔说，“地图上的界线只是帝国从中心向外发展的限度表现”，“一个帝国可以凭借有意识操作或无意识的趋势延缓其自身向外的发展”。[⑥] 秦汉时，夷夏一体的文化扩张及其与匈奴的南扩趋势形成了强烈的政治张力，汉王朝对于长城区域的权属与管理应当如何，一部分认为这是边陲化外之地，不宜投入过多国力，另一部分则不认为这是未界定区域，长城一线南北推移，等同于国家北部疆域的南北推移，长城一带理应与中原郡县制模式相一致。那么“长城带”如何能够保持既作为边缘地域又融入中原体制的两面性呢？

“长城带”带来的历史话题其实都是围绕汉匈之间的边界意识而展开的。首先，

---

① 《公羊传·隐公元年》，第 2196 页。

② 《公羊传·隐公元年》，第 2200 页。

③ 转引自邢义田：《天下一家：皇帝、官僚与社会》，第 126 页。

④ 参见方天建：《清末民国时期西南边疆本土有识人士之边界意识》，《西南边疆民族研究》（第 27 辑），社会科学文献出版社，第 46 页。

⑤ 参考赵现海：《长城与边界：明朝北疆边界意识及其前近代特征》，《求是学刊》，2014 年第 4 期，第 160-165 页。

⑥ ［美］拉铁摩尔著，唐晓峰译：《中国的亚洲内陆边疆》，江苏人民出版社，2008 年，第 166 页。

“长城带”以北始终被视为化外之地，这源于异族之间因习俗与天性不同而带来的心理趋向。平城之围很早就为汉匈政治关系奠定了一个教训式的基调，司马迁评价道：“夫上虚府库，下敝百姓，甘心于外国，非完事也。夫匈奴难得而制，非一世也。行盗侵驱，所以为业也，天性固然。”① 在司马迁看来，秦始皇筑长城与汉高祖北击匈奴不过是“甘心于外国”、耗费民力的无用行为。东汉班固的观点更是延续了此说，《汉书》有载：“是以《春秋》内诸夏而外夷狄。夷狄之人贪而好利，被发左衽，人面兽心，其与中国殊章服，异习俗，饮食不同，言语不通，辟居北垂寒露之野，逐草随畜，射猎为生，隔以山谷，雍以沙幕，天地所以绝外内也。”② 即便东汉时的汉匈交往已经有一定良性的模式可循，但“不与夷狄之执中国”的思想传统根深蒂固轻易不变，《后汉书》有载：“时北单于遣使贡献，求欲和亲，诏问群僚。议者或以为，匈奴变诈之国，无内向之心，徒以畏汉威灵，逼惮南虏，南匈奴也。故希望报命，以安其离叛。”③ 可见，汉匈边界秩序的第一个表现，不只是夷夏有防的旧说，而是夷夏应防的理念。

其次，长城带不是隔绝带也不是政治真空区，汉匈交往在此地异常活跃。有学者叙述道：“长城内外农耕和游牧两个经济体之间，存在对生活生产资料需求的互补性。……农牧双方的互补性，构成了双方经济关系上有较强的相互依赖。这就是我们常说的长城内外谁也离不开谁的原因。”④ 据记载，汉匈边地关市贸易不断，战争也不能隔绝，汉武帝即位，“明和亲约束，厚遇，通关市，饶给之。匈奴自单于以下皆亲汉，往来长城下”。⑤ 长城一带的边民没有明确的民族界限与民族意识，尤其是失去编户齐民身份的“亡人”，王子今指出：“汉代‘亡人’的民族意识并不十分鲜明，在民族关系中不持极端的态度，而取宽和倾向。”⑥ 不仅是“亡人”，汉匈贵族之间也有因战事相互投靠的情况，而并无极端的民族仇视情况发生，汉初，韩王信叛刘邦而投匈奴，《史记》有载，“是后韩王信为匈奴将，及赵利、王黄等数倍约，侵盗代、云中。居无几何，陈豨反，又与韩信合谋击代。汉使樊哙往击之，复拔代、雁门、云中郡县，不出塞。是时匈奴以汉将众往降，故冒顿常往来侵盗代

① 《史记·平津侯主父列传》，第 2955 页。

② 《汉书·匈奴传》，第 3834 页。

③ 《后汉书·班固传》，中华书局，1965 年，第 1374 页。

④ 董耀会：《长城：追问与共鸣》，燕山大学出版社，2020 年。

⑤ 《史记·匈奴列传》，第 2904 页。

⑥ 王子今：《汉代北边“亡人”：民族立场与文化表现》，《南都学坛》，2008 年第 2 期，第 1 页。

地。……后燕王卢绾反，率其党数千人降匈奴，往来苦上谷以东”，[①]可知汉将叛逃匈奴并非个案。汉宣帝时，亦有匈奴贵族投汉，“日逐王素与握衍朐鞮单于有隙，即率其众数万骑归汉。汉封日逐王为归德侯”。[②]当然，汉匈贵族之间的相互投靠显然已是接近于民族心理底线的危险行为，这意味着再也没有回归原属地的政治合理性，典型事件有如李陵拒绝归汉一事。总之，长城带区域的经济活动、政治行为甚至偶尔的外交摩擦都具有一定的特殊性，这是汉匈边界秩序的第二层表现。

作为汉匈交往的主阵地，长城带不能脱离汉王朝夷夏一体、四海一家的文化体建设，它同样被视为大一统进程的地域组成部分，如，《汉书·武帝纪》：“今中国一统而北边未安，朕甚悼之。”[③]“况乃以中国一统，明天子在上，兼文武，席卷四海，内辑亿万之众，岂以晏然不为边境征伐哉！自是后，遂出师北讨强胡，南诛劲越，将卒以次封矣。”[④]在这种文化秩序当中，汉匈交往从最初朴素的“家人”理念，逐渐进化到了客观的、有序的、双方都能认同的礼制型模式。汉文帝的致单于书，表述方式还是这样的：“朕与单于皆捐往细故，俱蹈大道，堕坏前恶，以图长久，使两国之民若一家子。”[⑤]但事实证明，文明形态的差异很难通过和亲这一种方式来弥合，所以，儒家礼治思想的秩序理念、差别意识，为双方的外交模式提供了有效的理论。典型例证就是呼韩邪单于来朝一事。《汉书·宣帝纪》记载：“匈奴呼韩邪单于款五原塞，愿奉国珍，朝三年正月。诏有司议。咸曰：圣王之制，施德行礼，先京师而后诸夏，先诸夏而后夷狄。……匈奴单于乡风慕义，举国同心，奉珍朝贺，自古未之有也。单于非正朔所加，王者所客也，礼仪宜如诸侯王，称臣昧死再拜，位次诸侯王下。”[⑥]匈奴贵族能够参与到汉王朝的礼治系统当中，这是夷夏一体理想的真正实践，据记载，“自宣、元后，单于称藩臣，西域服从，其土地山川王侯户数道里远近翔实矣”。[⑦]藩臣的礼治身份，昭示了在儒学思想体系中的汉匈边界，班固讲：“是故圣王禽兽畜之，不与约誓，不就攻伐；约之则费赂而见欺，攻之则劳师而招寇。其地不可耕而食也，其民不可臣而畜也，是以外而不内，疏而不戚，政教不及其人，正朔不加其国；来则惩而御之，去则备而守之。其慕义而贡献，则接

---

①《史记·匈奴列传》，第 2895 页。

②《汉书·匈奴列传》，第 3790 页。

③《汉书·武帝纪》，第 173 页。

④《史记·建元以来侯者年表》，第 1207 页。

⑤《史记·匈奴列传》，第 2903 页。

⑥《汉书·宣帝纪》，第 270 页。

⑦《汉书·西域传》，第 3874 页。

之以礼让，羁靡不绝，使曲在彼，盖圣王制御蛮夷之常道也。”[①] 所谓“圣王制御蛮夷之常道”，虽然表述方式上显露了华夏民族对自我文化系统的傲慢态度，但傲慢的背后，是不同文明的交流方式不宜采用强制性的政教制度的观点，其内在思路无疑是理性的。西汉中后期，汉匈之间终于形成了可持久的礼治交往模式，匈奴本身也能接受这种被教化的身份而非臣属身份，这种外交程序的规范化是汉匈边界秩序的第三层表现。

结论

秦汉长城，有学者称其是“心理防线华夷之辨与内诸夏外夷狄和实体防线相结合的结果”。[②] 邢义田则从天下观的视角来探讨秦汉长城的象征意义，“长城最少有两面的象征意义。从理想的一面看，修筑长城意味着中国的天子德威不足，不能于一统海内之余兼服八荒之外，成为真正的普天下之主，象征了无奈与羞辱；从现实的一面看，它的修筑隔绝了北方草原和南方农业地带，象征着一道文明与野蛮、中国与非中国、人与禽兽、农业与游牧之间不可跨越也不宜跨越的天限”。[③]

西汉中后期良好的汉匈外交关系曾为王莽所破坏，王莽复古，崇尚华夏为尊的春秋理念，故与匈奴约定：“中国人亡入匈奴者，乌孙亡降匈奴者，西域诸国佩中国印绶降匈奴者，乌桓降匈奴者，皆不得受。”[④] 此举最终恶化了汉匈关系而引发了战事，究其原因，恐怕与王莽擅自更改汉匈的边界法则有关。长城的界限意义不能囿于华夷秩序的理论而是需要回归到更加广阔的文明视野当中，边界意识本质上是对规则的遵守和尊重。[⑤] 秦汉时期，长城一线的地域管理是宽松的，夷夏之防思想的底色是开放的，汉代儒家使用礼乐文明去诠释汉匈之间的交往秩序与法则，突

---

① 《汉书·匈奴传》，第 3834 页。

② 参见高凯军：《论中华民族——从地域特点和长城的兴废看中华民族的起源、形成与发展》，文物出版社，2010 年，第 137-152 页。

③ 邢义田：《天下一家：皇帝、官僚与社会》，第 134 页。

④ 《汉书·匈奴传》，第 3819 页。

⑤ 王明珂对于“边界”作过解释：“种种边界的维持，也是维持着一种秩序。边界维持赖于人类各种社会政治组织、制度及其施于个人的威权……边界维持又赖于支持此社会政治秩序的历史记忆。……种种人群边界的维持，又有赖于神话、宗教信仰。……边界与秩序之维持，又赖于社会普遍接受的一些历史叙事模式与道德规范。这些规范个人之社会书写与行动的文化，让人们产生合宜的、遵从种种边界的文本与行为。”（《游牧者的抉择：面对汉帝国的北亚游牧部族》，第 307 页。）

破了现代所谓的“国族建构”的概念，不回避文明差异，不强制融合政体，“天下”“大一统”的思想内涵以承认文明形态差异为前提，展示了中国古代边疆文化的开放与包容。

雁门关长城文化铸牢中华民族共同体意识的价值诠释与实践路径研究 *

王勇鹏 王语嫣 **

摘要：长城文化是中华优秀传统文化的主要元素之一，是长期历史演进过程中的集体记忆。雁门关长城作为长城文化的物理空间、革命精神赓续的文化空间，其文化是在长期的历史发展进程中不断萃取、不断积淀、不断认同的文化集合。本文在分析雁门关长城文化构成的基础上，以增强文化认同为目标，从精神价值、文化价值、经济价值、教育价值四个维度对雁门关长城文化铸牢中华民族共同体意识的价值进行诠释，并从精神引领、经济促进、文化认同、教育共铸四个层面探讨其铸牢中华民族共同体意识的实践路径。

关键词：雁门关长城文化 中华民族共同体意识 价值诠释 实践路径

近代以来，长城逐渐成为一种代表中华民族精神的文化符号，尤其在经过抗日战争的洗礼后，长城逐渐融入主流政治话语体系。长城文化是由历史上各族人民共创、共享的中华文化符号之一，在维系民族精神和铸牢中华民族共同体意识中占据

---

* 基金项目：山西大学铸牢中华民族共同体意识研究基地项目；山西省高等学校人文社会科学重点研究基地（长城文化生态研究院）项目（编号：SDCC2023005）。

* * 作者简介：王勇鹏，山西大学历史文化学院讲师；王语嫣，山西大学考古文博学院 2024 级本科生。

重要位置。雁门关长城地处山西省代县西北20千米处，西界黄河，东连太行，北拒塞外高原，南屏忻定盆地，是“兵家必争、历代戍守”之要塞，素以关山雄固、军事要冲闻名于世，历史上对促进中原汉民族与北方少数民族的交往交流交融起到了重要的作用。①雁门关长城作为长城文化的物理空间、革命精神赓续的文化空间，其历史印记和文化传承均指向中华民族共同体意识的实现，其文化中更是蕴含着促进民族融合、抵御外侮、维护国家主权与领土完整、改善民生福祉的价值追求，是铸牢中华民族共同体意识的思想伟力和实践基础，与中国各民族“和合”文化一脉传承，又被赋予中国共产党赓续革命精神的优秀品质。本文以山西雁门关长城文化为例，探讨其铸牢中华民族共同体意识的价值诠释以及实践路径，对于促进雁门关长城文化遗产高质量发展有着重要的意义。

一、雁门关长城文化及其构成

长城蕴含着丰富的人文内涵，寄托了中华民族的理想、情感和价值追求。②长城文化是一种外在物化现象，又是一种社会历史现象，更是由中华民族长期创造形成的特有的精神遗产。从物质到精神，长城文化凝结于建筑之中又游离于建筑之外，传承和弘扬于中华民族的价值观念、生活方式、行为规范、艺术作品和科学技术之中。③本文通过文献梳理和实地调研等方式对雁门关长城文化进行调查研究，从物质层面和非物质层面两大层面进行了梳理，通过分类整理，认为雁门关长城文化主要有建筑文化、景观文化、民俗文化、军事文化、商贸文化以及长城精神等，对铸牢中华民族共同体意识具有重要价值。

（一）建筑文化

雁门关自创建以来，随着历史变迁而不断增筑军事工程，到明代最为完善时形成了“双关双城”的宏伟规模和建筑格局。双关即雁门古关与雁门新关，两关分别居于雁门山的西侧和东侧，相距约5千米。古雁门关又称西陉关，千百年来民间世代相传俗称“铁裹门”；雁门新关又称东陉关，其关城为明代所筑，横跨“雁门”

① 马素萍：《雁门关旅游景区的文化内涵研究》，硕士学位论文，山西大学，2007年。

② 张晓东：《长城文化、长城价值和长城精神研究回顾与思考》，《长城学研究》（第3辑），燕山大学出版社，2024年，第181-196页。

③ 赵琛：《长城：凝聚中华民族的奋斗精神和爱国情怀》，《中国民族》，2021年第6期，第64-67页。

峪口，规模宏大，包括大砖城（主城）、石城、北门瓮城、北门外之罗城，四城组合，又由坚固的城墙连为一体。[①] 雁门双关双城的完美布局、内长城的选线和其他要塞堡寨的选点，体现了军事工程与自然环境的巧妙结合，其建筑形制、结构、造型、风格则体现了社会、经济、军事、技术和建筑发展水平，具有相当高的历史价值、科学价值和美学价值。在雁门双关双城范围内，不仅遗存有赵长城、北朝长城、明长城，有天险门、地利门、瓮城门、罗城墙体、敌台、烽墩堡寨、校场等遗址遗迹，而且遗留有关公庙、李牧祠、观音阁、趵突泉、云际泉等。从总体上看，雁门关借鉴了千百年来军事筑城体系建设的经验，运用了中国传统建筑法式与建筑艺术，兼具攻守作战的实用性与建筑美学的艺术性，是要塞城堡建筑的典范，其东西两翼的内长城也是线式筑城体系的代表作。

（二）景观文化

雁门关景观资源众多，素有“雁门雾雪、覆宿晴岚、勾注春云、凤山秋月、南楼夜雨、岩寺晚钟、滹沱新涨、晋陵古柏”的“雁门古八景”之美誉。雁门关自然景观方面主要有勾注山、马场梁、边幅尖、麻布袋沟天然针叶森林风景区、泉约突泉、珍珠泉、云际泉等；人文景观方面主要有祠（李牧祠、杨六郎祠、勾注祠、三关祠）、洞（周恩来和阎锡山抗日谈判洞、军洞）、城（瓮城、关城、东城、西城、广武隘城、广武古城、六郎城）、塔（雁塔、阿育王塔）、楼（雁楼、威远楼、钟楼、戏楼、边靖楼、西城城门门楼、角楼）、道（古关道、军道）、署（代州衙署、兵备道署、周砒官邸、关署）、桥（长平桥、长安桥）、碑（南道碑、分道碑、屯兵碑、夜袭阳明堡飞机场纪念碑、马公杀虎碑）、石（“北国天涯”石、独立石）、陵（关陵、汉墓群）等。

（三）民俗文化

雁门关长城周边拥有丰富多彩的民俗文化，涵盖了传统节庆、婚丧嫁娶、民间艺术表演以及传统技艺等多个方面。传统节庆方面，雁门关长城周边的传统节日是百姓生活中最具仪式感的时刻。春节期间，家家户户张灯结彩，举行各种传统活动，如写春联、贴福字、穿新衣、放鞭炮等，庆祝新年的到来。农历二月初二的“龙抬头”节日则进行“引钱龙”祈福，寓意招财进宝。婚丧嫁娶方面，雁门关长城周边的婚俗包括男方迎亲队伍、新娘的红装、拜堂仪式以及对联、高堂、夫妻

---

① 山西旅游景区志丛书编委会：《雁门关志·总述》，三晋出版社，2010 年，第 5 页。

对拜等，体现了人们对传统婚姻的尊重和祝福。丧葬仪式则显得庄严肃穆，体现对逝者的敬重和孝道文化。民间艺术表演方面，雁门关长城周边的民间艺术表演丰富多彩，如上阳花社火结合戏剧、舞蹈、音乐等多种艺术形式，舞龙舞狮，高跷表演等，这些表演不仅娱乐性强，还承载着深厚的文化意义。传统技艺方面，雁门关长城周边最具代表性的是代州黄酒的酿造和雁绣的刺绣艺术。代州黄酒以其悠久的历史和独特的酿造工艺著称，而雁绣则以其独特的风格和深厚的历史底蕴在刺绣艺术中占据一席之地。此外，剪纸艺术在雁门关长城周边地区也极其流行。

（四）军事文化

雁门关长城文化体系中最基本、最突出、分量最重的组成部分，是在漫长的历史进程和千百次战争烽烟中积淀的、内容异常丰富且特色十分鲜明的军事文化。作为兼具边塞和内险地位的雁门关，不仅是一个据险设防的要塞，而且是军事交通的要道。当战事逼近和发生在雁门关防线时，它所发挥的是防御、坚守、出击、反击的功能；当更大范围、更大规模的战争发生时，它又成为大规模调遣部队和输送军械物资的通道，并经常成为战略进攻前集结部队的屯兵基地，战略撤退时凭险阻敌的缓冲阵地，战略决战中死守强攻、反复争夺的激烈战场，成为在北方或全国性大战中掌控全局的战略要地。因此，它经历过其他边关或内险很少全面经历的民族战争、统一战争、争霸战争和农民战争等各种性质的无数次形形色色、大大小小的战争，见证了中国古代历史上几乎所有北扩南进、改朝换代、兴亡盛衰、风云变幻的重大历史事件与沧桑变迁，在历史进程中或浓或淡、或多或少留下了自己的身影和影响。甚至在进入近现代时期，雁门关又成为抗日战争的重要战场，经历了一场与历代雁门关战事性质迥异的抵抗外国侵略者的战争，以中国共产党领导的八路军发动的平型关伏击战、雁门关伏击战、夜袭阳明堡飞机场和国民党军正面战场所组织的雁门关会战、忻口会战而名闻全国，在浴血奋战中进一步丰富了自己的军事历史。

（五）商贸文化

从古至今，雁门古道就是纵贯山西南北交通主干道上的咽喉要冲。这条大道南连秦、冀、鲁、豫等中原广大地区以至江南水乡，北达塞外草原、漠北漠西和白山黑水，一直是沟通塞外与中原、北方与南方的交通大动脉。从五千多年前开始形成的，起自新疆和田，出天山南口，经阴山南麓越过大草原，进入山西北部转输各地的玉石之路，到清代和民国前期由江南经中原入山西输往内外蒙古、抵达中俄边贸口岸恰克图的茶叶之路，雁门古道不但是一条必经之路，而且是一个重要节点。经过这条古商道上所进行的商贸活动，主要内容是农耕经济与游牧经济之间、中原和江南经济带与北方经济带之间互通有无、互补互利的物产交流，主要方式视不同时期的条件，分为自由贸易、榷场贸易和走私贸易。现有文献记载，汉文帝时便开设关市，匈奴将其牛、马、羊及其他畜产品运至边境，换取内地的粮食、布匹、铁器等物。三国曹魏时，鲜卑酋长曾至魏贡献，并求通市，曹操表之为王。唐代中外通商要道有七条，其中“三日夏州，塞外通大同云中道，四日中受降城，入回鹘道”。[①] 其中夏州、中受降城这两条商路分别通往大漠南北、新疆及西域，向南又通往山西北部，均与雁门关息息相关。唐武德年间，“颉利遣使来，愿款北楼关请互市，帝不能拒”，[②] 唐高祖李渊应突厥颉利可汗之请，在雁门关之东的北楼关（在今繁峙县境）开设关市。北宋曾长期在雁门砦设互市榷场。延及明代，曾在大同三设马市，隆庆和议后在大同、宣府和偏头关之水泉营开设马市持续30余年，每年市期一月，蒙古各部以金、银、牛、马、皮货、马尾等物，交易内地的茶叶、绸缎、布匹、釜锅等物。金、元时期，雁门关一带变为“腹里”，不再设关市、榷场，但仍是商贸要道。金代元好问在《雁门道中书所见》一诗中就写了一位途经雁门的商贩：“单衣者谁子，贩籴就南府。倾身营一饱，岂乐远服贾。盘盘雁门道，雪涧深以阻。半岭逢驱车，人牛一何苦。”

（六）长城精神

长城是千百年来中华民族创造的建筑奇观，孕育产生了以长城这种特殊的物质形态为载体的长城精神，长城修筑的历史过程与长城精神的形成具有十分密切的关系。[③] 长城的修筑和文化内涵在不同的历史时期有着不同的变化，历史性变迁反映出中华大地上，在各民族交往交流交融中，中华民族共同体和中华民族共同体意识也在不断形成与发展。[④] 对此，《中国长城保护报告》如是阐释了长城精神：长城蕴含着团结统一、众志成城的爱国精神，坚韧不屈、自强不息的民族精神，守望

---

① 《新唐书·地理志七下》，中华书局，1975年，第1146页。

② 《新唐书·突厥传》，第6056页。

③ 周建强：《长城精神的历史学考察——基于铸牢中华民族共同体意识的视角》，《河北地质大学学报》，2022年第1期，第128-132页。

④ 陈佳敏：《从长城的历史演变看中华民族共同体意识的形成与发展》，《天水行政学院学报》，2023年第4期，第103-107页。

和平、开放包容的时代精神，是实现中华民族伟大复兴的强大精神力量。[①]从军事功能角度讲，雁门关长城是超大型军事防御工程体系的建筑遗产，代表着中华民族在保家卫国过程中形成的坚韧不屈、众志成城精神，它包括爱国主义、民族团结精神，勇敢无畏、坚韧不拔与刚正不阿精神，坚韧不屈、自强不息的勤劳勇敢精神。从民族融合角度讲，雁门关长城是中国北方农牧交错地带人地互动的文化景观，体现着包容开放、守望和平、共赢包容的民族团结精神。从历史文化角度讲，雁门关长城作为文化遗产和历史遗存，是中国历史文化的积淀与财富，是传承中华文明的载体。和平语境下，雁门关长城的“和合精神”更为突出，反映了中华民族和睦、和谐、和平、合作、联合、融合的价值内涵。在长城国家文化公园视角下，长城蕴含展示国家形象、坚定文化自信、弘扬民族精神、激发爱国情怀、助力乡村振兴、增进人民福祉六个方面的时代价值，同时兼有社会教育价值，有助于增强国民凝聚力、增强国民归属感。

二、雁门关长城文化铸牢中华民族共同体意识的价值诠释

长城地区是中原文化和草原文化的汇聚之地，农耕和游牧两种文化在长城地区碰撞、交流和融合，逐渐形成各民族对中华文化的认同。[②]雁门关长城既是北方牧区和中原农区的分界线，也是汇聚线，长城内外的混合地带见证不同民族文明、文化的交流融合。因视角和价值取向不同，不同时代下雁门关长城文化的价值有所不同。对此，基于铸牢中华民族共同体意识的视角，可以从精神价值、文化价值、经济价值、教育价值四个方面对其价值进行阐释。

（一）精神价值

长城最突出、最核心的精神价值主要是指团结统一、众志成城的爱国精神；坚韧不屈、自强不息的民族精神；守望和平、开放包容的时代精神。雁门关长城有着丰富的历史文化内涵，其珍贵的价值不仅体现在物质文化层面，更体现在精神内涵、精神文化层面，在漫长的历史演进中，逐渐衍化成坚韧不屈、自强不息的民族精神之象征，激发了国家艰难时刻的民族团结、众志成城的爱国精神，成为中华民族的骄傲与民族精神符号。在华夏数千年历史上，雁门关长城见证了北方少数民族

---

① 国家文物局：《中国长城保护报告》，2016 年。

② 董耀会：《长城：追问与共鸣》，燕山大学出版社，2020 年，第 392 页。

与中原民族的交流与融合，他们或温和交流，或激烈冲突，或内迁外徙，杂居通婚，血液交融，渐渐具备相近或共同的文化信仰、习俗，民族差别消失，最终汇入中华民族多元一体的伟大洪流之中，共同创造了中华民族优秀的历史与光辉灿烂的文明。①

同时，雁门关长城文化也体现出“团结统一”的中华民族共同体意识。战国、秦汉至明清时期，中原农耕民族以“华夏”自居，将游牧民族视为“夷狄”，中原历代王朝“外患”“边患”几乎无一例外来自长城之外的少数民族。雁门关长城为游牧民族和农耕民族建立了止战的屏障，也开启了各民族团结合作、互通有无的交往模式。为了巩固封建君主专制中央集权，汉民族通过“兵威”“肃服”“怀柔”“通商”等方式对夷狄加以征服，以实现“用夏变夷”“华夷一统”。然而，无论是统一时期还是分裂时期，无论是农耕民族政权的统治者，还是游牧民族政权的统治者，都希望不断扩大治理格局，实现各民族统一发展。也正是在各民族“大一统”治理目标下，形成了建立多民族统一国家的价值取向和中华民族“团结统一”的中华民族共同体意识。这种文化认同和凝聚力也是新时期构建中华民族共同体意识和建立统一多民族国家的核心文化价值观的体现，其蕴含的“和平共处”“天下一统”“四海一家”的核心价值观，是消除不同民族间固有成见，维护民族团结，促进国家统一，引导各民族自觉和谐共处的必然选择。②

（二）文化价值

“文化是一个国家、一个民族的灵魂。文化兴国运兴，文化强民族强。没有高度的文化自信，没有文化的繁荣兴盛，就没有中华民族伟大复兴。要坚持中国特色社会主义文化发展道路，激发全民族文化创新创造活力，建设社会主义文化强国。”③长城既是各民族相互争斗与冲突的战场，又是民族贸易与文化交流的阵地，既是军事战略防线，又是民族融合的文化聚线。在民族融合的历史进程中，长城推动了北方地区的经济转型，加速了北方游牧文化与中原农耕文化的融合发展，促进了多民族国家统一。④

一是雁门关作为万里长城一个重要组成部分构建了游牧文化与农耕文化的地理

① 武勇：《雁门关与民族交流融合》，《学习时报》，2023 年 4 月 10 日。

② 白玉章：《文化自信视角下中国长城及其核心价值阐释》，《丝绸之路》，2022 年第 2 期，第 76-82 页。

③《党的十九大报告学习辅导百问》编写组：《党的十九大报告学习辅导百问》，党建读物出版社，2017 年，第 32 页。

④ 白玉章：《文化自信视角下中国长城及其核心价值阐释》，《丝绸之路》，2022 年第 2 期，第 76-82 页。

界线。秦汉至明清时期，雁门关长城沿线的民族大致可分为草原游牧民族和中原农耕民族两类。清代王夫之概括中原农耕民族与北方游牧民族的文化特征时说："中国，是有城郭可守，有墟市可利，有田土可耕，赋税可纳，婚姻仕进可荣；夷狄，无城郭，无耕地，不知礼仪，迁徙无定，以游牧为主，全民善骑战，极其勇猛彪悍。"[①] 由于文化类型的差异性必然会带来各类矛盾冲突和战争。长城的修筑，不仅使战争不能成为常态，而且还为农耕民族与游牧民族的生产生活、文化交流、贸易经济构建了良好的秩序。

二是雁门关长城可以作为坚定"文化自信"的物质载体。长城是中华文明的"识别标志"，是人类历史文明的见证之一。雁门关长城文化价值内涵是统一的整体，包括"物"层面的和平防御文化、"纪念物"层面的中华民族"共同体意识"、中华各民族交往交流交融的文化遗产共同价值，其文化价值具有很强的历史性、民族性、政治性与实践性，能在国家形象塑造、民族精神传承和区域经济发展等不同层面发挥作用。同时，新的历史时期，实现中华民族伟大复兴，需要以某种宏大的象征物及其蕴含的积极意义来激发全体民众的认同感和凝聚力，这就赋予了雁门关长城新的文化内涵。

（三）经济价值

雁门关长城无论是在历史上还是当今都对当地经济有着深刻的影响。从历史上看，历朝历代修筑雁门关长城的目的在于防御外侵、保境安民，将游牧和农耕两种经济模式的行为主体进行了人为的划分。同时，随着雁门关长城沿线地区的经济发展，和平时期的商贸往来变得更为频繁，长城沿线的商贸发展更是带动了各民族之间经济、文化的交流，中原农耕文化与游牧文化在碰撞与商贸中不断融合，逐渐形成和平交往、贸易互惠的发展秩序，为山西区域民族大融合打下了坚实的基础，也为当今区域城镇经济发展奠定了基础。

在新时代背景下，雁门关长城文化遗产具有重大的经济价值，是新的历史条件下经济发展的重要媒介，也是区域新的经济增长点。由于雁门关长城历史跨度巨大，各个历史时期建设规模不同，其文化遗产族群是不同模式遗产的叠加，体现了不同朝代的文化价值，是动态化、多元化的"遗产网络"，有极高的文化旅游价值。于此，能以旅游促进雁门关长城文化价值的挖掘与阐释，让旅游产业为雁门关长城文化传播与弘扬、创新与创造提供物质基础，让雁门关长城文化在旅游体验中活起

① 张岱年、方克立：《中国文化概论》，北京师范大学出版社，2004 年，第 88 页。

来。雁门关长城遗址遗迹主要分布于山西代县，受到自然气候及地理区位的影响，经济发展略显滞后，但是丰富的长城文化资源可以为代县打造独特的文化品牌、文化名片。在此基础上，可以将雁门关长城文化遗产与当前地域经济社会发展有机地统一起来，实现创造性转化和创新性发展，发挥产业创新的功能，通过建设遗产廊道和长城国家文化公园，从基础建设和文化旅游产业方面将长城文化资源转化为经济资源，实现长城文化遗产活化利用带动当地经济高质量增长。

（四）教育价值

雁门关长城文化是多民族共同情感、认知、体验和记忆的汇集，其价值蕴含在有形的建筑和无形的情感体验中，需要进行挖掘、提炼、概括和诠释，可以将“中华民族共同体意识”“各民族交往交流交融”“共同团结奋斗、共同繁荣发展”等概念有机结合起来，不断增强人民群众的历史认同、文化认同和政治认同，激发人们的爱国情感，弘扬民族精神。一方面，长城是中华民族的象征，是中华民族勤劳、智慧、意志和力量的见证，是中华文明源远流长延续至今的保障，为中华民族的团结和发展作出了巨大贡献，蕴含丰厚的文化内涵的雁门关长城是爱国主义教育的重要内容和载体，能有效推动人民群众以中华优秀传统文化引领前进方向、凝聚奋斗力量，在参观、学习和交流中，树立正确的人生观、世界观、价值观。另一方面，雁门关长城中的红色文化资源可为广大党员干部学习党史提供丰富可靠的素材，依托太和岭口国共会谈、夜袭阳明堡机场、雁门关伏击战等遗址为载体，讲述共产党人高瞻远瞩的战略思维以及八路军将士足智多谋、英勇奋战、与人民鱼水情深的故事，追忆革命战争年代的红色印记，将党的历史以一种生动具体的方式展现出来。站在新的历史起点上，重温共产党领导雁门关当地人民开展革命斗争的艰辛历程，充分发挥党史以史鉴今、资政育人的重要作用，进而推动以党的伟大成就激励人，以党的优良传统教育人，以党的成功经验启迪人。特别是通过当地丰富而独特的红色文化资源强大的说服力和感染力，突出党史资政育人、传播正能量的重要作用，达到激发情感、启发思考、引导践行的目标，有效推动党史知识入脑入心，促进党史知识向价值力量转化。

三、雁门关长城文化铸牢中华民族共同体意识的实践路径

基于雁门关长城文化的价值，其助力铸牢中华民族共同体意识的实践路径可以归纳为精神引领、经济促进、文化认同、教育共铸四个层面。即在精神引领层面，

深度研究阐释雁门关长城文化，创新雁门关长城精神的表达方式；在经济促进层面，促进文化旅游与民族团结教育深度融合，推动雁门关长城文旅跨区域合作；在文化认同层面，挖掘雁门关长城文化遗产底蕴，加强雁门关长城文化与民族文化的交流互鉴；在教育共铸层面，构筑常态化的铸牢中华民族共同体意识教育体系，做好雁门关长城中华文化符号提炼和传播工作，讲好“雁门关故事”。

（一）精神引领：弘扬传承雁门关长城精神

千百年来形成的长城精神深入人心，在当今时代，长城精神同样引领时代的主流价值观，长城精神所表现出的爱国主义、勤劳勇敢、民族团结、开放创新的时代价值和核心内涵，已经成为新时代实现民族复兴的伟大精神力量。一是深度研究阐释雁门关长城文化，为培育中华民族共同体意识提供精神活水。雁门关长城精神的研究和构建，不应止步于历史遗产乃至文化遗产的整理发掘，而是应该与历史积淀、文化内涵、时代元素等各方面相结合，开展大交叉、大综合、多侧面、多角度的学术研究，把雁门关长城沿线的民族关系、生态环境、典故传说、民间故事、军事防卫、红色文化、驿传交通、旅游开发、历史遗迹等都纳入研究视野，打通研究领域的区隔，协调各方力量，拓展研究学科，深化研究内涵。二是创新雁门关长城精神的表达方式，为铸牢中华民族共同体意识营造表达场景。主要是从方向感、认同感和归属感三个维度着手，[①] 将雁门关长城文化遗产空间转化为能引起人精神共鸣的场景空间。首先，人们在文化遗产的环境空间中形成方向感，构建人与场景情感交流的氛围。其次，可以提供不同历史时期、不同民族风格的场景，凝聚长城精神的认同感。最后，在方向感和认同感基础之上让人产生归属感，既是场景环境和人互动的前提条件，也是雁门关长城精神真正的价值所在。对留存在文化遗产环境、空间中的精神文化符号进行更新保护，能够唤醒和强化在场人群的方向感和认同感，可以在建筑和空间的阐释中进一步增强对中华民族共同体意识的归属感。

（二）经济促进：推进文旅产业高质量发展

发展是解决民族问题的总钥匙，是推动各民族共同走向社会主义现代化的重要保障。雁门关长城文化的经济功能最主要表现为发展文旅产业，将长城文化资源转化为经济资源优势，推进雁门关长城文化与旅游产业融合发展，不仅可以传承长

---

① 韦元丽：《基于场所精神的空间营造：以尉犁县达西村三角地改造为例》，《规划师》，2018 年第 1 期，第 82-86 页。

城精神与红色基因，还能够带动文旅产业发展和代县当地的经济发展，推动乡村振兴，增加农民收入，促进长城文化遗产保护。一是需要促进文化旅游与民族团结教育深度融合。通过在雁门关景区举办民族文化展示、民族风情体验等活动，将民族团结教育融入文化旅游项目中，增进游客对多元民族文化的了解和尊重，促进各民族间的交流与融合。发挥雁门关长城的文化价值功能，让不同群体在游览过程中接收到长城文化的熏陶，打造全国知名长城旅游品牌，使其成为地方经济新的增长点。同时，要深刻认识雁门关长城文化与旅游发展之间的互动关系，进一步在价值阐释、资源挖掘、形式创新、有效传播上下功夫，以文旅高质量发展促进雁门关长城文化高水平活化利用，不断扩大雁门关长城文化的受众群体，提高其传播深度和广度。二是推动雁门关长城文旅跨区域合作。不同地区的长城文化具有各自的特点和优势，借助华北地区集中连片的长城旅游经典景区优势，精心设计长城旅游环线，以点带线、以线带面，在促进区域经济协调发展的同时，增强各地区之间的文化交流与合作，加深各民族之间的相互了解和团结。

（三）文化认同：凝聚中华民族文化认同感

文化遗产蕴含着深厚的价值理念、传统美德以及人文精神等文化精髓，是提升中华民族文化认同感、筑牢民族共同体意识的根本。① 习近平总书记深刻指出："文化认同是最深层次的认同，是民族团结之根、民族和睦之魂。文化认同问题解决了，对伟大祖国、对中华民族、对中国特色社会主义道路的认同才能巩固。"② 因此，激活长城文化认同感，是铸牢中华民族共同体意识的必由之路。第一，弘扬雁门关长城文化遗产底蕴。"一定社会的文化环境，对生活其中的人们产生着同化作用，进而化作维系社会、民族的生生不息的巨大力量。要化解人与自然、人与人、人与社会的各种矛盾，必须依靠文化的熏陶、教化、激励作用，发挥先进文化的凝聚、润滑、整合的作用。" ③ 现今，雁门关长城文化遗产的活化保护取得了一定成绩，但尚未充分发扬其文化遗产的社会调节功能，亟待挖掘长城文化遗产的内在底蕴，传递长城精神。同时，不断丰富雁门关长城文化内涵，并以学术研究、历史考证、文艺创造等多种的方式进行教育宣传，引导人们树立正确的历史观、民族观，增强对中华民族的认同感和归属感。第二，加强雁门关长城文化与民族文化的交流互鉴。

① 谭玉甜、钟奕：《文化社会学视域下中华文化遗产的价值实现路径》，《理论观察》，2023 年第 10 期，第 148-152 页。

② 人民日报评论员：《筑牢中华民族共同体的思想基础》，《人民日报》，2014 年 10 月 10 日。

③ 习近平：《之江新语》，浙江人民出版社，2007 年，第 149 页。

中国是统一的多民族国家，长城文化是各族民众共同创造的，既有共同性也具有差异性，以长城文化推动铸牢中华民族共同体意识，必须正确处理“多元”与“一体”的关系，增强长城文化的共同性，凝聚各民族的精神力量，包容和尊重各民族文化的差异性，促进长城文化与民族文化的交流互鉴，促进各民族对共同历史记忆的认同与传承，强化中华民族的归属感和凝聚力，共同构筑中华民族共同体意识的精神家园。

（四）教育共铸：培育中华民族共同体意识

围绕雁门关长城文化遗产这一重要载体，以教育共铸的方式深入推动中华民族共同体意识培育工作。一是构筑常态化的铸牢中华民族共同体意识教育体系。明确教育的工作主线，即开展雁门关长城文化与民族文化之间共性与差异、中华民族与各民族之间整体与部分关系的教育，树立中华文化是主干，各民族文化是枝叶的意识，防止出现某文化独属某一民族的错误认知。依托学界对雁门关长城文化遗产中的铸牢中华民族共同体意识研究成果，组织编写雁门关长城文化遗产“三交”史、不可移动文物历史故事、非物质文化遗产发展历程等系列丛书，借助忻州、代县等地的文化场馆、雁门关与代州古城旅游景区深化中华民族共同体意识的社会面教育。二是做好雁门关长城中华文化符号提炼和传播工作，讲好“雁门关故事”。文化符号是人们传递信息、凝聚共识的重要媒介，其视觉形象对文化观的形成有着重要影响，是铸牢中华民族共同体意识的重要途径。[①] 从雁门关长城文化遗产中凝练出的生态、节日、文艺、文物、革命英雄等符号都能成为中华文化符号，并在旅游景区、文化场馆等区域做好宣传工作，使各民族共享中华文化符号。同时，讲好雁门关长城文化遗产中的民族故事，在挖掘其中华民族精神、爱国主义情感、各民族交往交流交融故事的基础上，通过文学创作、短视频制作、影视剧拍摄、公益广告宣传等手段，使这些故事“走出去”，营造铸牢中华民族共同体意识的良好社会氛围。

---

① 严冬、段超：《利用文化遗产铸牢中华民族共同体意识的问题与路径优化研究——以青海省为中心》，《青海民族大学学报》，2024 年第 4 期，第 10-17 页。

金庸小说的长城关隘叙事 *

李丹宇 **

摘要： 金庸小说中关于长城名关的书写是值得重视的部分。其小说多写具有重要战略地位的关口，嘉峪关、玉门关、居庸关、山海关、雁门关、娘子关、宁武关、龙泉关以及与长城有关联的恒山，都曾出现在其笔下，还有许多长城守关名将事迹的状写小说中也涉及长城关隘，可谓一幅壮观的长城关隘地图。金庸小说中的长城关隘不仅仅是实体景观的展示，而是作为人物活动的背景、情节发展的纽带和主题意蕴的象征，将自然地理空间转化为一种文学地理空间，渗透中国传统文化追求和谐的特质以及作者向往民族平等、民族融合的审美倾向，因为长城文化所体现的正是中华民族崇尚和平、睦邻友好的文化基因，这是中华民族的精神根脉，也是我们倡导构建人类命运共同体的智慧源泉。

关键词： 金庸小说　长城关隘　文学审美　文化意蕴

金庸的武侠小说从 1955 年第一部《书剑恩仇录》问世，到 1972 年《鹿鼎记》后宣布封笔，在其笔下建构起一个瑰丽无比的武侠世界。引人注目的是金庸小说为故事和人物活动设置的地理空间极为广阔而丰富。陈墨就曾说过“差不多每个省都写到了”，“随金庸笔下人物而游览中国地理风景名胜，是一份额外的收获，不失为

---

*　基金项目：山西省艺术科学规划课题“长城文化及长城保护的文学叙事研究”（编号：23BA071）。

** 作者简介：李丹宇，忻州师范学院中文系副教授。

人生的一大乐事”。[①] 而在这些地理风景名胜中关于长城名关的书写也是值得重视的部分。金庸小说多写具有重要战略地位的关口，河北的山海关、龙泉关，北京的居庸关，甘肃的嘉峪关，山西的雁门关、娘子关以及与长城有关联的恒山，都曾出现在其笔下。金庸描摹的长城关隘不仅仅是一处地理景观，而是其建构的一种文学地理空间。从文学地理学视角探究金庸小说中长城名关的文学审美功能及其文化意蕴具有较大的开拓空间。

一、以长城关隘构建故事背景

金庸小说描写的长城关隘景观众多，每一处景观描写都与小说人物活动和情节发展密切关联，既增加了故事情节的变化性和丰富性，又成为金庸小说故事发展的重要场景。“文学场景是构成文学世界有机整体的基本单位，往往具有开端、发展、结尾的情节发展变化过程，是一个微缩的完整故事。”[②] 在金庸笔下，长城关隘的描写不仅细致勾画出作品的背景，更承载了景观叙事的功能，从而在故事的铺陈中，使其背后所隐藏的情感得以逐步展现，让读者能够更好地沉浸在作品之中，感受其中蕴含的丰富内涵。

景观叙事这一概念在《景观叙事——讲故事的设计实践》中是这样定义的：“产生于景观和叙事间的相互作用和彼此关系。首先，场所构成叙事的框架，景观不但确定故事或作用于故事的背景，而且本身也是一种多变而重要的形象和产生故事的过程。”[③] 长城关隘在金庸小说中便具有推演故事发生发展场景的叙事作用。

《书剑恩仇录》第四回的主场景是肃州（酒泉）。明代万里长城的最西端嘉峪关正在肃州域内（不过今天的嘉峪关已单独设市）。小说第十三回，陈家洛得知“关东三魔”要去找霍青桐报仇，于是骑白马远赴回疆向霍青桐报信让她提防，再次路过嘉峪关。金庸有以下一段描写：

> 不一日已到肃州。登上嘉峪关头，倚楼纵目，只见长城环抱，控扼大荒，蜿蜒如线，俯视城方如斗，心中颇为感慨，出得关来，也照例取石向城投掷。关外风沙险恶，旅途艰危，相传出关时取石投掷城墙，便可生还关内。行不数

---

① 陈墨：《金庸小说与中国文化》，百花洲文艺出版社，1999 年，第 28-29 页。

② 梅新林：《文学地理学：基于“空间”之维的理论建构》，《浙江社会科学》，2015 年第 3 期，第 128 页。

③ ［美］马修·波泰格、杰米·普灵顿著，张楠等译：《景观叙事：讲故事的设计实践》，中国建筑工业出版社，2015 年，第 6 页。

里，但见烟尘滚滚，日色昏黄，只听得骆驼背上有人唱道：“一过嘉峪关，两眼泪不干，前边是戈壁，后面是沙滩。”歌声苍凉，远播四野。[①]

陈家洛出了嘉峪关，再过玉门关，在戈壁中纵马奔驰，“一路晓行夜宿，过玉门、安西后，……不久远处出现了一抹岗峦”。“转眼之间，石壁越来越近。一字排开，直伸出去。山石间云雾弥漫，似乎其中别有天地。再奔近时，忽觉峭壁中间露出一条缝来，白马沿山道直奔了进去，那便是甘肃和回疆之间的交通孔道星星峡。”星星峡亦即玉门西北的赤金峡，并非峡谷，而是雄踞于古丝绸之路上的险关要隘。

《鹿鼎记》第四十八回的回目为“都护玉门关不设，将军铜柱界重标”。原著中这样注释：“都护”是汉朝统治西域诸国的军政总督，“玉门关”是汉时通西域的要道，“玉门关不设”意谓疆域扩大，原来的关门已不成为边防要地。[②] 娘子关景观在《鹿鼎记》中有所提及。小说第三十八回，康熙与建宁公主对话时，这样说过：“前朝女子做元帅，倒真是有的。唐太宗李世民的妹子平阳公主，帮助唐太宗打平天下。她做元帅，统率的一支军队，叫作娘子军，她驻兵的关口，叫作娘子关，那就厉害得很了。”[③] 相对而言，金庸对娘子关的描写用墨较少，只是简洁勾勒，由小说人物口中的一句话引出，然而，虽未对娘子关进行具体描绘，却在短短几句话中交代出平阳公主与娘子关的联系。

《鹿鼎记》还常将五台山作为故事情节展开的重要场景，对五台山的地形地貌、五座台顶、著名寺庙等进行了清晰描述。第十七回，韦小宝和双儿“不一日来到直晋两省交界。自直隶省阜平县向西，过长城岭，便到龙家关。那龙家关是五台山的东门，石径崎岖，峰峦峻峭，入五台山后第一座寺院是涌泉寺”。[④] 通过对五台山东门龙家关的描述，侧面揭示出五台山的地势特点。这里所述龙家关、长城岭就是位于山西五台和河北阜平交界处的龙泉关长城，因长城蜿蜒其上而得名长城岭，始建于北魏、北齐时期，明代曾派重兵把守，素为战略要地。《四镇三关志校注》“形胜考”考证龙泉关的具体位置为：“东至阜平县七十里，西至涌泉寺二十五里，南至白草驼三十里，北至银河村四十里。”[⑤]

《射雕英雄传》第七回则既写到嘉峪关也写到玉门关。小说中朱聪讲述汉武帝取汗血宝马的故事。李广利奉汉武帝之命到大宛国贰师城取马，为了志在必得，把

---

① 金庸：《书剑恩仇录》，广州出版社，2002 年，第 458-459 页。

② 金庸：《鹿鼎记》，生活 · 读书 · 新知三联书店，1999 年，第 1918 页。

③ 金庸：《鹿鼎记》，第 1464 页。

④ 金庸：《鹿鼎记》，第 652 页。

⑤（明）刘效祖撰，彭勇、崔继来校注：《四镇三关志校注》，中州古籍出版社，2018 年，第 43 页。

李广利封为贰师将军。但“从长安到大宛国，西出嘉峪关后一路都是沙漠，无粮无水，途中士兵死亡枕藉，未到大宛，军队已只剩下了三成”。[①]李广利军队兵困马乏，出战不利，无奈退回敦煌，向皇帝请援。汉武帝大怒，命使者带剑守在玉门关，下旨若有远征兵将敢进关者一概斩首。李广利进退不得，只得留在敦煌。

金庸小说还有许多关于长城守关名将事迹的内容，其中也涉及长城关隘，比如《笑傲江湖》第三十回写到山西的奇妙景观悬空寺，言及这里原是兵家必争的要塞，北宋年间杨老令公扼守三关，镇兵于此。《碧血剑》第一回写戚继光镇守蓟州，强敌不敢犯边，威震四海。曾守固关的抗清大将孙祖寿，在边关多立功勋，于清兵入侵时随袁崇焕捍卫京师。袁崇焕下狱后，孙祖寿愤而出战，在北京永定门外和大将满桂同时战死，名扬天下。《碧血剑》还写了袁崇焕及其帐下谋士、大将在宁远筑城抵抗清兵。金庸小说中类似的例子甚多，这种构建文学地理的写法，既为人物活动提供了地理空间，也为小说的内容和主题提供了历史依据或基础，同时其中还包含了丰富的民族文化意蕴。

这些小说中所写的长城关隘之上有各种人物的活动，也有各种故事的发生发展。这些故事或是在长城关隘上发生后就迅捷结束，或是承接之前某个故事的发展而在长城关隘之上继续延续，或是发生之后并没有结束而在另外的空间继续发展，无论怎样结构，在叙事过程中，长城关隘都构成故事发生发展场景的重要元素。

显然，这些长城关隘景观不仅仅是故事的装饰，而是为故事提供了多元的场景和背景设定，更为读者带来了深深的情感共鸣和开阔的思考空间。金庸作品中出现的长城景观也就成为故事中不可或缺的叙事成分，为其作品增添了多层次的韵味，彰显了作者对人性、社会、历史的深刻洞察和独到见解。

二、以长城关隘作为情节纽带

金庸将小说的故事背景和主要人物的爱情之殇设计在长城关隘下，应该不是随意而为，而是金庸在充分考虑了长城关隘的自然特征与文化内涵以后做出的自觉选择。

金庸小说的背景，大都选择历史上的改朝换代时期，如宋辽之际、元明之际、明清之际，而小说中写的这些“江山易代之际”大都是发生民族纷争之地，往往纠合着激烈的民族矛盾，长城关隘则位于中原与漠北、内地与塞外、农耕文化和游牧文化的分界线，所以自古为兵家必争之地。既然以民族对峙为背景，就不能不写处

---

① 金庸：《射雕英雄传》，广州出版社，2011 年，第 227 页。

于民族分界线上的长城关隘。由此看来，小说背景和故事场景的选择不仅是为了便于作者驰骋文学才情，而且反映了作者关注家国兴亡、民族融合的思路。金庸在《笑傲江湖》后记中坦言：“这部小说通过书中一些人物，企图刻画中国三千多年来政治生活中的若干普遍现象。……不顾一切地夺取权力，是古今中外政治生活的基本情况，过去几千年是这样，今后几千年恐怕仍会是这样。”① 可见，金庸小说表面上写的是纯粹而精彩的武侠传奇故事，实则是对中国三千年政治生活的深刻揭示。

比如，金庸将《天龙八部》的历史背景设定在宋辽对峙的乱世时期，既表现民族间的严重对立，更表达出对民族融合与和平相处的希冀。雁门关是《天龙八部》中主要描绘的景观。据统计，在《天龙八部》的文字中雁门关出现 80 余次，故事情节的开始从雁门关起，最后又以雁门关终，雁门关成了小说故事的主要发生地，而其中雁门关发生的故事又是整部小说故事的核心情节。主人公萧峰一生跌宕起伏命运的三大转折点都发生在雁门关。或言之，雁门关是萧峰数次人生节点所在地。雁门关血战使得契丹婴儿萧峰成为汉人婴儿乔峰。雁门关是他遇到阿朱的地方，也是开始“千里茫茫若梦”的转折点；雁门关也是他舍生取义、阻止辽帝耶律洪基进犯宋国而选择自我终结生命的地方。小说中写到三十年前那场雁门关伏击战是全书的核心情节之一，可以说，雁门关之战是《天龙八部》这部小说的引子，引发出之后的一系列事件和人物，萧峰命运悲剧的起始就是雁门关之战，此后任丐帮帮主又被逐出丐帮，阿朱之死等事件都与此有关。而且这场伏击战改变了很多人的命运，萧远山、萧峰、玄慈方丈、智光大师、汪剑通、赵钱孙、乔三槐夫妇、慕容博等等。无疑，雁门关伏击战是《天龙八部》中所有故事情节的枢纽。陈世骧先生言：“读《天龙八部》必须不流读，牢记住楔子一章，就可见‘冤孽与超度’都发挥尽致。”② 所谓楔子一章应该就在于这场雁门关血战了。

金庸笔下写到山海关的地方都与吴三桂、李自成山海关之战的历史事件相关。《碧血剑》第十九回写牛金星和李岩都曾提到吴三桂镇守山海关：

> 牛金星道：“刘将军，这陈圆圆是镇守山海关总兵吴三桂的爱妾，号称天下第一美人。大王特地召来的，怎能给你？”
>
> …………
>
> 李岩走上几步，说道：“大王，吴三桂拥兵山海关，有精兵四万，又有辽民八万，都是精悍善战。大王已派人招降，他也已归顺，他的小妾，还是放

① 金庸：《笑傲江湖 · 后记》，广州出版社，2002 年，第 1440 页。

②《陈世骧先生书函》，见金庸《天龙八部 · 附录》伍，广州出版社，2011 年，第 1813 页。

还他府中，以安其心为是。”刘宗敏冷笑道：“吴三桂四万兵马，有个屁用？……”李自成点头道：“吴三桂小事一桩……吴三桂难道比孙传庭、周遇吉还厉害么？”①

《碧血剑》第二十回描写红娘子陈述吴三桂引清兵攻进山海关时，众人异常惊愕：

红娘子道：“闯王带兵跟吴三桂吴贼在山海关外一片石大战，未分胜败，不料吴贼暗中勾结满洲鞑子，辫子兵突然从旁杀出，我军出乎不意，就此溃败，闯王此后接战不利，带兵退出北京，现今是在西安……”

众人听说清兵进关，北京失陷，都如突然间晴天打了个霹雳。②

清兵入关的“江山”悲剧与冤冤相报的“江湖”悲剧，这两条看似互不相干的线索却因袁承志与夏青青的结合而扭结在一起，从而揭示出深刻的历史悲剧和文化悲剧。

此外，《鹿鼎记》第四十二回写天地会的陈近南诵读吴三桂起兵檄文也提及这一历史事件：“原镇守山海关总兵。今奉旨总统天下水陆大元帅、兴明讨虏大将军吴，檄天下文武官吏军民人等知悉：本镇深叨大明世爵，统镇山海关……”③

金庸小说中塑造了形形色色的武林人物，描写了人物之间错综复杂的矛盾纠葛，而每一个故事的实质就是一种权势的争夺，无论是江湖各派还是日月神教，无论是帝位之争还是正邪之争，无论是国族之争还是内部之争，都离不开权力斗争的漩涡，或为称霸江湖而处心积虑，或为现实利益而不择手段，或为谋取地位而疯狂掠夺，或为报仇雪恨而扭曲变态，激烈而残酷的权力争斗酿出的是一杯杯苦酒。历史上的许多战争讨伐发生在改朝换代之时，长城见证了太多的生灵涂炭，历史的结果却只是江山易主而已。从金庸的作品中看有明显的反战思想，从小在蒙古长大的郭靖坚决反对元朝侵犯大宋的战争，自小在中原长大的契丹人乔峰以死谏停宋辽之战，可以说，历代的穷兵黩武，民族间的战伐不断，皆将平民推入水深火热之中。

细究之下，金庸塑造的人物陈家洛、郭靖、杨过、萧峰、令狐冲等，都有个较为固定的写作套路，即先展示人物的无穷魅力，然后又写他们在武功或声望达到顶峰时从权力角逐场败下阵来：陈家洛轻信乾隆赔上骨肉亲情与生死恋人后远走回

---

① 金庸：《碧血剑》，广州出版社，2002 年，第 563-564 页。

② 金庸：《碧血剑》，第 631 页。

③ 金庸：《鹿鼎记》，第 1629 页。

疆；郭靖守卫襄阳粉身碎骨难挡宋亡大势；萧峰难以忠义两全自我了结；袁承志归隐海外；杨过、张无忌隐退江湖；令狐冲全身而退……《碧血剑》中盲人吟唱的“今日的一缕英魂，昨日的万里长城”或许正是作者对乱世之中的中国自毁长城悲剧的慨叹，反之便是金庸“和平主义”[①]思想的曲折表露。

三、以长城关隘象征主题意蕴

金庸笔下展示出长城关隘下的民族对峙与融合，也唱出一曲曲江湖儿女们的爱情悲歌。其小说里爱情描写占了很多笔墨，奇特的是金庸笔下所描写的爱情双方一般有复杂的身世背景甚至是不同的民族身份，似乎有意借助小说人物抒写自己对民族问题的深刻领悟和反思。当我们用长城文学地理来观照审视金庸小说的创作时，可以发现，金庸小说很少以圆满结局来安排人物的爱情结局，同时，后期的小说与前期的小说相比民族历史观发生较大改变。

在金庸涉及长城名关的小说里，除了与历史事件和历史人物相关的篇章，《书剑恩仇录》，尤其是《天龙八部》最能彰显作者创作意图和长城文化意蕴的紧密结合。

《书剑恩仇录》中对于爱情的处理既纠结又奇幻。陈家洛同时被翠羽黄衫霍青桐及香香公主喀丝丽两姊妹爱慕，他的所爱是香香公主，但他并未把握最后的圆满和幸福，他轻信乾隆，意图牺牲个人爱情来换取乾隆归顺汉民族，结果计划失败，反害死香香公主，霍青桐也终身未嫁。陈家洛决定送出心爱的香香公主前带她去长城居庸关进行劝导，陈家洛在英雄事业与儿女私情之间的抉择只是想通过个人奋斗达成社会理想的幻想。相比之下，作者既赋予香香公主美貌，更赋予她超越陈家洛的果敢和成熟的品质。

小说第十九回写到陈家洛与香香公主告别，许诺事成之后一起到北京城外的万里长城去玩。后来为乾隆劝导香香公主顺从时便是带她到长城上去，小说这样描写：

> 陈家洛心中伤痛，半晌不语，两人上马又行。一路上山，不多时到了居庸关，只见两崖峻绝，层峦叠嶂，城墙绵亘无尽，如长蛇般蜿蜒于丛山之间。香香公主道：“花这许多功夫造这条大东西干什么？”陈家洛道：“那是为了防北边的敌人打进来。在这长城南北，不知有多少人送了性命。”[②]

---

① 陈墨：《金庸小说与中国文化》，第621页。

② 金庸：《鹿鼎记》，第696页。

两人携手在长城内外看了一遍，“见城墙外建雉堞，内筑石栏，中有甬道，每三十余丈有一墩台”。小说还写了陈家洛和香香公主到达八达岭长城之下的“弹琴峡”。弹琴峡是关沟七十二景之一。居庸关是京北长城沿线上的著名古关城，是古代北京的门户，地势高峻，山势雄奇。

同样《天龙八部》中也写了雁门关下的爱情悲歌。乔峰（萧峰）得知自己的契丹人身世，便赶往雁门关外寻求当年父母被害的真相。此时，萧远山对乔氏夫妇、玄慈大师等人的血腥报仇，使乔峰背上了杀父母弑恩师、残害武林同道的骂名，为天下人所唾弃。阿朱感激乔峰聚贤庄的拼死相救，赶赴雁门关与乔峰相见相爱。雁门关外，乔峰改回本名萧峰，他与阿朱约好将来到塞外牧马放羊，远离江湖恩怨。然而，阿朱意外知道了段正淳是自己的亲爹，阿紫是其亲妹妹，为终结一场仇怨她私自决定由自己易容成段正淳去赴萧峰的生死之约。最后阿朱被蒙在鼓里的萧峰误伤身死，雁门关外的誓约终究成了一场空。阿朱弥留之际把阿紫托付于萧峰，而阿紫爱而不得，在雁门关上，自剜双眼，抱着萧峰尸身跳落悬崖。

这两部小说中的爱情悲剧都在长城关隘下上演，男女主人公分属不同民族，香香公主和萧峰还都表现出舍生取义的精神，可以说，作者以爱情叙事消弭民族对立、反衬民族和睦重要性的创作意图是鲜明的。金庸在《金庸作品集·新序》中就明确说：“我希望传达的主旨，是：爱护尊重自己的国家民族，也尊重别人的国家民族；和平友好，互相帮助……”① 到了其压卷之作《鹿鼎记》中则虚构了一个可能有满、汉、回、蒙、藏多民族血统的韦小宝，奇特的是看似无厘头的韦小宝却有了飞黄腾达、好运亨通的喜剧性人生结局。

同样是在《金庸作品集·新序》中，金庸如此自述：“我初期所写的小说，汉人皇朝的正统观念很强。到了后期，中华民族各族一视同仁的观念成为基调，那是我的历史观比较有了些进步之故。”② 或许是金庸已意识到中华民族是一个多民族的大家庭，民族纷争是暂时的，而和平则是恒久的。金庸这一思想立场的转变，使其小说的创作主旨更加显而易见。

金庸将小说的故事背景和主要人物的爱情之殇设计在长城关隘下，或者写出长城见证下的江山易主，或者以爱情叙事消弭民族对立，表达了作者向往民族平等、民族融合的愿望，也折射出长城文化中所体现的讲信修睦、崇尚和平的民族品格。

金庸小说具有极为浓郁的文化气息，这是迄今为止比较一致的评价，陈墨就曾提到：“金庸小说既是中国文化的产物，同时又是中国传统文化的传播者、塑造者、

---

① 金庸：《碧血剑》，第 3 页。

② 金庸：《碧血剑》，第 6 页。

思考者、批判者。”[①] 金庸小说中的长城关隘书写也不仅仅是展示实体景观，而是作为人物活动的背景、情节发展的纽带或主题意蕴的象征，成为金庸小说文化内涵的重要构成内容。正如学者所言：“文学景观是一个客观的物质存在，又是一个具有多义性的象征系统。”[②]

结语

长城虽是军事工程，但长城的修建主要以防御为目的，意味着长城修建者构建和平秩序的心愿，因此长城是和平的象征，它见证着民族文化碰撞、交融和互渗的历史。以长城为纽带，游牧民族和农耕民族共同创造了灿烂辉煌的中华文明。2015年10月12日，习近平在访问东盟国家前回答记者问时说：“中华民族几千年来形成了兼爱非攻、亲仁善邻、以和为贵、和而不同的理念。”长城文化中所体现的讲信修睦、崇尚和平的民族品格，正是华夏儿女的血脉中“和合”文化基因最充分的展示。

金庸小说的历史背景往往选择历史上民族关系十分紧张的时期，共计15部小说，除《侠客行》《笑傲江湖》《越女剑》不曾涉及民族问题外，其余的小说都涉及了民族问题或民族矛盾，再通过对真实的历史人物和历史事件或者民间传说进行文学演绎，将时空的交汇点巧妙地聚焦在长城关隘上，使读者在心理上获得一种审美的满足。显然，长城地理空间的变换同时也是文化心理空间中的精神之旅，有学者曾言：“金庸小说之所以能够在文学史上取得相当的地位，从内容上来看，最根本的原因在于它能在充沛的现代意识的融透中对传统文化进行苦心孤诣的梳理和显扬，暗合了我们民族重塑文化本体的百年祈盼。”[③]

---

① 陈墨：《金庸小说与中国文化》，第17页。

② 曾大兴：《文学地理学概论》，商务印书馆，2017年，第237页。

③ 冷成金：《金庸小说与民族文化本体的重塑》，《中国人民大学学报》，1995年第6期，第87页。

长城史地考古

陕西战国秦长城沿线敌台形制及分布特征研究*

同杨阳**

摘要： 敌台是长城沿线两侧突出于墙体的高台，具有加固墙体、瞭望敌情、传递信息、射击敌军等功能。本文利用 MySQL 对陕西省战国秦长城沿线的 343 座敌台进行了全面记录并建立数据库，利用 ArcGIS 对数据库中的对象进行可视化统计分析，将敌台坐标信息与地形、河流、坡度、降水等数据进行叠加，通过敌台坐标估算密度，探究敌台的建造目的和布局原理。

关键词： 战国秦长城 敌台 形制 分布特征

“敌台”一词首见于北宋的《虎铃经·筑城》：“却敌台上建候楼，以跳板出为橹，与四外烽戍昼夜瞻视，以备警急。”① 这时“敌台”一词指的是城墙上的附属设施。之后在宋末元初诗人郑思肖的《大义略叙》上再次出现，“明年，鞑以重兵屯白河城，鞑又筑鹿门山城，……又建万人敌台……”② 文中所说的敌台形制不明。但可以确定的是，敌台是防御线上的组成部分。至明成化年间（1465—1487），文献中的“敌台”首次出现在了长城之上。据《明史》记载，余子俊于成化九年（1473）修建长城，“东起清水营，西抵花马池，延袤千七百七十里，凿崖筑墙，掘

* 基金项目：国家社科基金重大项目“全国明长城资源调查资料整理与研究”（编号：18ZDA223）。

** 作者简介：同杨阳，西北大学文化遗产学院副教授。

①（宋）许洞：《虎铃经·筑城》，商务印书馆，1935 年，第 557 页。

②（元）刘一清：《钱塘遗事校笺考原·襄阳受围绕》，中华书局，2016 年，第 181 页。

堑其下，连比不绝。每二三里置敌台崖砦备巡警”。[①] 此后，“敌台”一词多指长城体系中的防御设施，在文献中的出现频率也明显增高，但对于敌台的形制文献里并无具体描述。文献中首次出现“空心敌台”一词是嘉靖三十二年（1553），御史蔡朴在奏章中写道：“四海冶、永宁旧墙单薄，乞亟命增缮，并筑敌台五十一座，仍与大、小红门，柳沟口适当处所增筑空心敌台。”[②] 隆庆年间（1567—1572），空心敌台有了规范的形制标准，戚继光在《请建空心台疏》《议筑台规则》《练兵实纪》，谭纶在《总督侍郎谭纶请建空心台疏略》中均对空心敌台的位置、尺寸、间距、人员管理和物资配置进行了具体的描述。本文采取国家文物局和原国家测绘局于2007年编印的《长城资源调查工作手册》中“长城资源调查名称使用规范”对敌台的说明，即敌台是指突出于城墙的高台，可分为空心和实心两种。[③]

文献记载，秦昭王时“宣太后诈而杀义渠戎王于甘泉，遂起兵，伐残义渠。于是秦有陇西、北地、上郡，筑长城以拒胡”。[④] 可知战国秦长城建于前272年秦灭义渠之后，秦国以此来标志自己西侧的国家边界，巩固新获得的义渠领土。此后，这段长城也用于防御西侧的朐衍、匈奴等游牧民族，对赵国的西北部分可能也具有一定的防御作用。直至秦始皇收复河南地，在西侧新建长城后，该段长城的防御作用大大降低。汉代时，该长城再次启用，用于防御西北侧的匈奴。直至汉武帝元朔二年（前127），卫青夺回河套，该段长城被彻底放弃。

秦昭王长城分布于今内蒙古自治区、陕西省和甘肃省。其中陕西省域内的秦昭襄王长城全长462千米，整体呈东北—西南走向，沿线347座敌台、14座马面、89座烽火台、14座关城和8座堡城。该段长城处于毛乌素沙漠东南缘及黄土高原地区，沿途地貌环境从东到西可分为三段（图1）。东段北起毛乌素沙漠，南至黄土高原沟壑区，地貌以低山丘陵为主，海拔较低；中部和西部分别穿越白于山脉南北两坡的山区，地势较东部高，起伏较大。特别是在西段，黄土高原的特征更为突出，沟壑纵横，山谷交替分布。

---

① 《明史 · 余子俊》，中华书局，1974年，第4737页。

② 《明世宗实录》，嘉靖三十二年四月，第6984页。

③ 国家文物局、国家测绘局编印：《长城资源调查工作手册》，2007年4月，第46页。

④ 《史记 · 匈奴列传》，中华书局，1982年，第2885页。

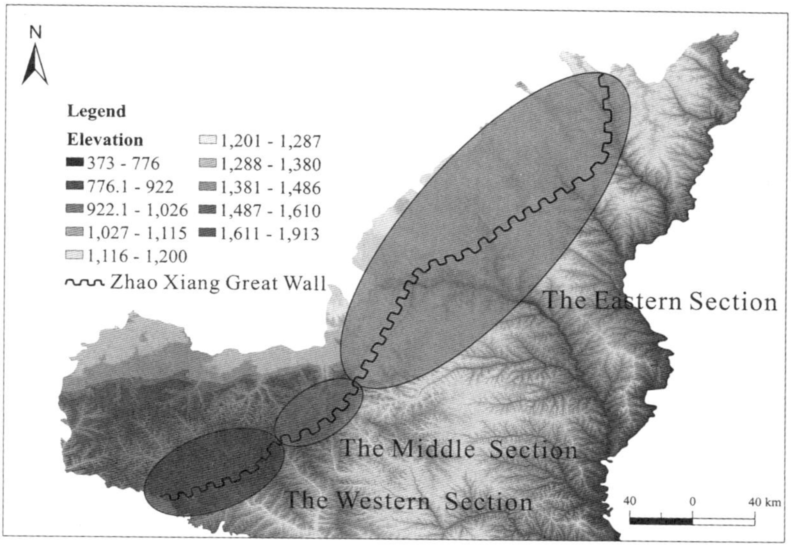

图 1 陕西省战国秦长城分布图

学界对敌台的研究主要集中在建筑特征上，早期敌台都是实心夯土台[①]，直到明代才出现砖砌空心敌台类型[②]。空心敌台的形式多种多样，一些论文以建筑材料和空间结构为分类标准，对空心敌台进行了类型学分析[③]。就建筑位置而言，敌台多位于

① 崔凯：《西北干旱区基于降水过程的夯土遗址致劣模式与机理研究》，兰州理工大学科技成果，2019年。念文通：《环县战国秦长城调查与研究》，硕士学位论文，西北师范大学，2022年，第69-80页。Mao W, Shen Y, Zhu Y, et al. Disentangling the deformation process of earthen sites and understanding the role of Na2SO4 and precipitation: A case study on the Great Wall relics of the Ming Dynasty in Yulin, China. Studies in Conservation. 2021, 66(2): 51-63.

② 景爱：《长城》，学苑出版社，2008年，第57页。周小棣、沈旸、常军富：《长城的建造技术特征与建造信息保护——以明长城大同镇段为例》，《建筑学报》，2011年第2期，第60页。Li Z, Zhang M, Tuo X, et al. A New Data-Mining Method for the Digital Great Wall Exemplified by Statistical Evaluation and Analysis of the Ming Great Wall Archery Windows. Library Trends. 2023, 71(3): 364-392.

③ 李小明：《考古学视野下明代北部边防设施遗存研究》，硕士学位论文，陕西师范大学，2019年，第56-60页。段清波、徐卫民：《中国历代长城发现与研究》，科学出版社，2014年，第84-86页。张依萌：《明长城砖砌空心敌台类型与分期研究——以“蓟州镇”“真保镇”为中心》，《故宫博物院院刊》，2019年第2期，第51-58页。Li Z, Liu J, Dong Y, et al. From data acquisition to digital reconstruction: virtual restoration of the Great Wall's Nine Eyes Watchtower. Built Heritage. 2024; 8(1): 22；Li Z, Hou M, Dong Y, et al. Virtual Restoration of the Great Wall Based on the Evidence Scales—Take the Nine-Eyes Watchtower as AN Example. The International Archives of the Photogrammetry, Remote Sensing and Spatial Information Sciences. 2021, 46: 403-407.

高地，以便对周围地区有更广阔的视野[①]。同时，敌台通常建在朝外的山坡上，这样当敌军在上坡时，士兵就能进行有效的攻击[②]。此外，为了有效观察敌军动向并抵御攻击，敌台的布局还考虑到了相邻敌台之间的能见度要求[③]，以及远程武器的射程，以便在敌台之间形成针对敌军的致命射击区[④]。就功能而言，敌台可以提供良好的观察和射击位置、容纳部队和储存作战物资[⑤]。也有观点认为，敌台通过烽火台传播信息，在长城沿线的敌台、烽火台和堡垒之间形成了一个信息传输网络[⑥]，对军事情报传递起到了促进作用。还有学者结合历史文献、长城沿线石刻和地层学研究了明代敌台的标识和分类[⑦]、人员和物资管理[⑧]、物资分配和建设项目[⑨]。

---

① Cao Y, Zhang Y. Efficient space and resource planning strategies: treelike fractal traffic networks of the Ming Great Wall Military Defence System. Annals of GIS. 2018, 24(1): 47-58.

② 李哲、陈知行、拓晓龙等：《戚继光治下长城空心敌台传烽标识考》，《建筑学报》，2023 年第 S1 期，第 72 页。

③ 赵晨：《明延绥镇长城军事防御方式与防御体系研究——以 GIS 在考古学上的应用为基础》，硕士学位论文，西北大学，2015 年，第 40 页。

④ 刘建军等：《基于可达域分析的明长城防御体系研究》，《建筑学报》，2013 年第 S1 期，第 111 页。

⑤ 韩卫成、裴素敏：《偏关长城防御体系研究》，《山西建筑》. 2022 年第 15 期，第 14 页。Shen Y, Su Q, Jia T, et al. Characteristics of the site selection and the layout of the Great Wall of the Ming Dynasty from a military perspective: xiaohekou section as an example. Frontiers of Architectural Research.2020, 9(3): 541-555.

⑥ 赵晨：《明延绥镇长城军事防御方式与防御体系研究——以 GIS 在考古学上的应用为基础》，第 60-61 页。Du Y, Chen W, Cui K, et al. An exploration of the military defense system of the Ming Great Wall in Qinghai Province from the perspective of castle-based military settlements. Archaeological and Anthropological Sciences. 2021; 13: 1-18；Yang Y, Zhang Y, Li Y. Temporal and spatial distribution characteristics of the Ming Great Wall. Heritage Science. 2024, 12(1): 81.

⑦ 何圳泳：《涞源县明长城军事防御体系研究》，硕士学位论文，河北大学，2016 年，第 32-33 页。齐霁：《秦皇岛地区明长城碑刻调查研究与保护》，硕士学位论文，西北师范大学，2019 年，第 12-13 页。Li Z, Tuo X, Zhang M. Types and historical roles of secret gates: a new understanding of the Ming Great Wall based on a digital heritage survey. Journal of Asian Architecture and Building Engineering. 2023, 22(2): 842-860.

⑧ 赵宏利：《蓟镇长城军事设制与戍守》，《万里长城》，2008 年第 1 期，第 31-33 页。Fan X, Wang Z, Li S. Value evaluation model (VEM) of ancient Chinese military settlement heritage: a case study of Liaoxi Corridor in the Ming Dynasty. Heritage Science. 2024, 12(1): 97.

⑨ 么依璇：《明代九边营房及其相关问题》，硕士学位论文，内蒙古师范大学，2022 年，第 75-101 页。常军富等：《长城建造中的层位关系在构造层面的反映——以明长城大同镇段为例》，《中国文化遗产》，2018 年第 3 期，第 24-30 页。

总体而言，绝大多数关于敌台的研究都集中在明长城，对明代以前的研究相对较弱。本文对陕西省域内战国秦长城沿线的敌台进行研究，以把握中国长城早期发展阶段的特点。在前人分析长城建筑及分布的基础上，本文假设陕西省战国秦长城沿线的敌台在平面形状、大小、间距等方面会呈现出一定的规律，继而分析这些规律与自然环境和历史背景的关联，并根据这些假设进行具有针对性的研究。

一、敌台建筑特点

陕西省战国秦长城沿线的敌台大多由当地的夯土筑成，通常呈圆锥形或方形，高 2 ～ 12 米，顶部较窄 5 米 ×10 米，底部较宽 20 米 ×15 米（图 2 ～图 4）。与长城其他地方仅 1 米左右高的城墙相比，敌台具有明显的高度优势，是观察和防御的高地。敌台附近散落着大量装饰有点状痕迹或纺织品痕迹的瓦片，这表明敌台周边还有其他建筑。

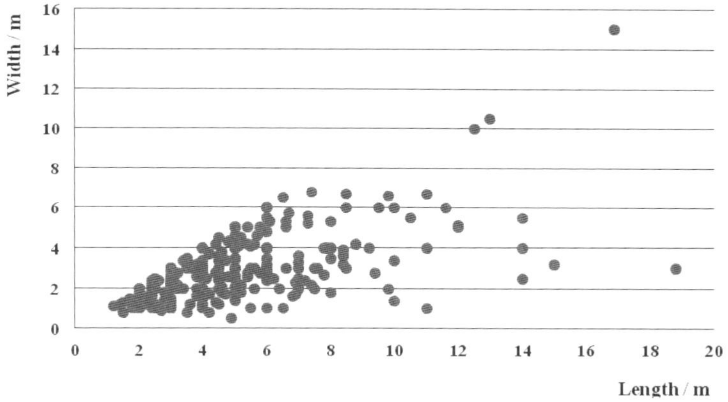

图 2　敌台顶部尺寸散点图

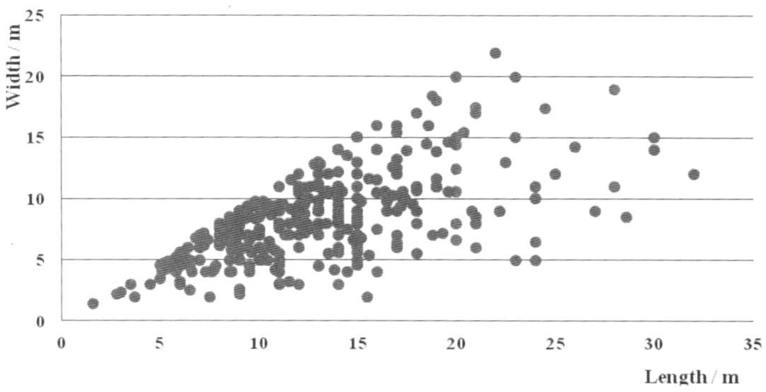

图 3　敌台底部尺寸散点图

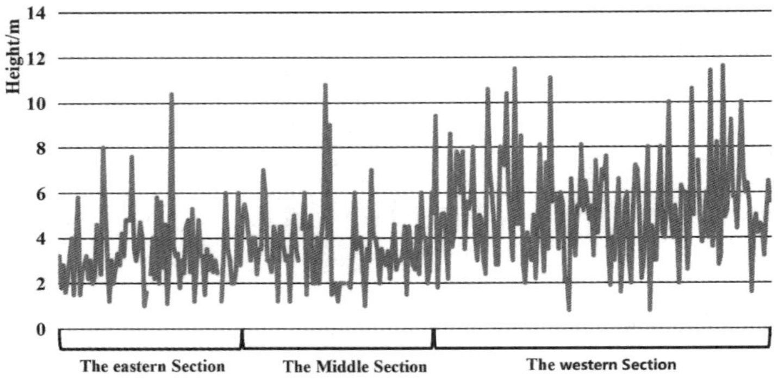

（Sort by the Great Wall as a clue, with the positive direction of the coordinate axis representing the southwest.）

图 4　敌台高度分布图

这些敌台的建筑特征可根据高度分为三类。

Ⅰ类，高度在 5 米以下［图 5（a）、图 5（b）］，占战国秦沿线敌台的 67.35%（图 6），防御优势最小。

Ⅱ类，高度在 5 米至 10 米之间［图 5（c）、图 5（d）］，占 29.45%（图 6）。

Ⅲ类，高度在 10 米以上［图 5（e）、图 5（f）］，占 3.21%（图 6），是敌台中最高大的一类，防御优势最为突出。

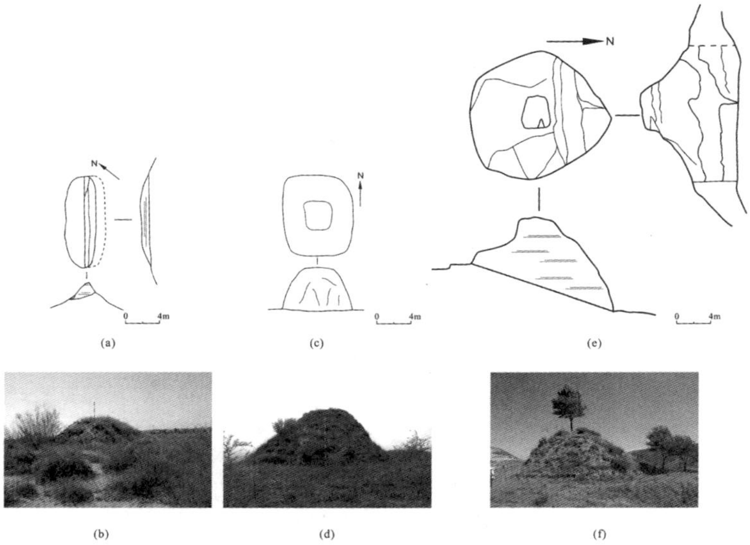

(a) and (b): Watchtower No.1 in Dongzuojie Village (height of less than 5 meters).
(c) and (d): Watchtower No.2 in Zhongyangqing Village (with a height between 5 and 10 meters).
(e) and (f): Watchtower No.3 in Dongjian Village (with a height of more than 10 meters).

图 5　不同平面形状的敌台的平面图、剖面图

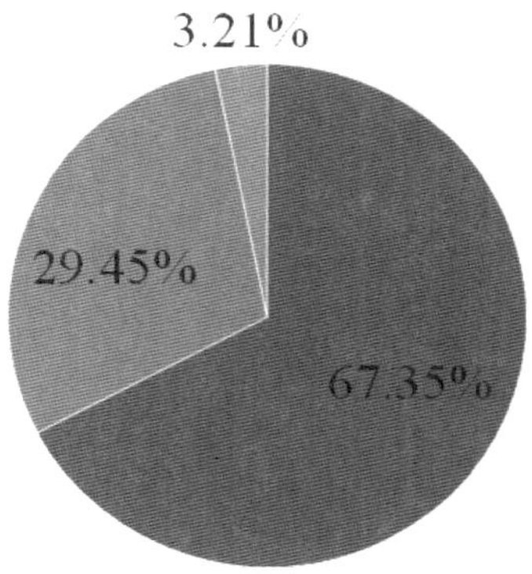

Type Ⅰ (Watchtower with a height of less than 5 meters)

Type Ⅱ (Watchtower with a height between 5 and 10 meters)

Type Ⅲ (Watchtower with a height of 10 meters or more)

图 6　不同高度敌台占比

从平面形状来看，敌台也可分为三类。A 型为不规则形状［图 7(a)、图 7(b)］，占 57.73%（图 8）；B 型为长方形［图 7（c）、图 7（d）］，占 14.58%（图 8）；C 型为圆形或椭圆形［图 7（e）、图 7（f）、图 7（g）、图 7（h）］，占 27.7%（图 8）。

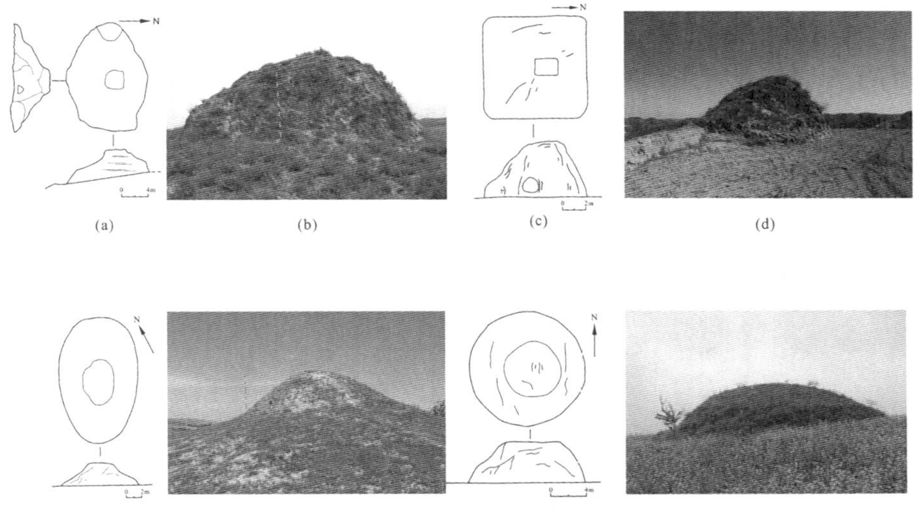

(a) and (b): The watchtower in Liugou Village (irregular shape).
(c) and (d): Watchtower in Malianyaoxian Village (rectangular shape).
(e) and (f): The watchtower in Liujian Village (elliptical shape).
(g) and (h) The watchtower in Qiugou Village (circular shape)

图 7　不同高度敌台的平面、剖面和立面图

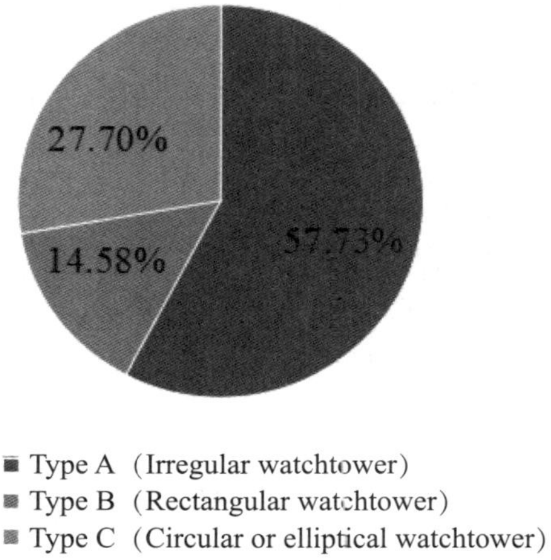

图 8　不同平面形状敌台占比

根据统计和类型划分，长城各段敌台的高度差异较大（图 9）。在长城东段和中段，Ⅰ类敌台在数量上保持绝对优势，占陕西省战国秦长城沿线敌台的 70% 以上。在西段，Ⅱ类敌台居多，占敌台总数的 60.16%，而Ⅰ类敌台仅占 29.30%，Ⅲ类敌台占 10.55%。长城西段的防御优势因地理位置而更加突出，因为该段长城海拔最高，地势起伏最大，北侧的白于山脉又形成了一道天然的防御屏障。敌台还可按形状分为 A 型（不规则形）、B 型（长方形）和 C 型（圆形或椭圆形），敌台的形状与高度之间有明显的相关性。在不同高度的敌台中，A 型敌台的数量最多。此外，在Ⅰ类敌台中，C 型敌台的数量明显多于 B 型敌台。在类型Ⅱ中，B 型和 C 型的比例基本平衡。类型Ⅲ中没有 C 型敌台（图 10）。这表明建造者倾向于为低层敌台选择圆形或椭圆形设计，而为高层敌台选择长方形设计。

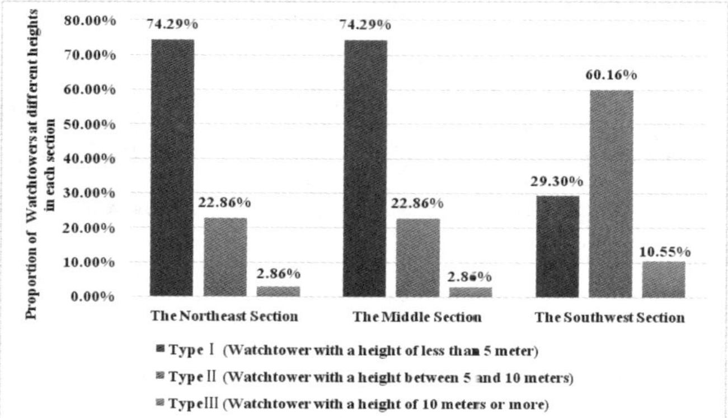

图 9　各段不同高度的敌台

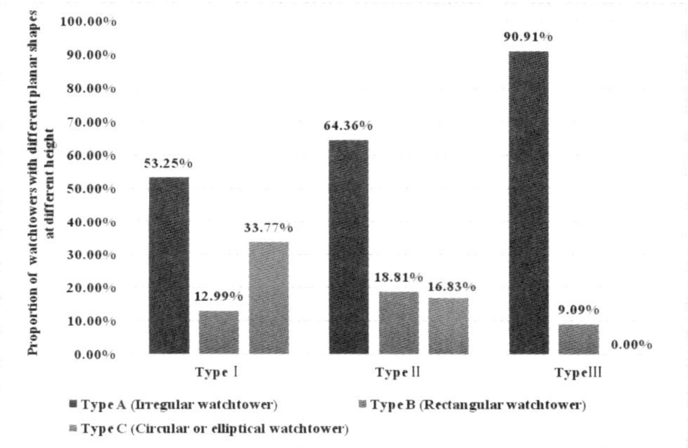

图 10 不同高度下各平面形状的敌台

二、敌台分布特征

（一）总体特征

战国秦长城沿线敌台呈东北—西南走向分布于陕北高原，与秦国西北侧的其他长城设施形成地域分界线。受历史背景和自然环境的影响，秦长城内外段在不同地段的地貌环境并不一致，许多地段沿河流分布，在东段，敌台一般沿 400mm 等降水量线和 3° 地形坡分布（图 11、图 12），是平坦广阔的草原牧区与沟壑纵横的黄土高原农区的分界线[①]。相比之下，长城中段和西段的位置更靠南，将一些农业区留在了长城之外。这反映了这两段长城不同的建造目的。东段长城主要是为了防御西北部的游牧民族部落，而中段和西段长城则是为了保护新获得的义渠领土[②]。长城沿线敌台的布局就像一座拦截陕北高原源头河水的拦河大坝，将河水引向长城以内的区域（图 13）。这一选择体现了秦人考虑地形变化来布置敌台的聪明才智。河谷是入侵者进攻秦国的首选路线，因为这里水源便利，道路相对平坦，因此在规划防御工事时，能够在河谷入口处准确拦截敌军是至关重要的。同时，这种定位也确保了对城墙沿线建筑和堡垒以及内部地区供水的军事控制。

---

① 刘洁：《近 60 年来中国北方半干旱区界线与范围时空变化特征研究》，硕士学位论文，西北大学，2019 年，第 45 页。

② 谭其骧主编：《中国历史地图集》（第一册），中国地图出版社，1982 年，第 43-44 页。

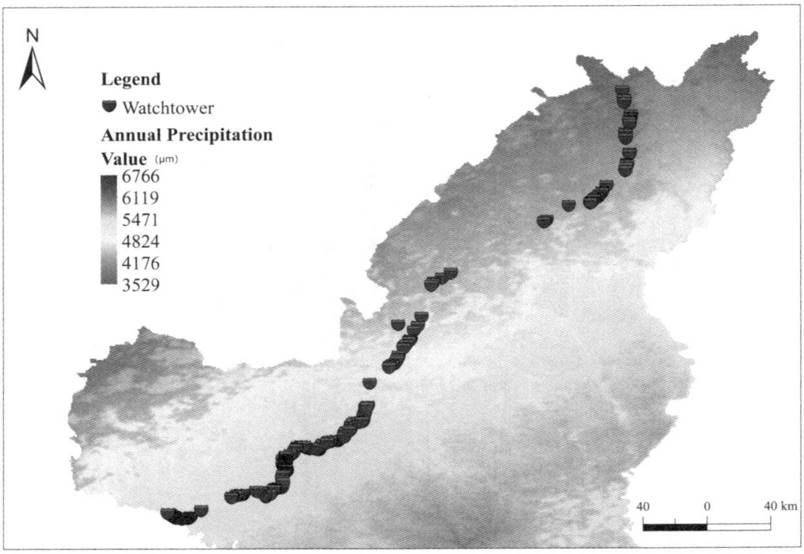

图 11 战国秦长城沿线敌台的分布和年降水量

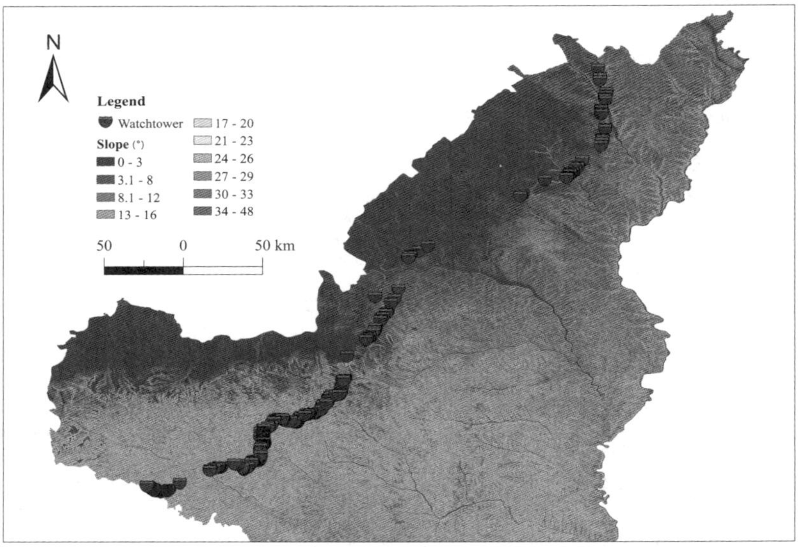

图 12 战国秦长城沿线敌台分布坡度

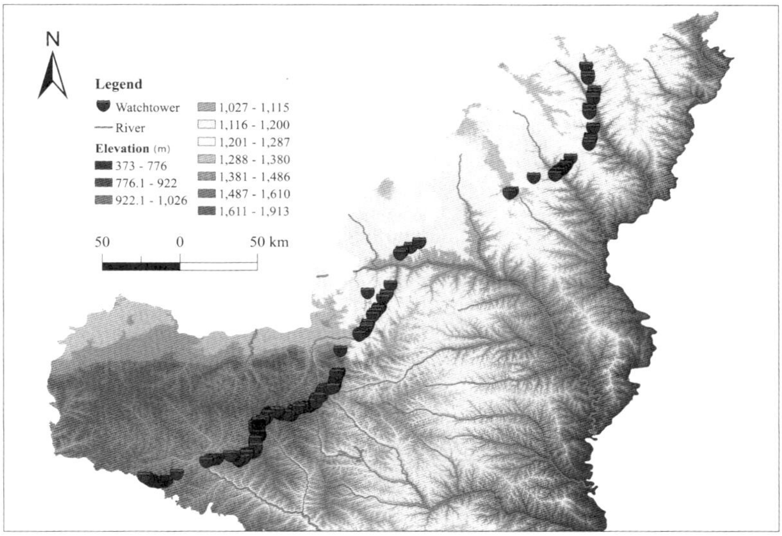

图 13　战国秦长城沿线敌台分布高程

（二）地形和密度

陕西战国秦长城沿线敌台分布不均，与地形紧密结合形成疏密两大区域。在东段的高原和白于山脉以北，敌台相对稀疏，而在中西部的白于山脉以南，敌台则相对密集（图 14）。事实上，在密度图上，东段的整片区域几乎是空白的，敌台密度极低。敌台分布的形成有两种可能：一是战国时期的敌台是有目的的这样建造的；二是敌台在遭受自然和人为的不均衡破坏后，曾经的稀疏程度与现在的情况不同。但可以肯定的是，敌台是依附在长城墙体上的，根据实地调查显示的长城墙体的分布情况，产生这种现象的可能性是与古人建造有关。横穿空白区的陕北第一大河无定河，与其主要支流榆溪河呈西北—东南、东北—西南走向交汇于此，形成了阻挡游牧部落南迁的天然防御屏障。

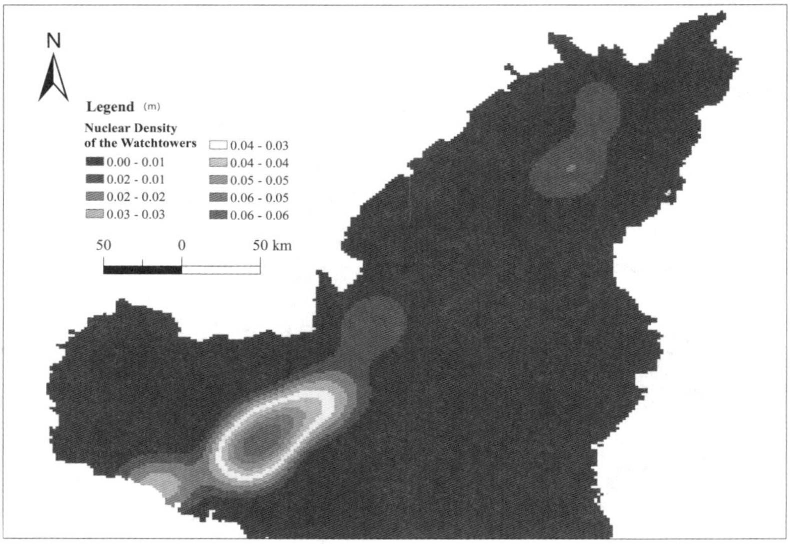

图 14　战国秦长城沿线敌台分布核密度

由于战国秦长城历史悠久，缺失段落较多，敌台数量在建造时间和使用情况上也存在较大差异。为了排除自然和人为因素对敌台破坏和敌台分布密度分析结果的影响，本文采用了“复原密度”的概念。根据长城敌台与城墙的位置关系，复原密度 = 现存敌台数量 / 现存城墙长度；现状密度 = 现存敌台数量 / 城墙总长度。据此，陕西省域内战国秦长城东、中、西三段长城的敌台分布密度见表 1。经计算，陕西省战国秦长城沿线敌台密度复原结果与现有密度结果一致。敌台在西段分布最为密集，中段略为稀疏，东段比西段稀疏三倍以上。也就是说，敌台分布最稀疏的低海拔丘陵地带——东段，并不是统治者的重点防御区域。相比之下，中部和西部地区地势较高，坡度较陡，敌台的分布密度也远高于东部地区。从地形上看，这两个地区的自然防御能力较强，但仍是统治者有意加强防御的地区。

表 1　战国秦长城沿线敌台分布情况统计表

项目名称	墙体总长度 / 米	被破坏和消失部分的墙体长度 / 米	现存墙体长度 / 米	现存敌台数量	复原密度	现状密度	复原间距 / 米
东段	288521.9	220307.6	68214.3	91	0.13%	0.03%	749.61
中段	68731.0	41211.0	27520.0	92	0.33%	0.13%	299.13
西段	105577.0	66215.0	39362.0	164	0.42%	0.16%	240.01

（三）空间分布

在中国历史上，弓和弩的形状和杀伤力各不相同。秦弩的杀伤距离为100步，相当于140多米，战国时期孙武所著的《孙子兵法》有云：“发于肩膺之间，杀人百步之外。”[①] 考古发现和复原物证实了这一说法。例如，对秦始皇陵出土的大量弓弩的修复表明，秦弩的射程约为300米，有效杀伤距离约为150米。[②] 陕西省战国秦长城西段的复原间距为240.01米，是三段中最低的。也就是说，如果西段出现入侵部队，无论其位置如何，敌台都能让秦军在有效射程内与敌军交战。中段的敌台，恢复间距为299.13米，除了考虑导弹武器的有效射程外，还提供了敌台之间的相互视野。例如，草沟村1号至7号敌台位于中段（图15），经ArcGIS 10.8对敌台的视域范围进行分析后发现，1号和2号敌台都在对方的视线范围内。此外，站在1号敌台上的士兵可以看到北面清河沟村2号敌台（图16），3号至7号敌台也相互可见（图17、图18）。因此，这些敌台的修建位置可能是由互视的要求决定的，也就是说，建造者要尽量保证相邻敌台之间的可见度。东段敌台复原间距为749.61米，是三段敌台中最宽的，明显超出了秦弩的有效射程。就敌台之间的视野范围而言，ArcGIS 10.8的分析结果表明，东段相邻敌台之间有的能看到对方，有的却看不到对方，如卢沟村的1号至3号敌台、喇嘛沟村的1号至5号敌台（图19）。因此，无论是强武器的有效射程还是视野，都不是东段碉堡建造的主要考虑因素，这些碉堡对防御优势的贡献不大，其意义可能只是象征性的，即在“我方”和“对方”之间划出一条明显的界线。

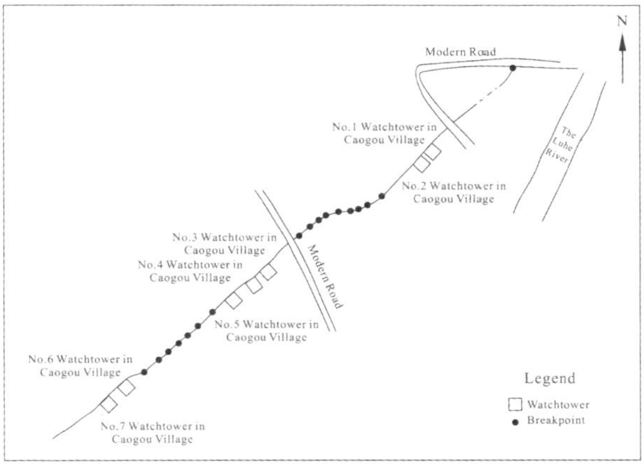

图15　草沟村1号至7号敌台分布位置图

① （战国）孙武撰，陈曦释注：《孙子兵法·势篇》，中华书局，2011年，第89页。

② 韩强：《中国传统经济与政治制度及思想文化的辩证关系》，《理论与现代化》，2014年第4期，第83页。

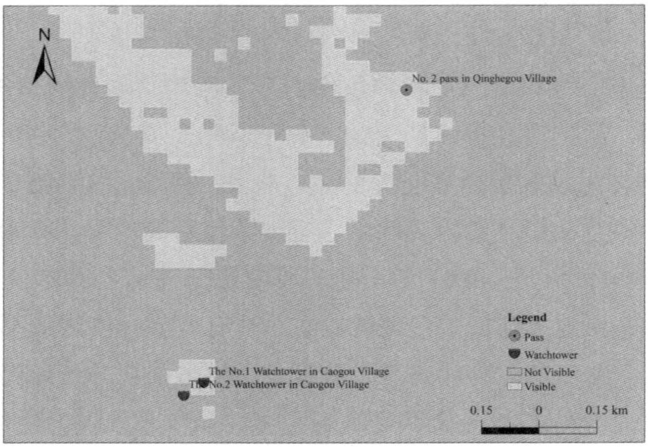

图 16　草沟村 1 号和 2 号敌台可视域分析图

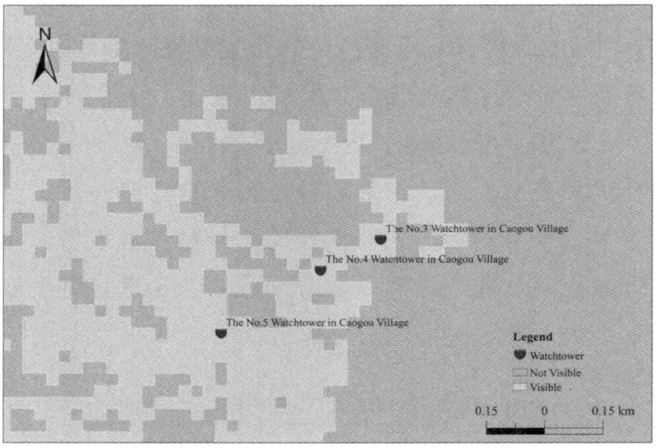

图 17　草沟村 3 号至 5 号敌台可视域分析图

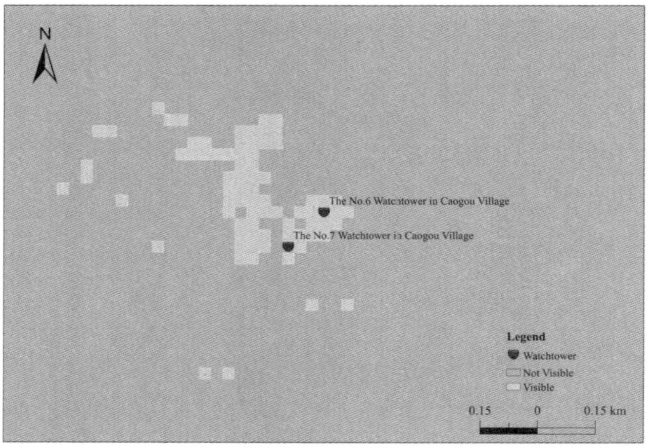

图 18　草沟村 6 号和 7 号敌台可视域分析图

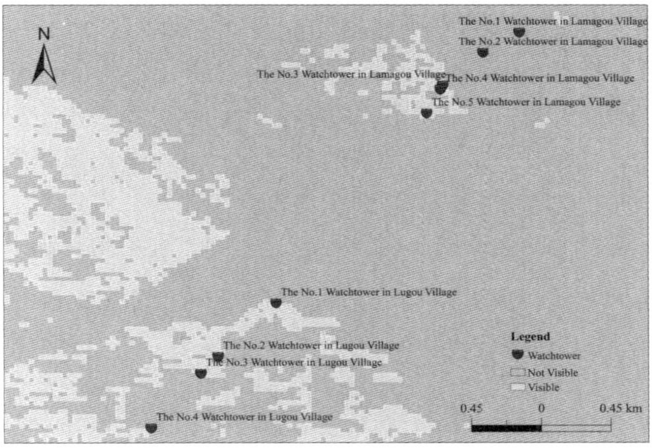

图 19　喇嘛沟村 5 号敌台可视域分析图

（四）各段敌台防御优势对比

陕西省战国秦长城沿线各段敌台的防御功能和优势各不相同。西段敌台的防御优势最为突出，敌台位于白于山南侧，与北面陡峭的山体形成天然的防御阵势。此外，该段的敌台高度最高（大部分超过 5 米），分布也最密集，平均恢复间距为 240.01 米，可全面覆盖长城沿线的弓弩武器射程。中段敌台位于白于山北侧，兼具其他两段敌台更为突出的功能和优势。与东段相比，高低起伏的地形提供了更大的防御优势。不过，与西段敌台和白于山的定位相比，中段敌台对山体的利用略逊一筹。该段敌台的分布恢复间距为 299.13 米，比东段敌台密集，不如西段敌台密集。间距牺牲了射击距离，以换取相邻敌台之间的相互可见度。东段敌台地处平坦高原，地势较低，在三段敌台中防御优势最小。此外，敌台间距也较为稀疏，恢复后的间距为 749.61 米。尽管敌台海拔较低，从敌台顶端看去视野开阔，但相邻敌台之间并不相互可见，因此其价值更多在于象征意义而非实际意义（表 2）。

表 2　不同区域敌台防御特征对比

防御特征	东段	中段	西段
地形	低海拔地势轻微起伏	高海拔地势起伏大	高海拔地势起伏大，北侧山体起到防御屏障的作用
敌台高度	大部分小于 5 米		大部分超过 5 米
分布密度	相对稀疏		相对密集
平均复原间距 / 米	749.61	299.13	240.01
空间布局原则	边界划分	相互可视	武器射程连续区域
防御优势	低	中	高

这些建筑建造之初的历史条件也起到了一定的作用。这些敌台建于战国时期，当时秦国意在稳固西翼，并向东方六国扩张。然而，陕西省内的战国秦长城全长约462千米，穿越的地区不同，防御要求也大相径庭。秦国之所以在这一地区修筑大量防御工事，主要是为了保护位于陕西省西段长城南侧的义渠新获得的领土。因此，西段是长城的重点防御区，其防御优势也最为显著。东段与西北边境流动性很强的游牧部落接壤，这些游牧部落都已臣服于秦国，其主要功能是标示边界，而不是构成一道坚固的防线。因此，与西段的敌台相比，东段敌台的防御优势并不明显，中段的敌台处于其他两段的中间位置。

结论

本文研究了陕西省战国秦长城沿线343座敌台的建筑形式和分布特点，并探讨了决定敌台选择和间距的原因。分析得出以下结论：

（1）陕西省战国秦长城沿线的敌台通常就地取材，多为顶部5米×10米、底部10米×15米的方形台体，其高度从2米到12米不等，但地区差异明显：东段和中段的许多敌台高度不足5米，而西段的敌台大多在5米到10米之间，这可能是为了给士兵提供更好的观察点。陕西省战国秦长城沿线保存较好的敌台可根据平面形状分为两类：长方形和椭圆形或圆形。在西段和中段，较小的敌台多为椭圆形或圆形，而较高的敌台多为长方形。然而，在东部地区，无论高度如何，椭圆形或圆形敌台都比长方形敌台更为常见。这说明敌台的建造可能是分段进行的，各地区并没有严格统一的标准。

（2）敌台在西段分布较为密集，而在中段和东段则较为稀疏。对西段碉堡的分析表明，恢复后的碉堡间距不到当时强武器射程的两倍。因此，可以推断当时的目的是为有野心的入侵者创造连续的易受攻击的区域。中部地区的敌台之间的间距稍宽，似乎是考虑到相邻敌台之间相互可见的要求，以确保它们之间顺利传递信息。东段的敌台间距最大，许多相邻的敌台之间互不可见。

（3）陕西省战国秦长城沿线三个区段的敌台之间存在区域差异。西段的敌台具有最显著的防御优势，其次是中段的敌台，东段的敌台可能更多的是作为象征性的边界标志，而不是坚固的防御工事。原因可能在于沿线不同的防御要求，战国秦长城的主要目的是巩固西段南侧新获得的义渠领土。因此，与中段和东段相比，西段对防御效率的要求最为突出。

新疆阿克苏地区唐代城址和烽燧布局的考察与研究*

栾绍涵 李 严 王思淇**

摘要： 新疆阿克苏地区有大量的唐代城址和烽燧分布，这些军事建筑遗址是特定人文环境与自然环境下的产物，但因史料少防御布局尚不明确，遗址之间的关系尚不清晰。本研究通过实地调查、无人机低空数据采集和地理信息技术，建立阿克苏地区唐代遗址数据库，结合历史文献和考古资料推测遗址防御布局，借助 ArcGIS 地理信息平台量化分析选址特征。结果表明军事遗址可划分为三大防区：天山隘道防区、丝路古道防区、绿洲屯戍防区；各防区采取针对性的防御策略，以适应山脉、交通、绿洲三种不同的地理形势。这些发现揭示了唐代在西域地区复杂且严密的防御布局，为揭示西域军事地理、长城与丝路文化的关系提供了实证材料，对新疆地区的军事遗产保护有借鉴意义。

关键词： 阿克苏地区 唐代 城址 烽燧 空间分布 选址策略

---

* 基金项目：国家社科基金冷门绝学研究专项“中西比较视野下长城体系化布局研究”（编号：23VJXG029）。

** 作者简介：栾绍涵，天津大学建筑学院博士研究生，天津大学建筑文化遗产传承信息技术文化和旅游部重点实验室成员；李严，天津大学建筑学院副教授，天津大学建筑文化遗产传承信息技术文化和旅游部重点实验室副主任；王思淇，天津大学建筑学院博士研究生，天津大学建筑文化遗产传承信息技术文化和旅游部重点实验室成员。

阿克苏地区位于新疆维吾尔自治区的中西部，北临天山，南接塔克拉玛干沙漠，自汉代以来便是丝绸之路的重要通道之一。唐时，阿克苏地区成为“安西四镇”[①]中“龟兹军镇”的属地，同时也是唐代管理西域[②]的政治与军事中心，即安西都护府的所在地。《后汉书》记载：“若得龟兹，则西域未服者百分之一耳。”[③]这句话凸显了龟兹（即今阿克苏地区）对整个西域的重要性。从交通角度看，龟兹是古西域地区的重要交通枢纽，据龟兹一地可控四方。[④]从资源角度来说，龟兹的绿洲地区土地肥沃，适合大规模农业生产，且矿产资源丰富，能够冶炼武器，畜牧业也十分发达，可为军队提供战马。从商贸来看，丝绸之路沿线的商贸往来十分活跃，促进了地区的繁荣。[⑤]为了管控这一重要的经贸交通线路与军政重地，唐代在龟兹开展屯垦戍边活动，逐渐构建起一套完善的军事防御体系。[⑥]这一过程中留下了大量城址和烽燧，成为古代西域长城军事文化和丝路文化的重要载体。

以往研究主要集中于大空间尺度下的遗存考古学调查、[⑦]遗存的分类研究、[⑧]军事

---

① 指唐朝前期在西域地区设置、由安西都护府统辖的四个军镇：龟兹、于阗、焉耆或碎叶、疏勒。

② 狭义的“西域”专指葱岭以东、中国甘肃省敦煌市玉门关和阳关以西的地区。广义的“西域”则指经狭义的西域所能到达的所有地区，包括亚洲中西部，印度半岛，欧洲东部和非洲北部在内。

③《后汉书·班超传》，浙江古籍出版社，2000 年，第 1866 页。

④ 向东过焉耆（今焉耆县）可达作为西域门户的西州（今吐鲁番市），向西可至疏勒（今喀什地区）上葱岭，向南可沿和田河、克里雅河至于阗（今和田地区），向北穿天山孔道可达弓月（今伊宁县）、碎叶（今吉尔吉斯斯坦托克马克市）并远去中亚地区。张安福：《天山廊道与唐朝治理西域研究》，《社会科学战线》，2022 年第 6 期，第 131-143 页。

⑤ 张安福：《天山廊道军镇遗存与唐代西域边防》，社会科学文献出版社，2021 年，第 36-37 页。

⑥ 赵吕甫：《唐代初期的屯防军制》，《文史哲》，1957 年第 4 期，第 26-32 页。张安福：《屯垦西域与唐代西北边疆安全体系的构建研究》，《宁夏社会科学》，2011 年第 1 期，第 109-112 页。

⑦［英］斯坦因著，巫新华等译：《西域考古图记》，广西师范大学出版社，1998 年。［英］奥雷尔·斯坦因：《亚洲腹地考古图记》，广西师范大学出版社，2004 年。黄文弼：《塔里木盆地考古记》，广西师范大学出版社，2023 年。

⑧ 张平：《唐代龟兹军镇驻防史迹的调查与研究》，《龟兹学研究》（第五辑），新疆大学出版社，2012 年，第 195-227 页。张安福：《塔里木盆地历史文化遗存的分类研究》，《黑河学院学报》，2019 年第 10 期，第 21-25 页。张安福、田海峰：《环塔里木丝绸之路沿线汉唐时期历史遗存调查》，《石河子大学学报（哲学社会科学版）》，2014 年第 10 期，第 115-120 页。

制度史研究、[①]丝绸之路商贸史研究、[②]交通史研究[③]等，在西域和安西四镇的军事建置、汉唐在西域的经营、交通商贸、文化遗存等方面已有重要历史发现。汉唐创造了西域经营的辉煌，阿克苏地区是古龟兹核心区，探查该地区军事部署对于揭示整个西域军事布防有重要意义，但由于史料匮乏、遗存不完整、考古发掘尚未全面展开，汉唐时期的西域军事部署，即军事建筑的整体布局尚未可知；新疆沙漠绿洲地区蕴含了古人与自然资源共生的智慧，即如何充分利用自然山体、水体、绿洲建立交通要道，设置军事设施，开展屯田生产，军事地理与自然资源密切相关，尚待挖掘与揭示。

本研究涉及的军事遗存数据来源如下：（1）新疆维吾尔自治区文物局的官方调查名录，主要包括《新疆维吾尔自治区第三次全国文物普查成果集成》（2011）、[④]《新疆维吾尔自治区长城资源调查报告》（2014），[⑤]该资料是新疆古代城址和长城遗产最新的全境普查报告，是本研究的重要基础数据来源；（2）近现代新疆遗址的考古调查资料，主要包括 Marc Aurel Stein 的《西域考古图记》（1921）、《亚洲腹地考古图记》（1928）和黄文弼的《塔里木盆地考古记》（1958），这些资料提供了部分已经消失的遗址信息；（3）新疆阿克苏地区的近现代地方志，通过地方志，补充了少量已经消失的遗址信息；（4）实地调查。基于上述资料，笔者团队进行了新疆全域的实地调查，进一步核实和补充遗址数据。其中阿克苏地区共发现城址 117 处（汉代 4 处、唐代 82 处、疑似汉唐 31 处），烽燧遗址 52 处（47 座始建于唐代，仅 5 座始建于汉代并于唐代沿用）（图 1），并对其中保存较好的 97 处遗址（城址 57 处，其中含关垒 5 处；烽燧 40 处）进行无人机航测。采用定性与定量相结合的方法，探查城址和烽燧的分布特征与选址策略，提升阿克苏地区军事遗存整体的历史价值，

---

① 梁振涛：《唐代安西四镇的军镇体制与社会控制》，《中华文史论丛》，2022 年第 3 期，第 129-160 页。薛宗正：《唐代安西建置级别的变化、反复与安西四镇的弃废》，《中国边疆史地研究》，1993 年第 4 期，第 47-56 页。陈国灿：《唐安西四镇中“镇”的变化》，《西域研究》，2008 年第 4 期，第 16-22 页。

② 张宜婷：《从安西四镇之焉耆镇看唐朝对丝绸之路的控制和经营》，《昆明学院学报》，2016 年第 5 期，第 77-81 页。蒋静、王玉平：《丝绸之路与汉唐西域社会一体化进程研究》，《兵团党校学报》，2018 年第 6 期，第 103-108 页。张安福：《唐代丝绸之路中段西州与龟兹的商贸研究》，《中国农史》，2016 年第 3 期，第 43-51 页。

③ 党琳：《克亚克库都克烽燧与唐代焉耆交通研究》，《敦煌学辑刊》，2021 年第 1 期，第 77-90 页。严耕望：《唐代交通图考》，北京联合出版公司，2021 年。

④ 新疆维吾尔自治区文物局编著：《新疆维吾尔自治区第三次全国文物普查成果集成 · 阿克苏地区卷》《新疆维吾尔自治区第三次全国文物普查成果集成 · 新疆古城遗址》，科学出版社，2011 年。

⑤ 新疆维吾尔自治区文物局编著：《新疆维吾尔自治区长城资源调查报告》，文物出版社，2014 年。

推动沙漠绿洲地区自然景观与人文景观的保护进程。

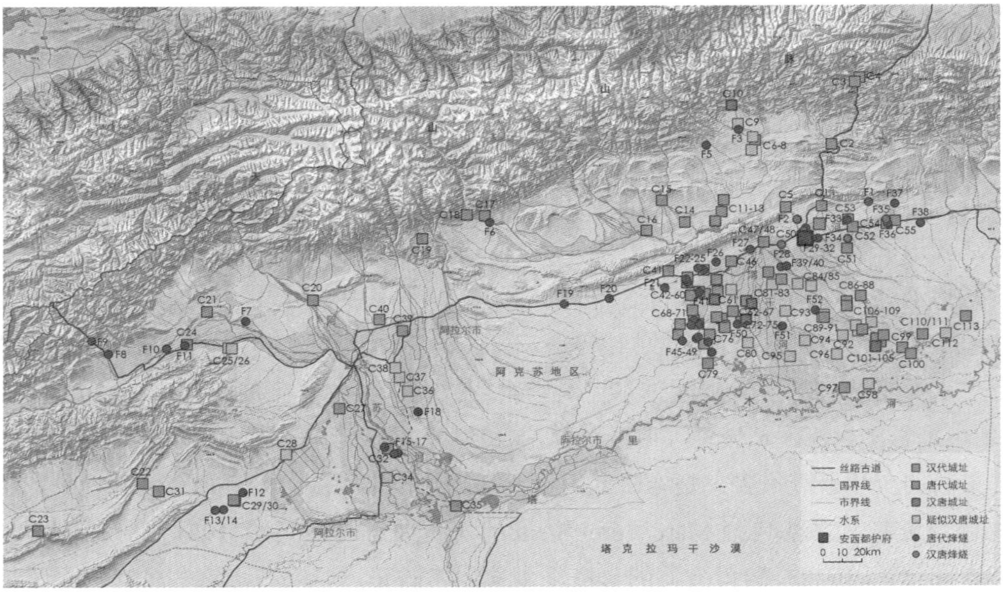

图 1　汉唐代城址与烽燧分布

一、军政背景与遗址类型

《新唐书·地理志》载：“唐之盛时，开元、天宝之际，东至安东，西至安西，南至日南，北至单于府，盖南北如汉之盛，东不及而西过之。”[1] 即唐朝在西域拓展的疆域远超汉朝。唐朝在西域东部设立了伊、西、庭三州，并推行与中原地区相同的州县体制和均田、租庸调制。此外，唐在天山南北设立了安西和北庭两大都护府，其中安西都护府对龟兹、焉耆、于阗、疏勒（后改碎叶）四军镇实行军事管辖，统治范围包括葱岭以东、天山以南，以及波斯以东和阿姆河以南的广大羁縻府州[2]（图 2）。

---

①《新唐书·地理志》，中华书局，1975 年，第 512 页。

② 张安福：《天山廊道军镇遗存与唐代西域边防》，第 36-49 页。

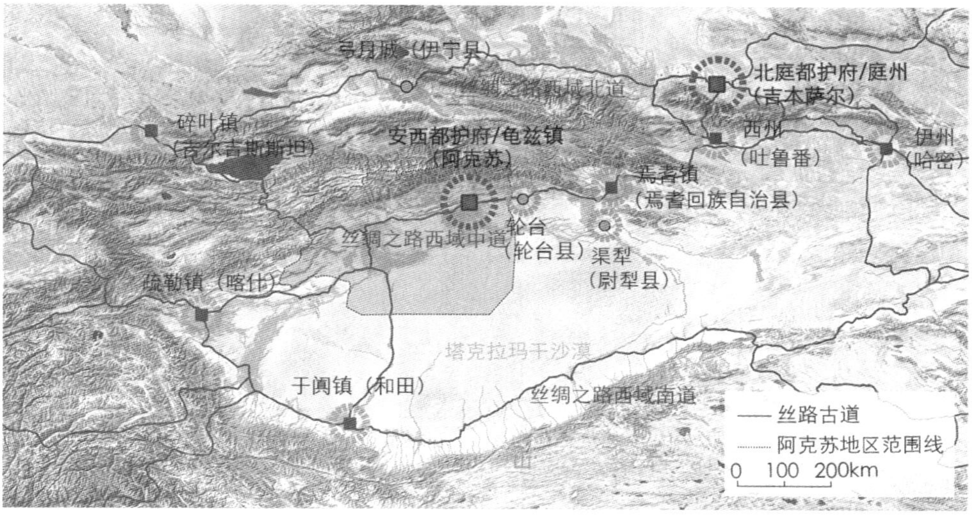

图 2 安西都护府区位

（一）烽燧预警系统

设烽燧以预警起源于西周时期，“烽燧，军中之耳目，豫备之道，不可阙也”。① 烽燧在边防体系中既是主候望、放烽、传烽的警戒哨所，又是前线小型独立作战单位。通过烽火信号这一视觉传达方式，实现《烽式》所规定的“凡烽火，一昼夜须行二千里”，以保障前方军情快速通传于后方军队以迅速备战，是军事防御作战中必不可少的环节。

西域地区设立烽燧始于汉元凤四年（前 77），汉昭帝采纳汉武帝时期桑弘羊“稍筑列亭，连城而西，以威西国”的提议，② 于轮台、渠犁一带修燧筑亭。汉宣帝时期，修筑丝路北道（即唐中道，轮台、渠犁至龟兹一带）及南道烽燧，连点成线。唐继汉加以完善，增设唐北道，以唐北、中、南道为主线，以军镇为中心，广设烽燧，“大军万人，小军千人，烽戍逻卒，万里相继”。形成点（关垒附近）—线（古道附近）—面（绿洲聚落附近）相结合的烽燧网（图 3）。

① 《武经总要・前集・制度五》，商务印书馆，2017 年，第 73-76 页。

② 《旧唐书・西域传》，中华书局，1975 年，第 2392 页。

图 3　点、线、面烽燧分布示意（局部）

（二）城池防御系统

本研究的城池指汉唐中央政权为屯垦戍边，于西域设立的一系列大、中、小型军事屯兵城（不含 4 处未被唐代沿用的汉代城池）。《新唐书·兵志》载：“唐初，兵之戍边者，大曰军，小曰守捉、曰城、曰镇，而总之者曰道。”① 安西四镇在此基础上发展为军镇体制：军 / 军镇、守捉、镇、戍。② 四个等级军事单位所屯驻的城池依次为：军城—守捉城—镇城—戍堡（图 4）。

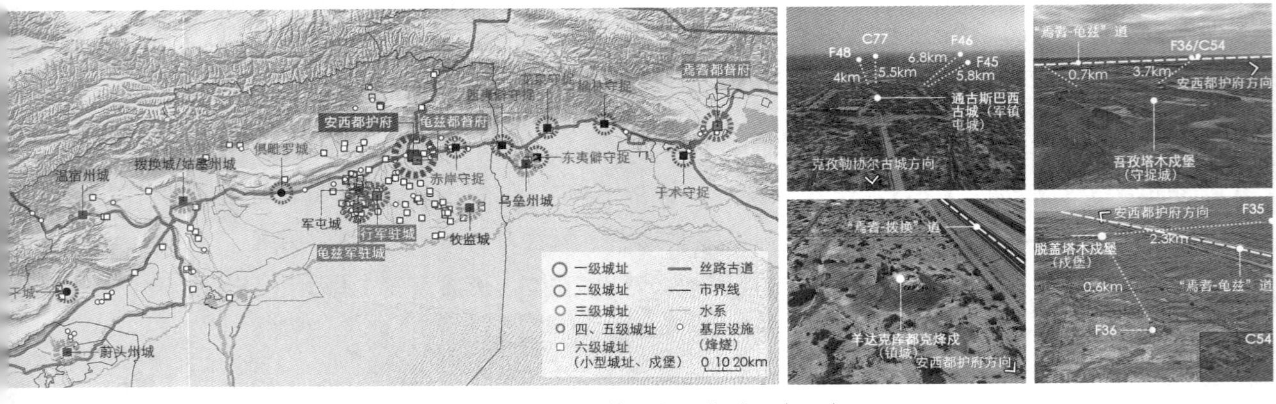

图 4　城池层级体系分布示意

（1）军城，各军或军镇驻扎的屯兵城。军为最高等级军事单位，安西都护府下

① 《新唐书·兵志》，第 693 页。

② 梁振涛：《唐代安西四镇的军镇体制与社会控制》，第 129-160 页。

辖的安西四镇为一级军镇，四镇之下设有二级军镇。[①] 其中最具代表性的当属安西都护府治所——龟兹故城。龟兹故城位于阿克苏地区库车市皮朗村西，东连西州和焉耆、西接疏勒、南通于阗，居于唐代丝绸之路中道要冲。同时，故城位处却勒塔格山南麓，西临库车河，是安西绿洲地区屯垦戍边的核心地带。从其地理、交通、自然等优势可见，龟兹故城是安西四镇后方战略基地的不二之选。

（2）守捉城，即置守捉于城。守捉为唐朝新立，级别在军之下、镇和烽戍之上，主要设置在交通要道沿线，统领周边烽戍以保障四镇主干道的安全通畅。《新唐书·地理志》载："自焉耆西五十里过铁门关，又二十里至于术守捉，又二百里至榆林守捉，又五十里至龙泉守捉，又六十里至东夷僻守捉，又七十里至西夷僻守捉，又六十里至赤岸守捉，又百二十里至安西都护府。"[②] 这六座守捉城设置在唐代丝绸之路中道的"焉耆—龟兹道"沿线，在安西都护府东段形成一条坚固的屏障线。其中赤岸守捉经新疆文物考古研究所研究人员考证为库车市东部的吾孜塔木戍堡，[③] 是东部距离安西都护府治所最近的小型守捉城。

（3）镇城，是安西四大军镇下辖的三级镇，根据于阗镇域内出土的相关文书可知，镇为守捉的下属机构。[④] 据《新唐书·百官志》载："每防人五百人为上镇，三百人为中镇，不及者为下镇"，[⑤] 可将镇城分为上、中、下三种规模。目前已知的三级镇城遗存多为于阗镇（和田地区）的下属镇，而阿克苏地区内的镇城遗址还有待进一步研究考证。

（4）戍堡，是汉唐时期西域屯垦戍边的基层军事单位，大多分布在丝绸之路或交通要道沿线以及大中型军事屯城四周，与烽燧共同承担基层防御作战的职能，形成"大军万人，小军千人，烽戍逻卒，万里相继"[⑥] 的边疆防御网；关垒与戍堡同级，"环筑解城，峻增关垒"，[⑦] 即扼守天山隘道关口的戍堡。戍堡的规模较小，"五十人为上戍，三十人为中戍，不及者为下戍"，周长多在 300 米以内。小者如琼

---

① 陈国灿：《唐安西四镇中"镇"的变化》，第 16-22 页。

② 《新唐书·地理志》，第 1271 页。

③ 闫雪梅：《赤岸守捉考》，《丝绸之路研究集刊》，2020 年第 2 期，第 64-70 页。

④ 陈国灿：《唐安西四镇中"镇"的变化》，第 16-22 页。

⑤ 《新唐书·百官志》，第 688 页。

⑥ 《旧唐书·列传》，第 2943 页。

⑦ 《全唐文》，中华书局，1983 年，第 8511-8523 页。

协海尔戍堡，周长仅 46 米左右。[①] 大者如硝尤鲁克戍堡，周长约 276 米。[②] 从现存戍堡遗址可见，戍堡的平面多为方形或长方形，部分戍堡在墙垣一侧或角部设有烽火台。

各层级城池之间通过小型戍堡和烽燧连通，以安西都护府为中心，沿东西方向的主要交通枢纽节点布防。南侧则以通古斯巴西古城、唐王城等几大城池为中心，统领周边小型城池和烽戍，形成安西府最大的屯兵、屯田与屯牧基地。通过这种层层递进的城池体系，实现唐朝对安西地区广大地域的有效管控。

二、城址和烽燧的军事布局

阿克苏地区军事布防按防御策略和地理形势可分为三大区域：天山山脉南麓与盆地的交汇地带，守卫山口与河口，聚点成线，构成天山隘道防区；沿丝路中道与交通古道呈线性分布，构成丝路古道防区；“龟兹绿洲”内呈面状分布，构成绿洲屯戍防区（图 5）。

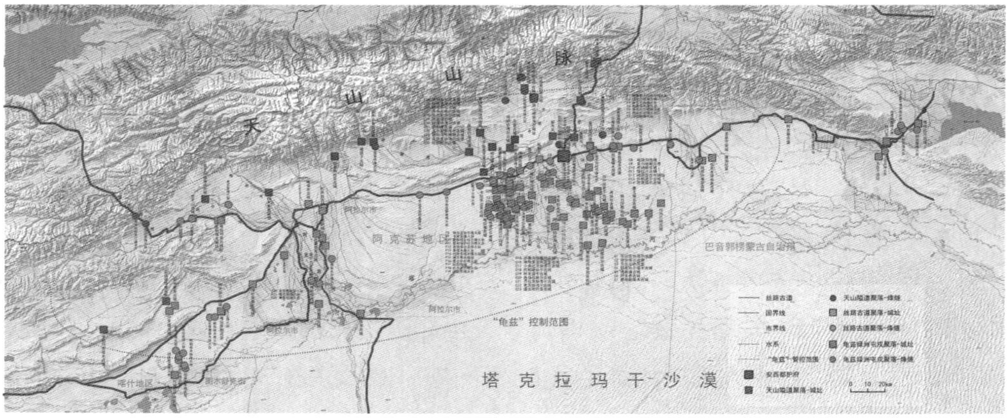

图 5　阿克苏地区军事布防格局示意

（一）天山隘道防区——聚点成线状分布

龟兹地区背靠天山山脉，山中由多条河流汇聚而成的河谷是与天山北麓游牧部族联络的天然通道。为防范西突厥等部族翻越天山进犯龟兹，唐朝沿这些谷道设立了四

① 新疆维吾尔自治区文物局编著：《新疆维吾尔自治区长城资源调查报告》。

② 新疆维吾尔自治区文物局编著：《新疆维吾尔自治区第三次全国文物普查成果集成 · 新疆古城遗址》。

条防线，分别从东到西为龟兹川古道、[1]包扎墩古道、夏塔古道和别迭里古道（图6）。

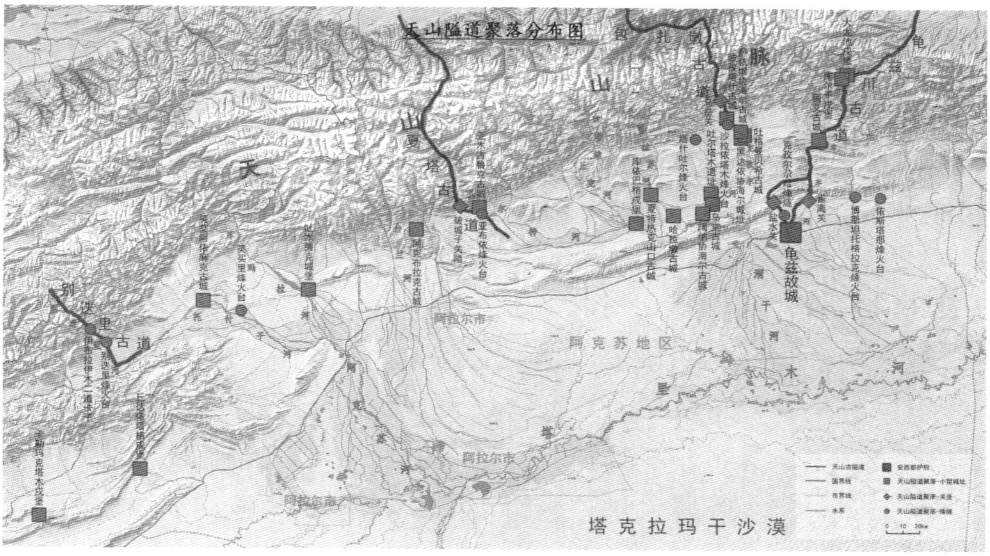

图6 天山隘道防区遗址分布

（1）龟兹川古道位于龟兹故城东北，通向尤鲁都斯草原，沿途防线自北向南设有大龙池戍堡、库尔干戍堡、阿艾古城和雀离关，形成了一条关隘防御线。

（2）包扎墩古道位于龟兹西北，是通往伊犁河流域的最短路线。在博孜克日格河谷设有乌垒关及其烽火台、波孜塔什古城和沙拉依塔木烽火台，严守谷道要冲。此外，天山隘口外河流交汇处的盆地绿洲，分布着萨依墩协海尔、吐格曼贝希、黑达依协海尔三座古城，依据建筑特点和地理位置推测，这里在汉唐时期是屯兵戍守之地，与隘口防御体系共同构成了一道防线。

（3）夏塔古道位于包扎墩古道以西，连接安西的拜城盆地和北方游牧部族的特昭盆地。唐朝在此设立了破城子关隘、亚布依烽火台和亚木古鲁克古城，以巩固对北方西突厥部族的防御。

（4）别迭里古道是西侧与碎叶连通的重要路线，途经“热海道”并翻越拔达岭（即现今的别迭里山口），到达碎叶。在山口设有别迭里烽火台以及伊布拉伊木二道卡子烽燧（现已不存），扼守龟兹西部的重要门户。

除上述四条古道外，天山南麓的多条小河河谷沿途，以及较大河流出山口与平原、盆地的交汇处，也设置了烽火台和戍堡。天山隘道防区的防御设施总计33座，分布于隘口、河道和谷道沿线，构成天山以南、丝路中道以北的坚固防御体系，与

① 张平：《龟兹考古中所见唐代重要驻屯史迹》，《龟兹学研究》（第2辑），新疆大学出版社，2007年，第142-165页。

天山的地理屏障结合，构成了安西北部强有力的军事防线。

（二）丝路古道防区——线状分布

根据《新唐书·地理志》记载，龟兹通往安西各大军镇的交通要道上设置了大量烽燧、戍堡和屯城等军事设施，龟兹故城成为这些防御体系的核心枢纽。以龟兹为中心，形成了“焉耆—龟兹”线、“龟兹—拨换”线、“拨换—拔达岭”线、“拨换—据史德”线、“拨换—于阗”线、“龟兹—弓月城”线六条防线，这些防御线路与丝绸之路的中道部分重合（图7）。

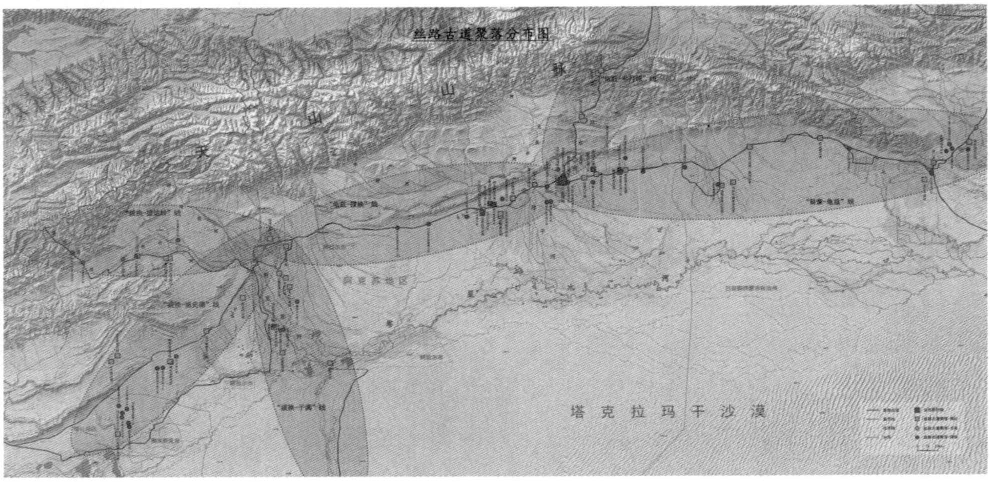

图7 丝路古道聚落分布

其中，“焉耆—龟兹”线是连接安西治所与中原地区的重要通道。这条线路共设有六座守捉城以及众多烽燧，显示出其在军事交通中的关键地位。

“龟兹—拨换”线位于安西治所的西侧，拨换城是安西西境的关键防御节点和交通枢纽。《新唐书》记载：“安西西出柘厥关，渡白马河，百八十里入俱毗罗碛。经苦井，百二十里至俱毗罗城，又六十里至阿奚言城，又六十里至拨换城，一曰威戎城，曰姑墨州。”[①] 即指“龟兹—拨换”线。早期唐朝在拨换城设有拨换守捉，安史之乱后，拨换镇成为重要的二级军镇，其地位低于龟兹军镇，但高于普通守捉。

从拨换城出发，有三条主要线路分别通往不同的目的地：第一条“拨换—拔达岭”线通往碎叶，通过天山隘道别迭里古道；第二条“拨换—据史德”线通往疏勒；第三条“拨换—于阗”线则通往于阗。这三条线路均在《新唐书·地理志》中

①《新唐书·地理志》，第605页。

有明确记载。[①] 此外，在龟兹东北方向的“龟兹—弓月城”线则通过天山隘道的龟兹川古道，连接至丝绸之路的北道。

丝绸之路不仅是一条商业贸易通道，更是一条重要的军事交通线。沿线设置的烽燧、戍堡和守捉设施等防御建筑整体以线性密集分布，既保障了丝路交通的畅通，又在龟兹东部和西部形成了坚固的军事屏障，有力地维护了交通要道的安全。

（三）绿洲屯戍防区——面状分布

屯田在汉唐王朝治理西域的战略中占据重要地位，历代的西域发展表明，“屯田兴，则西域安，丝路通”。[②] 通过屯田与戍守的结合，朝廷得以有效维持对西域的统治。[③]《武经总要》载有关于安西地区屯田规模的记录“安西二十屯”“每屯大者五十顷，小者二十顷”。[④] 根据地理条件的不同，设置了大、中、小型屯田，这与龟兹绿洲地区各大城址及其周边小型城址的分布情况相符。[⑤] 因此形成了以屯田为基础的密集型绿洲屯戍网络。如《旧唐书》所言：“有屯田以资糗粮，牧使以娩养马。”[⑥] 龟兹绿洲内的库车河与渭干河两大河流冲积平原，适宜大规模屯田，成为龟兹军屯的首选之地。此外，位于绿洲东部唐王城一带的大面积草湖区，既可以开展屯田活动，又因其丰富的草场资源适宜屯牧。该区域还有唐代最大的军马饲养基地——马坊遗址。由此推测，龟兹绿洲的 72 处遗址形成了两个主要的屯戍区：一是以通古斯巴西古城为中心的西部屯戍区，另一是以唐王城为核心的东部屯戍区（图 8）。

---

① 《新唐书 · 地理志》载：“乃西北渡拨换河、中河，距思浑河北二十里，至小石城，又二十里至于阗境之胡芦河，又六十里至大石城，一曰于祝，曰温宿州。又西北三十里至粟楼烽，又四十里至拔达岭。”“自拨换西南渡浑河，百八十里有济浊馆，故和平铺也。又经故达干城，百二十里至谒者馆。又六十里至据史德城，龟兹境也，一曰郁头州，在赤河北岸孤石山。”“自拨换南而东，经昆岗，渡赤河，又西南经神山、睢阳、咸泊。又南经疏树，九百三十里至于阗镇城。”

② 骆磊：《汉代西域屯田景观空间考古研究：以米兰遗址为例》，《风景园林》，2021 年第 11 期，第 39-43 页。

③ 胡岩涛：《汉帝国西域屯垦与国防的战略选择》，《西北民族大学学报（哲学社会科学版）》，2017 年第 4 期，第 78-84 页。

④ 《武经总要 · 前集 · 边防》，商务印书馆，2017 年，第 599 页。

⑤ 张平：《龟兹文明——龟兹史地考古研究》，中国人民大学出版社，2010 年，第 289-290 页。

⑥ 胡岩涛：《汉帝国西域屯垦与国防的战略选择》，第 78-84 页。

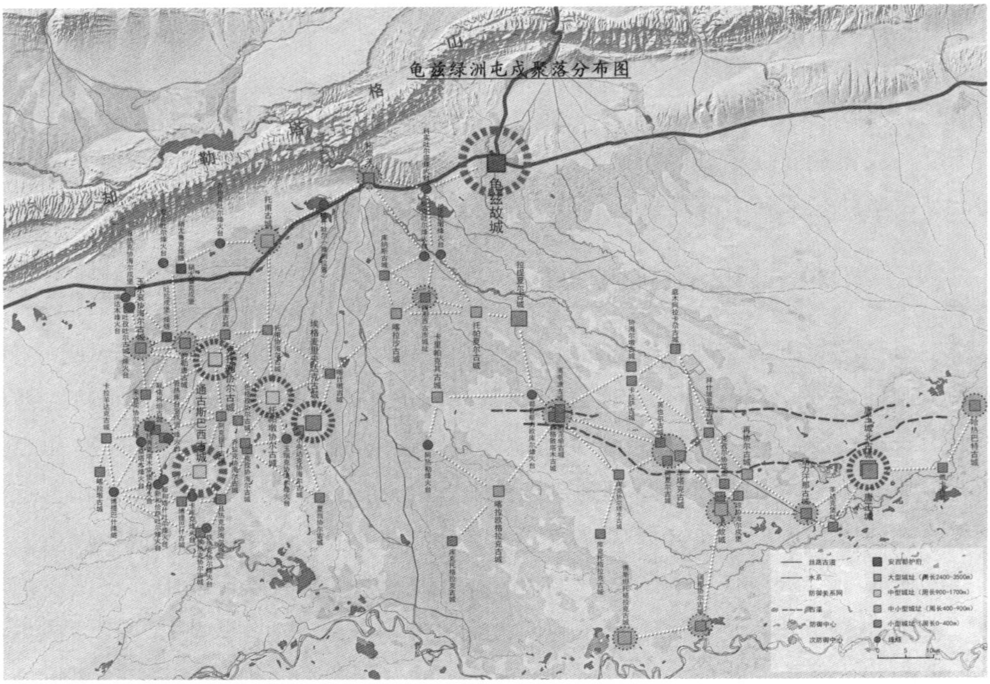

图 8　绿洲屯戍聚落防御关系与分布

（1）通过遗址的分布类型、数量和密度，结合唐代屯仓遗迹及古渠遗址分析可知，以通古斯巴西古城为核心的西部屯戍区是安西都护府的主力军队驻扎地，成为大规模军事与屯田基地。通古斯巴西古城位于龟兹绿洲边缘，南临塔克拉玛干沙漠，是防御吐蕃入侵的重要屏障。古城附近还分布有克孜勒协尔古城、托帕墩协尔古城和埃格麦里央达克古城等大型城址，它们由烽燧和戍堡共同守卫，形成四个小型军事防御中心。

（2）根据黄文弼 1928 年的考古调查，以唐王城为核心的东部屯戍区内从英也尔古城到哈热巴特古城之间，延伸出长达一百余千米的黑太也拉克古渠，沿渠两岸分布着多处不同规模的遗址。依据这些遗址的地理位置及其与周边小型城址的关系，推测西北方向的羊塔克古城、阿克希古城等小型防御中心共同形成外围屏障，保护唐王城和大故城。这一区域与西部屯戍区的防御线路相交于龟兹城西侧约 10 千米处的柘厥关，形成一道坚固的防线。

上述两个屯戍区在西北和东北方向分别拱卫安西都护府，在各级城池的层层管控下，成为安西后方重要的屯戍基地。然而，因史料有限，许多现存的高层级遗址尚待确认。未来的考古研究有望揭示更为完整的绿洲屯戍体系，并为遗址的保护和研究提供新线索。

结论

阿克苏地区的军事建筑遗址，是新疆历史演变过程中的重要实物遗存。然而，目前的文化遗产保护工作更多集中在佛教遗迹及龟兹文化方面，对军事遗产的保护和研究力度相对不足。笔者在实地调研中发现，由于自然风化等多种因素的影响，许多遗址的保存情况不容乐观，且损毁现象仍在持续。本研究探讨了自然环境、军事防御需求、丝绸之路贸易和屯垦戍边活动等因素对遗址分布的影响，并总结了研究区内唐代军事遗址的分布特点和选址规律，揭示了古代西域地区的防御体系和战略布局的重要性。随着更多考古工作的推进，本研究为推测潜在的城址、烽燧等军事遗址的位置提供了依据，旨在逐步还原汉唐时期西域的防御体系。此外，本研究还探讨了利用数字技术进行军事遗产保护的可行性，为古西域地区军事文化与丝路文化的整体性保护、沙漠绿洲地区的自然人文景观保护提供理论参考。

天津市明长城敌台的空间分布及防御特征研究*

解 丹 王彦博**

摘要：敌台作为明长城军事防御系统中重要的组成部分，在明代军事防御体系运作中发挥着至关重要的作用。本文以天津蓟镇区内现存的85座明长城敌台为研究对象，明确实心和空心敌台的形制特征和空间分布情况，通过考察敌台与边墙及自然环境之间的关系，揭示了各长城段的敌台形制、密度以及选址差异，进而探明不同类型敌台的防御特征。

关键词：明长城 实心敌台 空心敌台 空间分布 防御特征

在中国拥有长城资源的15个省区市中，天津市长城段覆盖面积占比最少，但却是明蓟镇长城中精华地段之一。敌台作为长城军事防御体系中重要的组成部分，在明隆庆、万历年间进行了大的变革，戚继光根据战时需求，提出了空心敌台的概念，在原有敌台的形式基础上增加了内部空间，兼顾了信息传递、物资储备的作用，强化了敌台在长城防御体系中的重要性，是明代所特有的军事防御工程设施。当前，学术界对长城敌台的研究主要作为长城研究的附属构成展开研究，其中专题

* 基金项目：国家自然科学基金面上项目（编号：52278017）；河北省社会科学基金项目（编号：HB24WH031）；河北省高等学校人文社会科学研究项目（编号：JCZX2025034）；河北省研究生课程思政示范项目（编号：YKCSZ2024009）。

** 作者简介：解丹，河北工业大学建筑与艺术设计学院教授；王彦博，河北工业大学建筑与艺术设计学院硕士研究生。

性研究主要集中在对敌台的构造、发展沿革以及功能考证等多方面，但对于中观层面的研究仍有待深入。

本文以明长城军事防御体系整体性特征为基础，选取天津域内明代敌台为研究对象，从敌台的形制特征出发，明确不同类型敌台空间分布情况，从微观层面出发，探明实心敌台和空心敌台作为防御子系统的防御特征，为深入研究明长城军事防御子系统的防御机制奠定基础，同时，深入挖掘长城遗产的价值内涵，助推天津文旅事业发展。

一、天津市明长城敌台发展沿革

天津域内明长城遗存隶属于明九边重镇之一的蓟镇管辖范围内，但蓟镇，最早于洪武四年（1371）七月，“置蓟州卫指挥使司”[①]，随着历史背景的演变，蓟镇才逐渐被纳入九边军镇体制之中，明长城边墙及敌台等防御设施也随之逐步完善。

明长城总兵镇守制度始建于洪武年间，为抵御鞑靼的侵扰，加强北方的防务而设。该时期蓟镇所在位置主要沿用原北朝长城进行防御，于洪武六年（1373）修筑了城池、关隘，洪武十四年（1381），“徐达发燕山等卫屯兵万五千一百人修永宁、界岭等三十二关”。[②]此后，历经永乐、洪熙时期，沿用总兵镇守制度并对其加以推广。至宣德年间，蓟州镇守制度正式演变为总兵镇守制度，蓟州从而建镇。正统年间，随着北部蒙古族的强盛，不断南下骚扰、掠夺，遂加强长城防御设施建设。正统元年（1436），“镇守蓟州、山海、永平等处总兵官都督同知王彧言：先已奏准于所辖地方长城内，每三里设一墩架礮，遇贼薄城，举火发礮传报，庶使不能潜越。今墩台二百余座已完，请给合用信礮”。[③]记述了该时期对蓟镇墩台的修筑。正统九年（1444）六月，锦衣卫指挥佥事刘勉、监察御史郑观奏“奉敕巡视蓟州等处关隘，见密云地势平坦，‘烟墩离远’，奏准‘增设墩台六十三座，益军守哨’”[④]。

---

①《明太祖实录》卷六十七，大明太祖高皇帝实录，“中央研究院”历史语言研究所校勘本，1962年，第1259页。

②（清）游智开修、史梦兰纂：《永平府志·关隘》，据清光绪五年刻本重印，中国审计出版社，第1609-1610页。

③《明英宗实录》卷十六，正统元年四月甲寅条，“中央研究院”历史语言研究所校勘本，1962年，第717页。

④《明英宗实录》卷一百一十七，正统九年六月丙申条，“中央研究院”历史语言研究所校勘本，1962年，第795页。

正统十四年（1449），受“土木之变”影响，推动了蓟镇长城防御设施的完善。同年十一月，景帝即位后，便开始修筑沿边关隘。成化八年（1472），“命大同、宣府、蓟州……等关镇守总兵内外等官修补墩台、城堡、边墙、壕堑”[①]。弘治二年（1489），“修蓟州……等处墩台、城堑、廨舍”[②]。弘治十八年（1505），明孝宗命蓟镇全面整治长城防御体系，共“修边墙二万四千七百九十余丈，濠沟三千三百余丈，墩台、敌台、城楼、营堡等项共一百七十余座，营房三百八十余间”[③]，实心敌台的修筑主要在该时期完善。至嘉靖二十九年（1550）“庚戌之变”，俺答经蓟州镇地域，兵马突至京城之下，蓟镇成为明朝京畿重镇，并开始加强对于蓟镇长城相关防御设施的修筑，增筑敌楼、铺房、障墙、敌台。隆庆三年（1569），戚继光考察蓟镇长城后，议建空心敌台。谏言：“蓟镇边垣，延袤二千里，一瑕则百坚皆瑕。比来岁修岁圮，徒费无益。请跨墙为台，睥睨四达。台高五丈，虚中为三层，台宿百人，铠仗糗粮具备。”[④] 自隆庆三年开始至隆庆五年（1571）止，“共建台一千一十七座”，空心敌台便为此时建造。至此，形成了现今明长城实心敌台与空心敌台两类敌台并存的防御格局。

二、天津市明长城敌台基本概况

明代将长城划分为九边十一镇，蓟镇作为“九边重镇之一”，下设十二路，由总兵驻守，分管沿线城堡，负责本地段的战守事宜。现天津域内长城隶属于蓟镇分设的马兰路参将管辖范围内，进一步由提调官部署所辖长城、敌台等工程设施的守卫工作，域内长城表面长度为40283.06米，全部分布于天津市蓟州区下营镇，辐射范围至蓟州区全域，约占蓟镇长城7%（图1）。

---

①《明宪宗实录》卷 一百零一，成化八年二月丁亥条，“中央研究院”历史语言研究所校勘本，1962年，第1237页

②《明孝宗实录》卷二十八，弘治二年七月壬申条，“中央研究院”历史语言研究所校勘本，1962年，第1451页。

③《明武宗实录》卷二，弘治十八年六月丙辰条，“中央研究院”历史语言研究所校勘本，1962年，第1783页。

④（清）张廷玉，《明史·戚继光列传》，中华书局，1974年。

图 1　现天津市明长城辖区范围（底图来源：《四镇三关志》①）

本文选取天津市范围内明长城敌台为研究对象，以《天津市明长城资源调查报告》② 对天津市明长城段的划分为基础，将天津域内长城段划分为七段，并对各段敌台数量（表 1）及分布情况（图 2）进行量化。

由于明长城沿线敌台受自然灾害和人为破坏严重，现多数敌台已经无法辨认形制。参考相关文献，按以下三点为主要判断依据，对于敌台统计进行详细的划分：（1）实心敌台建筑材料主要以石质为主，随着后期砖的大量普及，也有部分实心敌台进行砖包处理，但数量较少；（2）实心敌台较空心敌台建造时间较早，受到的自然灾害和损害也更为严重；（3）敌台周边存在一定的使用痕迹，可有助于辨别敌台形制，如车道峪长城 18 号敌台上具有残留黄土层的形状，推断可能是士兵用于固定帐篷所用。本文以《天津市明长城资源调查报告》对于天津市明长城沿线敌台的实地考察和 Google Earth 的历史地图扫描情况为基础图像资料，将天津市域内敌台按结构形式划分为实心敌台和空心敌台，各类敌台数量分布情况见表 1。

表 1　天津市明长城沿线敌台数量统计表

敌台类型	赤霞峪长城	古强峪长城	船舱峪长城	青山岭长城	车道峪长城	黄崖关长城	前干涧长城	总计
实心敌台	1	4	6	3	17	3	9	43
空心敌台	6	2	5	5	2	17	5	42
全线敌台	7	6	11	8	19	20	14	85

（基础数据来源：《天津市明长城资源调查报告》）

---

①（明）刘效祖撰，彭勇、崔继来校注：《四镇三关志校注 · 建置考》，中州古籍出版社，2018 年。

② 天津市文物局等编著：《天津市明长城资源调查报告》，文物出版社，2012 年。

图 2　天津市蓟镇长城走向及各段敌台分布图（作者自绘）

三、天津市明长城敌台形制、结构、材质及空间分布特征

（一）敌台形制、结构、材质

敌台主要指建筑于连续墙体之上的堡垒式建筑。据《明史》记载，敌台按结构主要分为实心敌台和空心敌台两种。[①] 早期敌台主要为实心形制，凸出城墙，没有箭窗，只有通往台顶的踏道；而空心敌台横跨城墙而建，内部中空，四面开窗，可供守城士兵居住，并储存武器和弹药以抵御入侵之敌。

1. 实心敌台

形制：实心敌台平面形制主要以正方形、长方形为主，圆形平面敌台较少，仅 7 座。由于遗存年代久远，敌台存在不同程度的风化和坍塌，无法对敌台高度进行梳理。根据平面边长 / 直径进行比较分析，实心敌台规模小于空心敌台，以方形敌台为例，边长范围在 6 ～ 9 米之间，而 63% 的空心敌台边长范围均大于 10 米。

结构及材质：实心敌台主要以石块为主要建造材料，由基础和顶部两个部分组成，下部为石质基础，上部仅设有射孔、垛口、排水孔，部分实心敌台设有登台顶

① 晚学、王兴明：《浅谈明长城墙台的几种类型》，《文物春秋》，1998 年第 2 期。孟昭永：《明长城敌台建筑形制分类》，《文物春秋》，1998 年第 2 期。顾铁山：《浅析迁西境内明代蓟镇包砖长城的修造情况》，《文物春秋》，1998 年第 2 期。

的踏道，内部无空腔，自下而上逐步收分，增强了敌台的稳定性和防御力。实心敌台一般将望口设置在垛口下方，有时也与礌石孔在同一位置，这时就兼作礌石孔，并在两垛口间的砖壁上开设望孔。实心敌台的平立剖面图及参考复原图见图 3。

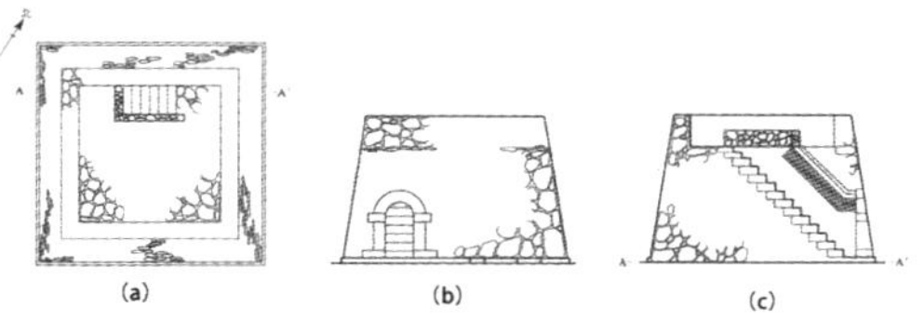

（a）—平面图；（b）—南立面图；（c）—A-A' 剖面图

图 3　实心敌台平立剖及参考复原效果图

（图片来源：《天津市明长城资源调查报告》黄崖关长城段 19 号敌台）

2. 空心敌台

形制特征：空心敌台形制尺度在《练兵实纪》中有载“今建空心敌台，尽将通人马冲处堵塞。其制高三四丈不等，周围阔十二丈，有十七八丈不等者”。[①] 根据《明史》记载，明朝时期的一尺约等于今天的 1/3 米，一丈等于十尺，故空心敌台的高度约在 10 ～ 13.5 米范围内，周长 40 ～ 60 米范围内。天津域内空心敌台平面形制同样以正方形为主，但规模已经在实心敌台的基础上发展得较大，符合《练兵实纪》中记载的建筑尺度。据对天津市明长城敌台的统计，方形敌台边长范围在 9.5 ～ 13.4 米之间，仅有两座敌台规模较小。空心敌台的平立剖图见图 4。

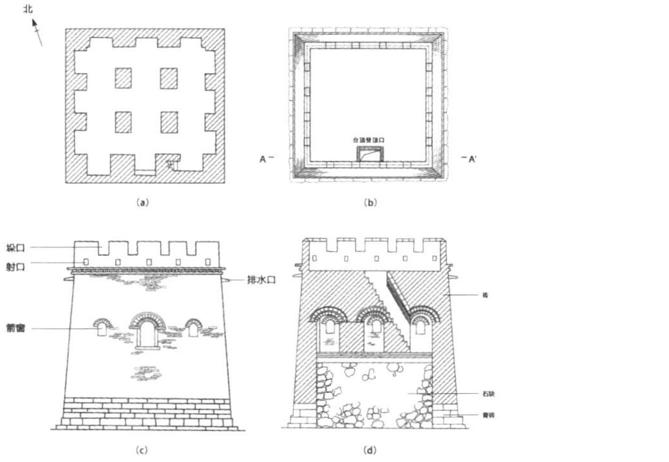

（a）—首层平面图；（b）—顶层平面图；（c）—南立面图；（d）—A-A' 剖面图

图 4　空心敌台平立剖图

（绘图主要参考《天津市明长城资源调查报告》青山岭长城段 2 号敌台）

---

① （明）戚继光：《练兵实纪 · 杂集 · 车步骑营阵解》，中华书局，2001 年。

结构及材质特征：空心敌台建造形式在《练兵实纪》中有载："造台法，下筑基与边墙平，外出一丈四五尺有余，内出五尺有余，中层空豁，四面箭窗。上层建楼橹，环以垛口，内卫战卒，下发火炮，外击寇，贼矢不能及，敌骑不敢近。"①

天津域内空心敌台也主要以该方式建造，以砖为主要建筑材料，辅用石材建造。空心敌台由基座、中层、顶层组成，基座采用条石砌筑，碎石填充，外部包砖；中层以筒拱为主要构造形式，构筑形成相互连通的券室，用砖墙和砖砌筒拱承重，并设有箭窗和楼门，外侧包以厚重的砖墙，形成较大的室内空间；顶层通过砖砌直跑楼梯与中层连接，顶层采用方砖铺地，设垛口、望口、射孔以及排水口等基础设施，部分敌台顶中央筑有楼橹，供守城士兵遮风避雨，也有的台顶铺漫成平台，供燃烟举火以报警，而无楼橹。

（二）敌台空间分布情况

敌台作为长城沿线的重要防御建筑，其空间分布情况直接影响主动防御、物资储备以及战斗支援等军事活动，关乎长城防御体系的有效性和整体布局。

1. 位置选择依据

敌台作为长城墙体的连接枢纽，其选址主要以长城墙体为导向，同时结合地形因地制宜，进行敌台形制选择、数量增减及位置调整，保障军报的快速传递，加强对于军事防区的节点防御。《练兵实记》记载："凡冲要处数十步或一百步（176 米）一台，缓处或百四、五十步（246、264 米），或二百步（352 米）不等者为一台。"②敌台依据山势，参差错落而设，凡地形变化交界之处——山脊平面转折和高低转变的地方均设敌台，如此可避免设计死角，在更大空间范围内形成立体交叉的杀伤力（一步≈ 1.76 米）。如船舱峪 8 号敌台所处地势险峻，但此处必须修筑敌台，采用了不与长城墙体相连的位置，并且敌台南、东侧为断崖，北侧为陡坡，处于主动防御的优势位置。

2. 高程分布情况

敌台高程主要受周边山势影响，结合长城沿线的地形起伏，敌台高程的变化形成多层次防御，增大敌军突破难度。本文以《天津市明长城资源调查报告》中记载的高程数据为基础数据，与长城开源数据平台进行数据对比，控制误差范围在 5 米以内，整理核实天津域内明长城全线敌台高程分布情况如图 5 所示，并对沿线空心敌台进行红色标注。

---

①（明）戚继光：《练兵实纪·杂集·车步骑营阵解》。

②（明）戚继光：《练兵实纪·杂集·车步骑营阵解》。

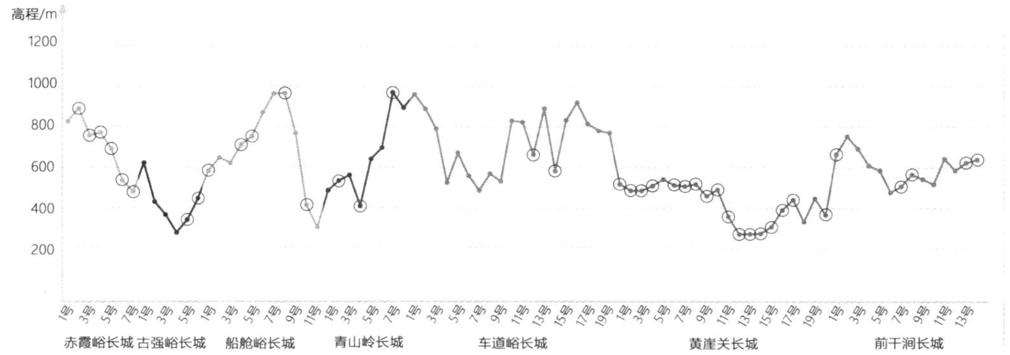

图 5　天津市明长城沿线敌台高程分布图
（基础数据来源：《天津市明长城资源调查报告》）

如图 5 所示，赤霞峪长城段的敌台高程分布呈逐渐下降趋势，且该段主要以空心敌台为主；古强峪长城段的平均高程相较于其他段落较明显较低，地处山坳之中，是军事防御的中部地带；船舱峪长城段地处山险位置，敌台高程起伏较大；青山岭长城段地势逐渐升高，敌台高程也随之提高；车道峪长城段敌台高程起伏显著，除依附于边墙，随边墙高程变化的敌台外，该段独立敌台较多；黄崖关长城段所处地理位置存在较大平坦缓冲区，敌台高程因地势也较为平缓，敌台建筑的密度较高，显示出较强的防御布局；前干涧长城段重新深入山势险峻区，敌台高程随山势升高。

以各段敌台数量与高程为基础，对全线及各段敌台平均高程进行分析（表 2），据统计全线实心敌台平均高程明显高于空心敌台。分析其原因主要受地势影响，但存在两种情况：一种是由于山势险峻，修筑难度较大，故修筑实心敌台以降低修筑难度，保障防御效果；另一种是处于山势平缓的易攻陷区，受战争破坏程度较高，且不适宜日常储备物资，故修筑实心敌台。

表 2　天津市明长城沿线敌台平均高程统计表

单位：米

敌台类型	赤霞峪长城	古强峪长城	船舱峪长城	青山岭长城	车道峪长城	黄崖关长城	前干涧长城	全线长城
全线敌台	706.9	413.2	688.6	648.5	731.1	423	601.1	
实心敌台	826	423	693.3	645.5	743.8	439.3	601.3	635.1
空心敌台	687	393	683	651.5	622.5	420.1	600.8	544.0

（基础数据来源：《天津市明长城资源调查报告》）

3. 分布疏密情况

根据敌台所修筑位置的要求，使得长城敌台分布的疏密程度不同，为了直观和量化这种密度变化，用该镇所辖长城段敌台数量除以该镇的辖区长城墙体表面文物数据的长度，即“敌台个数 / 长城长度”，探析单位长度内长城敌台数量的分布情况，统计情况如表 3 所示。

表 3 天津市明长城沿线敌台疏密程度统计表

类型	赤霞峪长城	古强峪长城	船舱峪长城	青山岭长城	车道峪长城	黄崖关长城	前干涧长城	总计
表面长度 / 米	2791.1	1452.7	5066	6693	5056	5012.8	9463	
实心敌台 /（$\times10^{-2}$/%）	3.58	27.5	11.8	4.5	33.6	6.0	9.5	10.4
空心敌台 /（$\times10^{-2}$/%）	21.5	13.8	9.9	7.5	4.0	33.9	5.3	10.6
全线敌台 /（$\times10^{-2}$/%）	25.1	41.3	21.7	12.0	37.6	39.9	14.8	21.1

（基础数据来源：《天津市明长城资源调查报告》）

据统计分析，前干涧长城段边墙表面长度最长，但敌台分布密度仅为 0.148%；青山岭长城段表面长度仅次于前干涧长城段，敌台疏密程度最低；而古强峪长城段最短，但敌台密度最高，到达 0.413%，但以实心敌台为主；黄崖关长城段空心敌台分布密度却占比最高，说明天津市明长城敌台分布疏密程度与长城边墙长度不成正相关，敌台修筑的分布程度并没按照明代规定的强制修筑，而受到所处地势是否平缓、山势是否险峻，以及是否为设置关城的核心区而适当对于敌台数量进行增加。1984 年以后对黄崖关长城段进行了重点修复，可能对现存长城段的敌台数量造成一定误差，但黄崖关所处地势较缓且设有关城，理应加强防备，所以空心敌台数量较多也极为可能。

四、天津市明长城敌台防御特征

（一）基于建筑形制的敌台防御特征

敌台的修筑对于长城整体防御体系进行了恰如其分的补充，是长城军事防御体系不可或缺的组成部分。敌台各构成部分的设置均对于实地作战需要作出了相应的考量，其形制主要由箭窗、垛口、望口等几个部分组成，共同发挥其军事防御的功能。

实心敌台建筑形制较为简单、取材便捷，适用于地形复杂区域，高效便捷地保障了长城防御体系的完整性。同时，实心敌台凭借其高程优势，结合望口，能够及时发现并报告敌军动向，实现提前预警，并依靠垛口进行自身位置隐蔽，为主动防御提供了先机。

空心敌台较实心敌台最大的形制差异在于增设了内部空间，以供士兵休息、军事隐蔽等，实现军事物资的提前储备，增强驻军能力和物资保障。在内部空间，四面增设了箭窗，实现空气流通，便于日常士兵驻守；同时借助敌台和边墙的高度优势，进行全方位射击和侦察，并设有射击孔和瞭望孔，依托远程攻击武器，将被动攻击转化为主动防卫，实现提前防御。空心敌台的空间优化，实现了驻扎、攻击、补给的多功能防御。

（二）基于敌台与边墙关系的敌台防御特征

敌台作为边墙系统的辅助防御设施，与边墙的关联度直接影响整体防线的效能。为探究不同类型敌台与边墙关联度所形成的特有防御特征，对天津域内长城段敌台与边墙关联度进行整理统计，如表 4 所示。据数据统计可知，天津市明长城共有 47 座敌台与边墙相连，其中实心敌台 18 座，空心敌台 29 座，全线敌台相连率为 55.3%。

表 4　天津市明长城各长城段地形情况及与敌台关联度分析表

与边墙相连数	赤霞峪长城	古强峪长城	船舱峪长城	青山岭长城	车道峪长城	黄崖关长城	前干涧长城	总计
实心敌台相连数	1/1	0/4	1/6	2/4	8/16	1/3	5/9	18/43
空心敌台相连数	3/6	0/2	4/5	3/4	2/2	16/17	1/5	29/42
全线相连数	4	0	5	5	10	17	6	47/85

（基础数据来源：《天津市明长城资源调查报告》）

1. 实心敌台

据调查统计，在研究区域内，与墙体未直接相连的实心敌台共计 25 座，占总数的 58.1%。这些敌台主要位于地势险峻、难以直接攻入之处。通过对敌台现状的研究发现，其分布受两大因素的影响。一方面，从防御系统的视角来看，实心敌台作为长城防御体系的组成部分，许多得以保留沿用，但长城边墙并未完全调整其走向以适应所有早期敌台的位置，因此一些敌台独立于墙体外，借助自然地形如山脊、隘口等地形优势，形成独立防御节点。在战时根据军事防御需求对敌台进行选择性利用，发挥不同的防御作用，增强了防御的灵活性。另一方面，从驿传系统的角度来看，为了增强信息传递效率，在防御需求较弱或视线受阻的地区，增设了独立的实心敌台，便捷、高效地弥补了视域传达的缺陷，增强了局部防御能力。

2. 空心敌台

空心敌台始修，戚继光便提出了墙台合一的修筑原则，《明实录》记载，隆庆年间，将空心敌台建在墙上已形成一种固定规制，一直沿用到明末。《明史·戚继光传》记载戚继光巡行塞上，议建敌台，略言“请跨墙为台，睥睨四达”。[①] 据数据统计，天津域内空心敌台与边墙相连修筑率达到 69%。

随着社会生产力的发展，明代进入火器时代，对军事防御的要求也随之提高，增设敌台等附属设施优化了边墙系统的主动防御性能。在军事防御方面，当敌台与长城墙体紧密结合时，形成了连续的火力点，有效阻止敌军突破防线，增强了长城的主动防御能力；在信息传递方面，相连的空心敌台有助于快速调动兵力，形成互相支援的立体防御网络；在物资储备与日常驻扎方面，空心敌台提供了坚实的后勤支持和更适宜的空间。当空心敌台独立设置而不与边墙相连时，其防御特征在实心敌台基础上，优化了物资储备量与防守能力。

（三）基于敌台与外部环境关系的敌台防御特征

敌台作为长城防御体系的重要组成部分，其选址、布局与所处山形地势紧密相关，展现了古代军事战略的考量。明代根据边墙所处地势，将军事通行能力划分为“冲”和“缓”两种类型，又根据程度不同划分为四个等级。据《四镇三关志》记载：“乘塞沿边区别冲缓，计垛授兵。极冲者一垛四五人，次冲者一垛二三人，稍缓者一垛一人，缓者二三垛一人。冲处创筑空心台……缓处仍旧附墙台。”[②]“冲”处一般地势平坦，起伏度不高，部分有大河流逝，但由于山谷宽度较大，可以一次性通行众多骑兵；“缓”处多为带谷间狭窄地区，仅能容步兵通行。

本节对天津域内各长城段的军事通行能力状况进行了梳理（表 5），并将其所处军事通行能力划分为“极冲”“次冲”“缓”三种类型（图 6）。从敌台与自然环境的关系出发，结合实心敌台与空心敌台的分布密度、高程等量化指标，分析敌台与自然环境关联所呈现的防御特征。

---

① 《明史·戚继光传》，中华书局，1974 年。

② （明）刘效祖撰，彭勇、崔继来校注：《四镇三关志校注·经略考》。

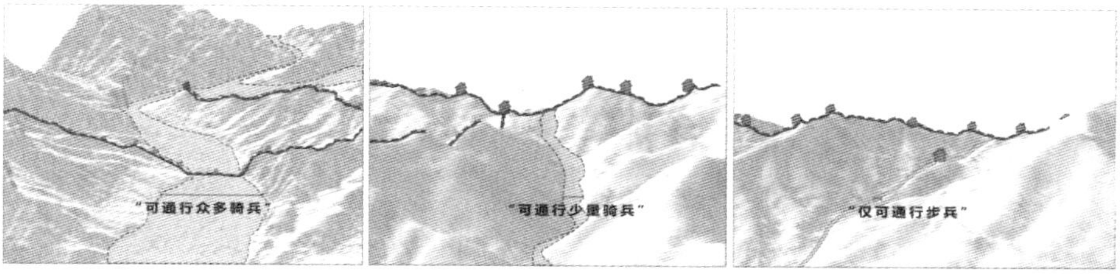

（a）"极冲"　　（b）"次冲"　　（c）"缓"

图 6　军事通行能力示意图（作者自绘）

表 5　天津市明长城各长城段军事通行能力汇总表

长城段	赤霞峪长城	古强峪长城	船舱峪长城	青山岭长城	车道峪长城	黄崖关长城	前干涧长城
军事通行能力	缓	缓	缓	次冲	缓	极冲	缓

1. 实心敌台

实心敌台一般修筑于山脊、隘口、谷口等战略要地，高程随山势变化，便于侦察敌情，并利用陡峭地形阻挡敌军直接进攻。据表 1 数据显示，实心敌台数量占全线数量 50% 以上的长城段，均位于山脉纵横处，并不完全与长城边墙相连，根据地势差异形成了两种典型的防御格局。

（1）线性防御格局

天津市域内的古强峪、船舱峪及前干涧长城段，地形复杂多变，山峦起伏，沟壑纵横，军事通行能力较低，易守难攻，主要依靠修筑难度小、成本低的实心敌台来实现信息传递、日常驻守及紧急支援的功能，以保障信息传递的快捷性、可达性、精准性，形成线性防御格局。其中，除古强峪长城段高程较低，其余长城段高程也明显高于军事通行能力为次冲的长城段，以更大范围的空间格局分析，古强峪长城段虽所处地势低洼处，但四面环山，范围内无较大范围的平原地势，攻陷程度亦较大，故主要以实心敌台为主，保证该区域内信息传递可达性。

（2）包围防御格局

车道峪长城段和前干涧长城段也位于山势复杂区域，且邻近重要长城防御段——黄崖关长城段。为强化蓟镇核心防区的安全，这三段长城形成了向内的包围式防御格局。车道峪和前干涧长城段的敌台并未完全沿边墙布置，而是分别采用了散点式分布和与边墙呼应的包围式布局，既实现了宏观上的包围防御，又保证了各段长城的独立防御能力。

2. 空心敌台

空心敌台在形制特征上有了优化，在军队驻扎、物资储备、主动防御以及侦察预警等多方面均提高了其军事防御能力，但由于修筑难度较大，一般设于地势平缓区域，强化边墙防御能力。空心敌台因其独特的构造，形成了战斗力较强的独立防御子系统，能够有效弥补地理位置劣势。

天津域内空心敌台的分布情况，除了受到外部自然环境的影响外，整体上还呈现出一种预防式防御格局。根据表 1 的数据分析，青山岭、赤霞峪及黄崖关长城段的空心敌台数量较多。黄崖关长城段因地理位置不利，防守难度增加，主要建设空心敌台，以扩大军事物资存储能力和驻军力量，从而增强防御能力。青山岭长城段的敌台沿山脊走向分布，但由于山势影响，形成了东西方向的防御格局。相邻的车道峪和船舱峪长城段，由于纵深差异较大，故该段长城主要修筑空心敌台，以弥补相邻段物资存储能力的不足，确保战时供给。

从自然空间格局上看，船舱峪、古强峪、赤霞峪长城段形成了半包围的防御态势。赤霞峪长城段自西向东高程逐渐升高，其西侧最低处与古强峪长城段相连，而古强峪地势较低，易受攻击，该段以实心敌台为主，以减少维护成本，但在军事隐蔽和军事驻扎部分形成了劣势，因此，赤霞峪和船舱峪长城段作为古强峪长城的相邻段，对其补给至关重要，故相邻赤霞峪和船舱峪长城段主要以空心敌台为主，以保障日常维护、战时及时补给。

结论

敌台作为长城军事防御体系的重要组成部分，《武备志》曾评价其为：“有城无台亦如无城，台非其制亦如无台。”[①] 可见敌台在军事防御中的重要性。本文以量化统计的方式，对天津市明长城沿线敌台进行了梳理与分析。学界主要将敌台划分为空心敌台和实心敌台两种，敌台本身厚重的建筑形式，辅以垛口、望口等附属设施，形成了其独特的防御特征。本文结合敌台空间分布情况分析，探明天津明长城敌台防御特征。从建筑形制上讲，实心敌台便捷高效地强化了防御节点，空心敌台的形制优化，进一步为多功能防御提供了物质基础；从敌台与边墙的关系来讲，实心敌台构建独立防御点，带动边墙的信息动态传递，空心敌台与边墙相连，强化军事防御能力，充分发挥了二者的联动防御机制；从敌台与外部环境关系上讲，实心敌台的便捷性，创造了多种形式的防御格局，空心敌台自身防御力量的加强，为长城防御体系的预警提供了有力保障，在宏观层面，敌台系统与边墙系统共同构建了

①（明）茅元仪：《武备志》，《中国兵书集成》，解放军出版社、辽沈书社，1989 年。

立体防御网络。

天津地区明代长城遗迹，历经明代百余年的不断修缮，形成拱卫京师防御体系中的重要一环，在历史上为守卫京师皇陵作出了巨大贡献。本文就明长城沿线现存敌台的空间分布情况进行了梳理，并深入探究其防御特征，为明长城军事防御体系子系统的微观研究提供参考，也旨在深入挖掘明长城所蕴含的历史意义和传承千年的文化价值。

明代延绥镇长城营堡规模与形态特征研究 *

常佳晨 同杨阳 **

摘要：明代延绥镇位于今陕西省北部榆林地界内，北接蒙古草原，地处农牧交替带，是蒙古各部进入河套后的边关首冲。营堡是驻兵屯田、贸易互市的重要场所，营堡组成的聚落防御体系是明代边防体系的重要一环，它与墙体、烽火台、驿站等构成的烽传和驿传系统密切配合，在防御北方少数民族中发挥着不可代替的作用。本文以延绥镇营堡聚落为研究对象，通过调查、数据分析，运用考古类型学和ArcGIS地理空间分析技术，对营堡的规模与形态特征进行了分析。经过研究，认为延绥镇营堡按照其军事等级可分为镇城、路城和一般营堡三级，一般营堡按照规模大小可分为四级。按照等级镇城规模最大，路城规模多数超过各路营堡的平均面积，一般营堡在全线广泛分布，其中Ⅰ级营堡分布区域主要在西路；Ⅱ级和Ⅲ级营堡数量最多，视所处地理环境影响，平面形制多样；Ⅳ级营堡规模较小，部分构成要素也伴随着营堡规模的较小而缩减。

关键词：明代 延绥镇 营堡 规模 形态特征

---

* 基金项目：国家社科基金重大项目“全国明长城资源调查资料整理与研究”（编号：18ZDA223）。

** 作者简介：常佳晨，西北大学文化遗产学院硕士研究生；同杨阳，西北大学文化遗产学院副教授。

引言

今陕西省域内明长城时属九边重镇延绥镇管辖，沿线地处北方农业与畜牧业交错地带，是集墙体、马面、敌台、烽火台和营堡等于一体复杂立体的军事防御体系。营堡一般修建在长城墙体内侧，内部规划有序，堡内设施兼顾军事和生活两大功能，用于驻兵和屯田，战时金戈铁马，和则通商互市。营堡之间存在层级，按照等级分为镇城、路城和一般营堡，各级营堡各司其职，相互配合。明朝前期，营堡在延绥镇边防中占据重要地位，随着大边、二边的修建完成，边墙与营堡、关隘、烽火台、敌台等单体建筑在延绥镇全局构筑了完整的长城军事防御体系。

明延绥镇长城地处河套地区南缘，是黄土高原与蒙古草原过渡的区域，包括今陕西省府谷县、神木市、榆林市、横山区、靖边县和定边县，沿线区域自然环境多变，自西向东分别为风沙草滩区、黄土丘陵沟壑区和低山丘陵区。本文依据全国明长城资源调查成果，以陕西省明长城沿线现存的45座营堡为研究对象，以考古学的研究方法为基础，结合历史学、历史地理学、文献学和实地调查等方法，对营堡的平面形制、等级规模、内部构成要素等方面进行了综合研究，并借助ArcGIS空间分析技术对不同类型和不同规模营堡的分布特征进行分析，以期对营堡的等级规模与形态特征在地理空间中的分布特点进行探讨。

一、类型学分析

陕西省明长城沿线营堡共45座，除鱼河堡和镇川堡因遭受破坏严重，现已无法复原其平面形状，其他平面形制可辨别的43座营堡根据平面形状可分为规则形与不规则形两类（本文中数据均以平面形制可辨的43座营堡为总体）。

（一）平面规则形

平面规则形的营堡一般设置在平坦或开阔的地带，如神木营和高家堡皆位于河流冲积平原内；地处风沙草滩区的平邑堡、保宁堡选址于地势平坦的地带，柏林堡和镇羌堡等建于周围临沟的山塬台地上，地势险要。依据各地区营堡的平面形状，可将其分为长方形、方形和平行四边形三个类型。

A型，长方形堡（图1），包括东路的柏林堡、高家堡、建安堡和神木营，中路的常乐堡、响水堡、保宁堡和威武堡，西路的镇罗堡、盐场堡和旧安边营共计11座营堡，占总体的25.6%。

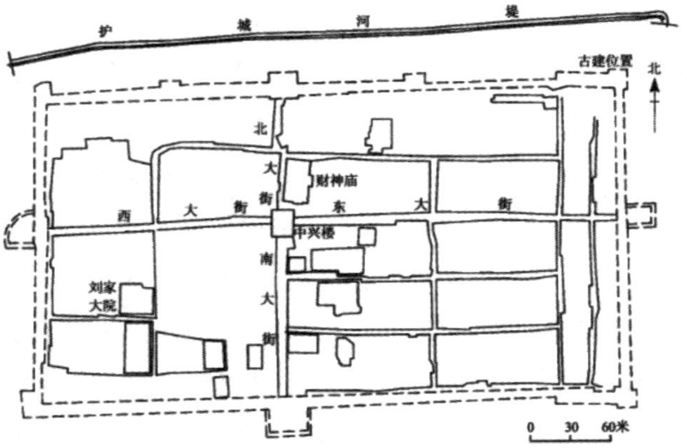

图1 长方形营堡示例（高家堡）

B型，方形堡（图2），包括东路镇羌堡，中路常乐旧堡、平邑堡，西路砖井堡、三山堡和定边营，共计6座营堡，占总体的14%。

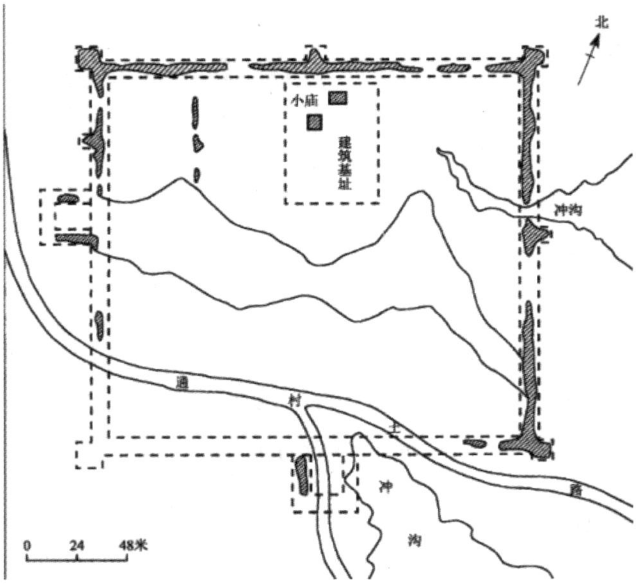

图2 方形营堡示例（常乐旧堡）

C型，平行四边形堡（图3），仅1座为西路龙州堡，占总体的2.3%。

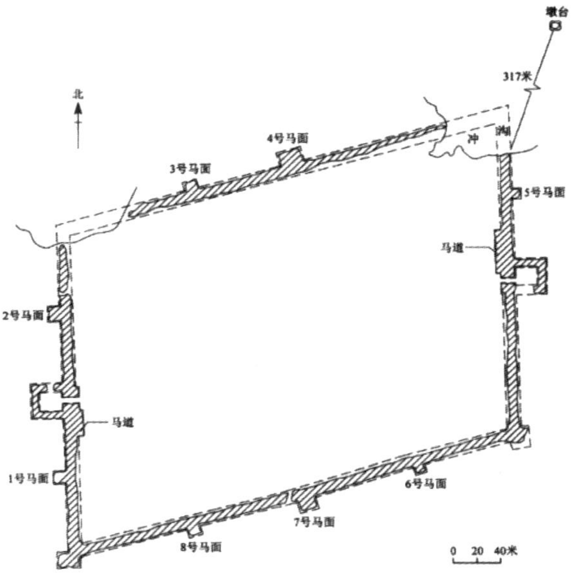

图 3　平行四边形营堡示例（龙州堡）

（二）平面不规则形

平面不规则形的营堡，受本地区地理环境的影响，多依山而建或临河修建，在建造时其平面形状根据自然地形的变化而改变。依据各地区营堡的平面形状，可将其分为簸箕形、不规则三角形、不规则长方形、不规则圆形、长刀把形、不规则形等六个类型。

A 型，平面呈簸箕形营堡（图 4），包括东路皇甫川堡，中路归德堡和波罗堡，西路永济堡和新安边营，共计 5 座营堡，占总体的 11.6%。

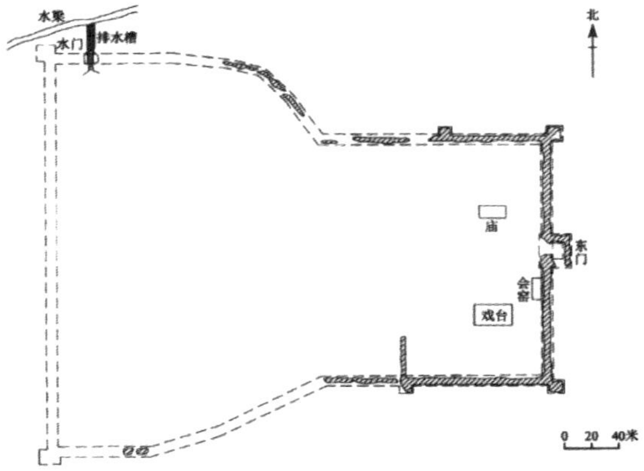

图 4　簸箕形营堡示例（归德堡）

B型，平面呈不规则三角形营堡（图5），包括东路东村堡、永兴堡和东山旧城，西路宁塞堡，共计4座营堡，占总体的9.3%。

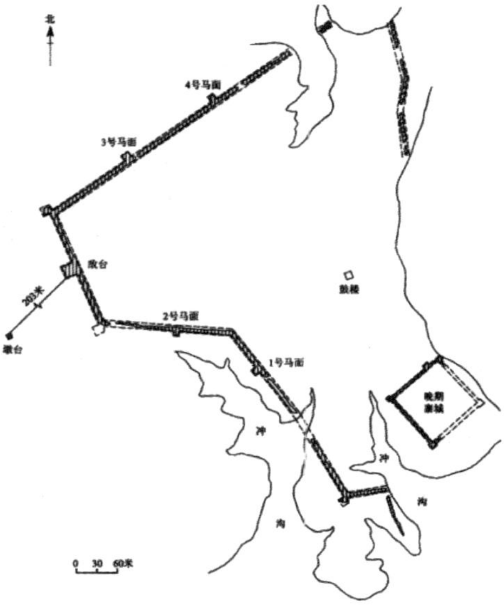

图5 不规则三角形营堡示例（宁塞堡）

C型，平面呈不规则长方形营堡（图6），包括东路孤山堡和大柏油堡，中路双山堡、怀远堡和清平堡，西路镇靖堡，共计6座营堡，占总体的14%。

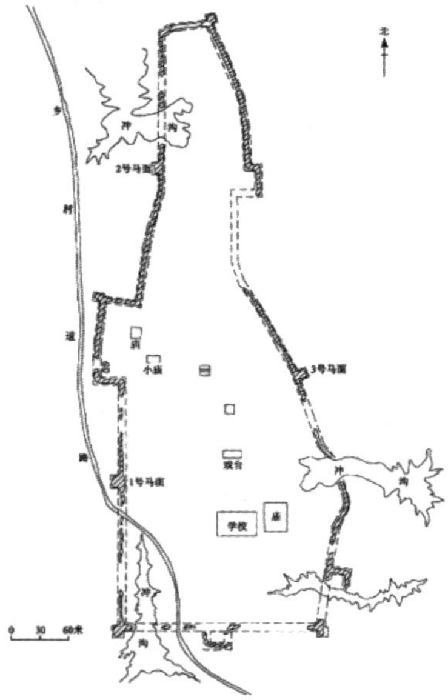

图6 不规则长方形营堡示例（双山堡）

D 型，平面呈不规则圆形营堡（图 7），仅 1 座，为西路石涝池堡，占总体的 2.3%。

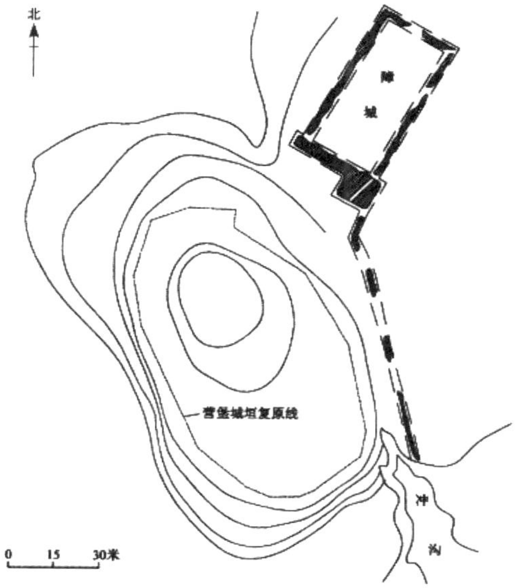

图 7 不规则圆形营堡示例（石涝池堡）

E 型，平面呈长刀把形营堡（图 8），仅 1 座，为东路清水营，占总体的 2.3%。

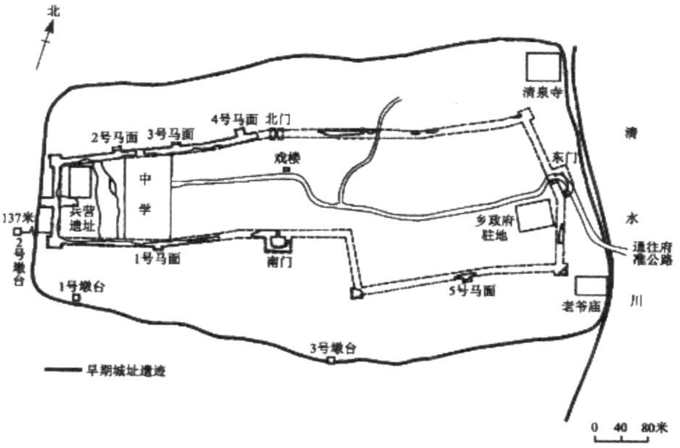

图 8 长刀把形营堡示例（清水营）

F 型，平面形制不规则的营堡（图 9），包括东路木瓜园堡和杨家城堡，中路榆林卫城，西路把都河堡、柳树涧堡、新兴堡、饶阳水堡和靖边营，共计 8 座营堡，占总体的 18.6%。

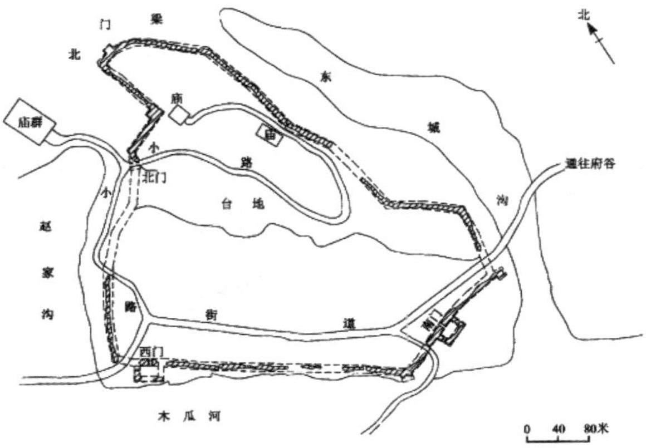

图 9 不规则形营堡示例（木瓜园堡）

二、营堡规模

延绥镇营堡按照军事防御等级，可分为镇城、路城和一般营堡三级，不同等级营堡的规模有所差别。在此基础上，对各路营堡的面积进行统计后，可以发现营堡的规模与等级有一定的规律性。因一般营堡数量较多，内部规模存在差异，因此依据各营堡占地面积将其划分为四级：Ⅰ级营堡规模在 20 万平方米以上；Ⅱ级营堡规模在 10 万～20 万平方米；Ⅲ级营堡规模在 6 万～10 万平方米；Ⅳ级营堡为 6 万平方米及以下（图 10）。

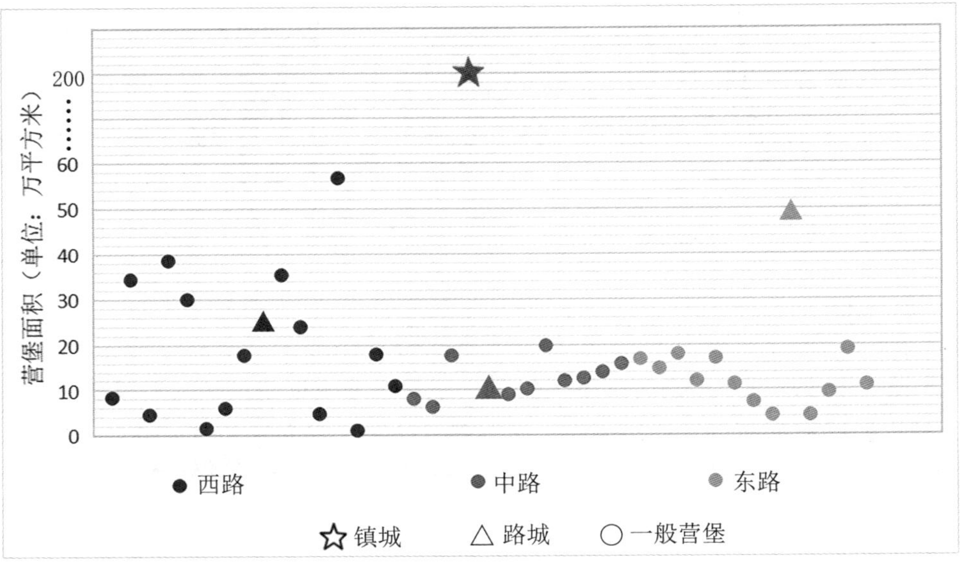

图 10 延绥镇营堡规模示意图

从营堡等级看，等级较高的营堡规模大于一般营堡，榆林卫城是总兵制度下的镇城所在，作为镇城规模最大，等级最高，面积达到 242 万平方米，属于大型营堡。成化九年（1473），延绥镇巡抚余子俊将镇城由绥德卫迁移至榆林卫城，并增筑城垣。成化二十二年（1486），巡抚黄黻向北扩筑营堡；弘治五年（1492），熊绣向南扩筑城垣至凯歌楼；正德十年（1515），总制邓璋筑南关外城，城南范围远至榆溪河岸。经过三次扩建后，一座汤池金城在陕北明长城前线建设完成，这也标志着延绥镇边防重心的北移。

路城中，神木营和安边营为东路和西路路城，规模均属中型。但作为中路路城的保宁堡面积仅为 9.74 万平方米，规模较小。根据记载保宁堡“多水泽之区，为镇城夹道、耕牧地。边冲，兵寡，防守颇难，由此寇归鱼饷道。自筑垣后，又命将守之，虏不敢骤马南下矣”。[①] 保宁堡于嘉靖四十三年（1564）修建，是延绥镇沿线修建时间最晚的营堡，此时延绥镇防御线基本形成，从地理位置看，保宁堡设置于平地，东距榆林卫城 30 里的地方，是镇城重要的驰援策应力量，且保宁堡和常乐堡实为协助榆林卫城扼守归德堡和鱼河堡的要塞，因此在与其他营堡的协调配合之下，保宁堡的规模不必过大。

一般营堡的规模跨度较大，范围从 1.1 万～ 5.676 万平方米不等，在全线皆有分布，营堡内部，西路地区一般营堡的面积浮动最大，位于大边沿线的营堡规模较大，皆属Ⅰ级营堡，分别为定边营、靖边营、旧安边营、镇靖堡、宁塞营和砖井堡，而二边沿线营堡诸如永济堡、新兴堡和镇罗堡等普遍面积较小，属于Ⅳ级营堡。Ⅱ级营堡属于中型营堡，修建时间集中在明朝中期，全线数量分布较为平均，平面形状不一，其中西路 4 座、中路 7 座、东路 8 座，共计 19 座，在全线营堡中占比最多。Ⅲ级营堡和Ⅳ级营堡属于面积较小的营堡，共计 12 座，在三路皆有分布，其中西路营堡规模相对更小。

三、营堡形制与构成特点

（一）规模与平面形制

不同规模的营堡对平面形制的选择并不固定。榆林卫城规模最大但几经扩建，

① （明）郑汝璧等纂修，陕西省榆林市地方志办公室整理：《延绥镇志》，上海古籍出版社，2012 年，第 32 页。

且选址于半山半川处，因此平面呈不规则形。路城中，神木营和保宁堡选址于平原之上，平面形状规则，新安边营位于四面环沟的山坡因此平面形状不规则。一般营堡中，Ⅰ级营堡集中在西路地区，此地北部为风沙草滩区，南部为白于山区，定边营、砖井堡和旧安边营分布在毛乌素沙漠南缘，地势平坦开阔，平面形制规则为方形或长方形；而分布在靖边县中部的梁峁涧区和南部丘陵沟壑区的营堡，平面形制为适应自然地形而呈现不规则形。Ⅱ级营堡、Ⅲ级营堡和Ⅳ级营堡中，平面形制规则的营堡面积均值大于平面形制不规则者，这与营堡的选址有关，平面形制规则者选址地带较为平缓，适宜城垣的增筑和扩建，因此规模更大。

（二）规模与构成要素

营堡不是性质单一的军事防御性建筑，它们是为防御从蒙古高原南下的军队而设，是军事斗争中的后备支持，必要时也是防御和进攻的据点，因此营堡兼具军事防御与居住生活两大功能。

陕北明长城沿线营堡发现了一定数量的军事建筑遗存，包括马面、角楼、敌台和瓮城等，一定程度上反映了营堡的军事属性。马面一般依附于城垣而建，主要功能为防御和固墙两个方面，其中军事防御是马面的主要功用。马面的出现既有利于墙台上的守军探测军情，又能形成三面御敌的作战格局，防止敌军偷袭，减少战斗死角，极大地便于墙台上守军的军事防守[①]。角楼建于城垣外侧转折处，有瞭望和监视之用，与布设的马面相互配合，形成有利的监视防御线。此外，在东路和西路的部分营堡城垣外还发现了规模远大于马面的敌台，这些敌台多分布在堡的北垣和西垣，与陕北地区防御方向一致。根据瓮城现存情况看，瓮城皆不设置在营堡的防御正方向。城垣、角楼、马面、敌台、瓮城、马道等军事防御设施增加了营堡空间防御的广度，若敌军入关，角楼、马面与敌台之上的守军可在制高点及时观察敌情，排布兵力，若兵临城下，堡门与瓮城门同时关闭，则可“瓮中捉鳖”制胜敌军。

从居住功能看，陕北明长城沿线的营堡是小型生活单元，其城内布局具有中国古代建筑的基本特点，城内设施需要满足居民的基本物质与精神生活。根据现有遗存，陕西明长城营堡的建筑格局可分为一条或两条主要街道、十字街道和棋盘式街道三种布局形式。十字街的交叉点或一字街的中央处，有一中心楼，主干道两边分布着衙署、军营，军官家属分布在中心的后部及东西两侧。十字街结构的堡较多，与堡一般开东、西、南、北四门有关系[②]。等级较高的营堡其平面规模大，可容纳

① 何圳泳：《涞源县明长城军事防御体系研究》，硕士学位论文，河北大学，2016 年，第 50 页。

② 李严：《榆林地区明长城军事堡寨聚落研究》，硕士学位论文，天津大学，2004 年，第 70 页。

的士兵及家属数量也较多。为了满足居民的日常生活，较高等级的营堡中保存有庙宇、作坊和店铺等居民建筑，如榆林卫城、神木营等。此外，营堡内部还出现了宗教建筑，包括佛教、道教与民间信仰建筑。

按照延绥镇营堡与军事附属设施的组合关系，可大致将营堡军事附属设施分为21类（表1），受自然和人为破坏的影响，营堡的军事防御特征无法直接复原，但统计营堡现存军事防御设施一定程度上可以了解各营堡的战略地位。

表1　延绥镇营堡内部构成要素统计表[①]

营堡	马面	敌台	瓮城	现存角楼	马道	水门	城壕	护城墩台	障城	中心楼	水井	街道	庙宇	衙署	兵营遗址
柏林堡	2	√	√	√	√			√		√				√	
清水营	5	√	√	√				√					√		√
新安边营	6	√	√	√				√							
砖井堡	8	√	√	√							√	十字街道			
孤山堡	3		√	√	√	√		√				一道两条主要街道	√		√
镇羌堡	1		√	√		√		√		√		十字街道	√	√	
镇靖堡	9		√	√	√			√	√	√		棋盘式	√		
龙州堡	8		√	√	√			√							
归德堡	2		√	√		√							√		
三山堡	1		√	√	√		√								
榆林卫城	10		√	√						√ 5		一道两条主要街道	√		
常乐堡	7		√	√											
东村堡	8		√	√											
双山堡	3		√	√											
新兴堡	9		√	√											
威武堡	7		√	√				√					√		
响水堡	4		√	√				√					√		
怀远堡	5		√	√						√		十字街道			
建安堡	1		√	√						√	√ 7	十字街道	√		
永济堡	6		√	√											
皇甫川堡	2			√		√		√		√		一道两条主要街道	√		√
宁塞堡	4	√		√				√		√					
靖边营	10	√		√	√								√		

① 表格统计数据来自陕西省考古研究院：《陕西省明长城资源调查报告·营堡卷》，文物出版社，2011年，作者根据调查原始资料有修改。

（续表）

营堡	马面	敌台	瓮城	现存角楼	马道	水门	城壕	护城墩台	障城	中心楼	水井	街道	庙宇	衙署	兵营遗址
柳树涧堡	1	√		√											
镇罗堡	3			√				√							
饶阳水堡	1			√				√							
保宁堡	4			√				√					√		
神木营	/			√		√				√		十字街道			
高家堡	/		√	√			√			√		十字街道	√		
木瓜园堡	/		√	√				√					√		
永兴堡	1		√	√				√				一道两条主要街道	√	√	
大柏油堡	/		√	√				√		√		一道两条主要街道	√		
清平堡	0			√				√					√		
永济堡	6		√	√											
杨家城堡	3		√										√		
神木东山旧城	1														
石涝池堡	/								√						
把都河堡	2	√						√							
靖边营	10	√		√	√								√		
旧安边营	4			√							√	十字街道			
定边营	/									√		十字街道			
常乐旧堡	2														
波罗堡	1			√				√		√		一道两条主要街道	√		
鱼河堡	/		√		√										

榆林卫城作为镇城，军事等级最高，城外虽未修建城壕，但西部有黑山作为阻挡，又有榆溪河和榆阳河流经西侧和南侧，东南侧为黄土丘陵沟壑地带，东北侧驼山屹立，在三山两水的环抱之中，形成了天然的城壕，且卫城北侧的红山之上是明长城最大的军事要塞——镇北台，自然环境的优越性不言而喻。从堡内现存建筑遗

存看，城垣四角布设角楼，东、南城垣各设瓮城一座，城垣上虽未见敌台出现，但北垣与东垣上分布着10座马面，是延绥镇马面数量最多的营堡之一，堡内有一条大街贯通南北，作为轴线，街道自北向南建设有鼓楼、凯歌楼、星明楼、万佛楼等，衙署、军事管理机构和集市分布两侧，城东北部高地分布着宗教建筑群，城内功能分区明确。一般营堡中，Ⅰ级营堡城内一般设置角楼、马面和瓮城，部分还设置有敌台和护城墩台，Ⅰ级营堡敌台底部突出长度在17～30米，Ⅱ级至Ⅳ级营堡敌台为10.15～22米，敌台底部的长、宽与高度普遍大于Ⅱ级至Ⅳ级营堡。靖边营作为大型营堡，拥有规模最大的敌台和与镇城数量相同的马面，这与其既是边防重镇又是延绥西路最重要的粮储重地有一定关系。除了角楼、马面、瓮城的基本组合外，随着营堡面积变小，堡内敌台数量和规模缩小，配设护城墩台的数量增加，护城壕仅在中型营堡中发现，护城壕借助自然河流形成阻挡一定程度上增加了敌军进攻的难度。Ⅳ级营堡内部构成要素相对简单，马道、水门和敌台在此级营堡中比较少见或不再出现。

（三）规模与军事地位

营堡的规模与其军事地位存在对应关系。榆林卫城特大的规模体现出其军事地位的重要性，延绥镇旧治绥德卫，随着延绥地区边防战事不断加重，经延绥巡抚余子俊上书，成化九年（1473）六月迁镇城于榆林卫，榆林地区的防卫重心北移，榆林卫成为全镇的军事指挥中心，军事地位也得到了提升。三路路城皆为极冲要地，驻城将领等级高，由参将管辖本路的其他营堡，路城规模或为本路之最，或高于本路营堡面积的平均值。一般营堡中，Ⅰ级营堡的军事地位均为极冲，这些营堡中有的镇戍将领级别较高如镇靖堡，《明史》载："协守副总兵一人，定边右副总兵，嘉靖四十一年添设，分守安定、镇静（靖）等处，提调大墙及墙口等处。"① 再如靖边营作为极冲要地的同时又是存储粮食的重地，史载"诏以陕西河西道所辖……保安、安定、安塞三县，属靖边管粮道，各令就近兼理分巡"说明靖边营管粮职责重要。② 等级较低的营堡中，军事地位为极冲的营堡占据总数的三分之二，集中在东路地区，西路次之，平面形制以不规则为主。这些营堡据险而修，东路加包条石，防御能力增强，足堪自保，Ⅳ级营堡中，西路次冲营堡平面规模均值较小，设置于二边长城附近，北有大边长城、前线营堡和其他单体防御设施作为保障，因此次冲

---

① 《明史·职官五》，中华书局，1974年，第1868页。

② 李大海：《近代靖边县治迁徙再研究——陕北沿边地方政区治所与城址选择关系的个案讨论》，《中国历史地理论丛》，2012年第2辑，第84页。

营堡选择修建在后方便于物资转运、驻兵屯粮的区域，与前方防线协同呼应。

四、分布特征

（一）不同类型营堡的分布特征

延绥镇营堡依据其平面形制可划分为规则形和不规则形两类，利用 ArcGIS 将各类型营堡的经纬度坐标转化为空间投影，可以发现两类营堡在延绥镇长城沿线交错分布，疏密得当（图 11）。

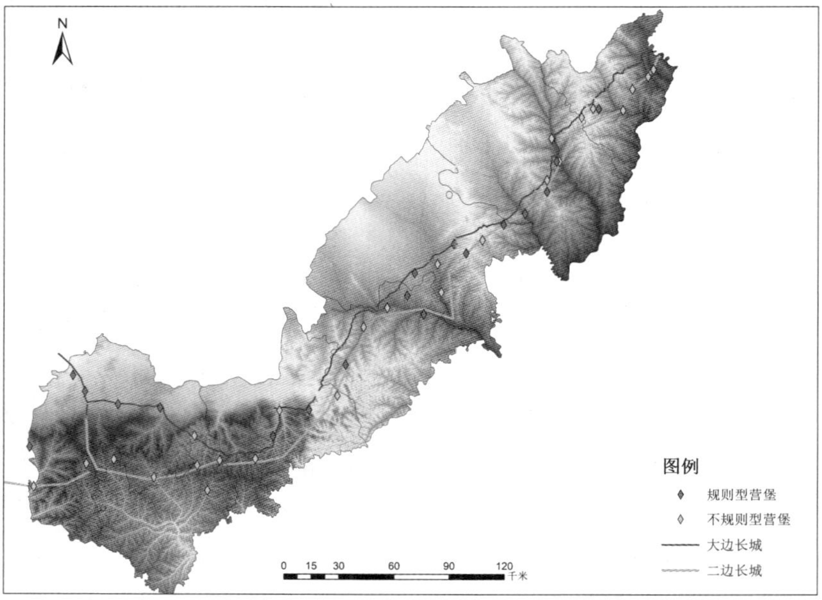

图 11　延绥镇营堡平面形制分布图

在规则形营堡中，方形营堡数量自东向西呈递增趋势，在适应东、中、西自然环境的基础上，东路和中路营堡选择地势较高的山顶或环抱山塬的山中腹地进行修建，西路地区方形营堡分布在风沙草滩区，多选址在地势平坦的滩地之上，四周环以山地或草滩。长方形营堡的选址与方形营堡相似，修建于地势平坦的梁地、台地或平川之上，周围环绕冲沟、沟涧或河流，形成山川环抱之势。

不规则形营堡形态各异，在各路均有分布。对不规则形营堡进行密度分析后，可以发现其在西路和东路的分布密度高于中路，主要分布在东部低山丘陵区和西部白于山区。营堡平面形制多元，而地形地貌是影响营堡平面形制最直接的因素，除了考虑地形，河流水网的分布也是营堡选址需要考虑的要素之一。石涝池堡居山峁之顶，四面深沟环绕，依山顶地形平面呈不规则圆形。皇甫川堡、波罗堡、归德堡、永济堡和新安边营平面形制均为簸箕形，这些营堡均坐落于山坡，四周环绕沟壑，坡底有河水流经，因此呈簸箕形。

（二）不同规模营堡的分布特征

榆林卫城作为镇城，规模特大，面积超过200万平方米，榆林卫城较绥德卫的优势在于地理位置靠近北部边境，若边地有警，则可及时应援，且榆林卫城扼守重要河道，附近又设置有榆林驿站，沿榆溪河道向南的驿道可直达延安府，驻兵应援、扼守水源、信息传递都需要经过此处，营堡与驿路结合可以保护驿站，最大程度发挥军事防御和信息传递功能。路城是每个区域的军事指挥中心，一般选址在平川，如东路和中路路城，也有选址在南部山区的山坡上的，形成背山面水之势，四塞皆为险阻，具有较强的防御性。一般营堡里，Ⅰ级营堡规模较大，均分布在西路地区，各堡之间的邻近距离从50～90里不等，相距50里的营堡占多数，平均距离为60里。由于西路地区北部为风沙草滩区，无险可依，因此需要规模较大的营堡来戍卫边地。Ⅱ级营堡规模居中，集中分布在中路中部和东路东部，中路地区的Ⅱ级营堡集中在横山区二边长城沿线，史载“赖北有无定河，沙滩陷马，春、夏、秋三时不能近城。遇冬冰结，贼马一驰即至”。[①] 此地区营堡，北侧由烽火台和长城构成一道防线，又有无定河支流自西南向东北流经，中型规模足以满足营堡的防御需求。东路东部的中型营堡所在地形地势本身较为复杂，是天然的军事屏障，因此中等规模最为适宜。Ⅲ级和Ⅳ级营堡以中路和西路分布较多，西路面积小于6万平方米的营堡一般分布在南部山区，建设在山峁或山梁之上，且四面深沟环绕，地势险要，因此营堡规模不用过大（图12）。

① （明）郑汝璧等纂修，陕西省榆林市地方志办公室整理：《延绥镇志》，第33页。

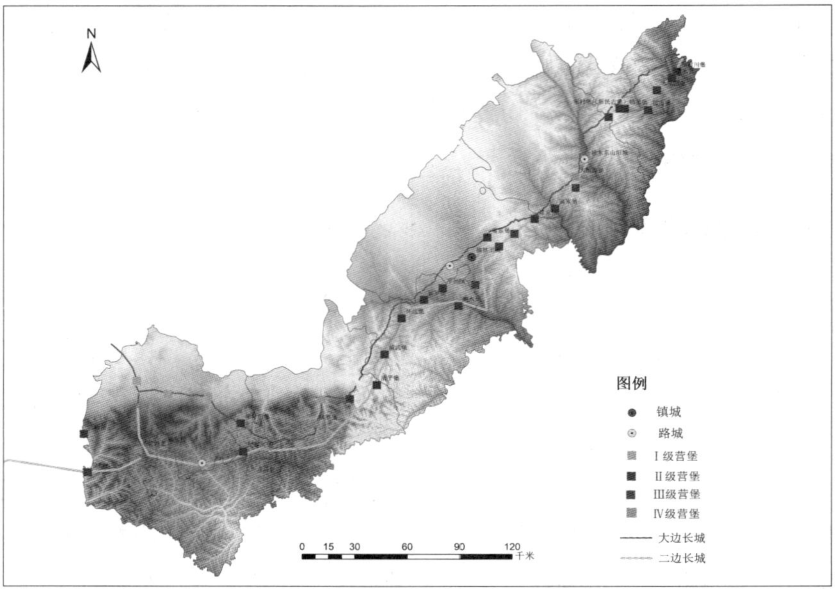

图 12　各等级营堡分布图

（三）选址特点

延绥镇营堡的选址主要以“相视道路通达，水草丰足，良田可耕，险固可守，异时无烦朝廷馈饷，缓急声援可以相接”① 为原则，结合营堡选址的实际情况看，营堡的选址与平面形制和规模等级存在一定程度的对应关系。选址于地势平坦地带的营堡平面形制较为规则，一般为方形或者长方形，营堡平均面积更大；选址于山坡、山塬地带的营堡，受地形地貌的影响，一般规模为中型或者小型，但同时出于军事边防策略的考虑，西路营堡的规模大于中路和东路。

结论

本文对延绥镇长城沿线 45 座营堡的平面形制和规模进行了研究，通过分析可以发现延绥镇营堡按照平面形制，可划分为规则形和不规则形两类，平面形制的选择与营堡的选址有直接关系，其次也受到了营堡等级的影响。镇城榆林卫城为特大型规模，军事等级高，是军事重镇所在，受三次扩城的影响平面形制不规则。路城分布在各路信息传递便利或地势险要的地方。一般营堡里，Ⅰ级营堡为大型营堡，

① （宋）李焘：《续资治通鉴长编・宋哲宗》，中华书局，2004 年，第 11728 页。

皆分布在西路。Ⅱ级营堡为中型营堡，在延绥镇三路皆有分布。Ⅲ级和Ⅳ级营堡为小型营堡，其中Ⅲ级营堡集中分布在中路，城内一般设置角楼、马面和瓮城，部分还设置有敌台和护城墩台，按照级别略有差异，中小型营堡敌台数量减少，规模缩小，护城墩台数量增加。Ⅳ级营堡规模最小，多为不规则形，集中于西路山区。营堡的选址与形态特征是对等级、地形地貌和军事防御等因素综合考虑的结果。

明蒙关系视野下宣大山西三镇长城防御体系的重构与解读*

翟 禹**

摘要：明代在抵御北边蒙古诸部势力的背景下，构筑了一套长城防御体系，其中尤以宣大山西三镇地区最为关键。宣大山西三镇长城防御体系经过明朝前中期的不断构筑、完善，最终成型于万历年间。学界多以万历年间形成的宣大山西三镇长城防御体系的军事制度为认识标准。综合实地调查和文献史料，站在区域社会史和军事地理视角审视，宣大山西三镇长城防御体系的军事运行和布局需要重新认识。其中，宣府镇（西中北三路）可分为“西—中路长城防御体系”“拱形门：万全左右卫长城防御体系”“尖刀班：北路枝干型长城防御体系”；大同镇可分为“大同镇城及其东西两翼堡寨、南线州城防御体系”“新平路—东路堡寨长城防御体系”“‘边外五堡’梯形长城防御体系”“硬核防御链：中路长城防御体系”“威远路长城防御体系”“西路—井坪路（外边）长城防御体系”；山西镇可分为“外边长城防御体系”（内中又包含“‘丫角山—老牛湾’临边至北型长城防御体系”和“‘老牛湾—黑峪口’黄河天险型长城防御体系”）、“内边长城防御体系”（内中又包含“偏头关—宁武关段”和“雁门关段”）。

* 基金项目：内蒙古中华民族共同体建设研究工程（2023—2027 年）子课题“中央王朝对内蒙古地区的治理研究——基于考古资料的分析”（编号：GTTYJGC2024Z14）。

**作者简介：翟禹，内蒙古自治区社会科学院历史研究所副所长、北疆文化研究中心副主任、研究员。

关键词： 明代 宣府镇 大同镇 山西镇 长城防御体系

长城是我国古代劳动人民创造的伟大奇迹，是中国悠久历史的见证，作为一项伟大的军事工程，已成为中华民族的宝贵文化遗产。1987年，长城被联合国教科文组织列入世界文化遗产名录。2001年6月25日，长城作为春秋至明时期的重要线性文化遗产，被国务院批准列入第五批全国重点文物保护单位名单。长城的修筑最早可以追溯到春秋战国时期，当时中国的北方主要为燕、赵、秦三国，为防御北方草原上的游牧民族南下侵扰，分别修筑了长城。秦始皇统一六国，建立了秦王朝，为防御北方游牧民族的南下侵扰，将战国燕、赵、秦三国已有长城重新利用并连接起来，同时在此基础上大规模增修、扩建，形成了东到辽东、西至临洮的万里长城。秦汉之后的许多朝代也都有修筑，北朝（北魏、北齐）、隋唐、宋辽金、明等各时代都有不同形式、不同规模的长城，并有若干遗迹遗存留存至今。

有关长城的定义，《长城保护条例》中称："本条例所称长城，包括长城的墙体、城堡、关隘、烽火台、敌楼等。"① 从建筑遗产的视角来看，长城遗存可以分为"长城本体""附属设施"和"相关遗存"三种。长城本体"主要指长城墙体及墙体上的设施，如敌台、马面等"，附属设施是"与长城防御体系相关的其他设施，如关堡、烽火台等"，相关遗存主要是指"位于长城墙体两侧与长城防御体系相关的遗迹，如壕沟、挡马墙、品字窖、驿站、居住址、砖瓦窑、采石场、积薪等"。② 这是目前相对比较准确、科学和严谨的有关长城从建筑学、文物学上的定义。中国历史上的历代长城，最初是作为军事防御工程而发挥作用，这是长城作为历史产物的基本功能。具有军事功能的长城也并非仅仅是一道墙体，而是以墙体及相关设施组成的一整套防御体系，包括墙体本身及墙体上附属设施（敌台、马面、城楼）、墙体外设施（烽火台、挡马墙、壕沟、居住址）以及沿线的关隘、城堡等。除此以外，又不断衍生出管理、使用以及围绕各类军事、政治和社会活动所形成的多种历史文化信息，使得留存至今的有关长城的各类文化遗存呈现出非常复杂的局面。对于长城的研究，也不仅仅是对长城实体建筑的考证，还涉及军事、政治、经济、文化、地理等多个方面。

作为一条以线性墙体为主线的东—西延伸的狭长地带，长城地带是一块迥异于农耕文化区和游牧文化区的地带。这里的历史在漫长的民族交往、文化融合、军事

① 《长城保护条例》，中华人民共和国国务院令（第476号），2006年。

② 《长城资源调查工作总体方案》，见国家文物局、国家测绘局编制：《长城资源调查工作手册》，2007年，第26页。

冲突、商贸往来、多元共生的综合作用之下发展到今天，它留给我们的文化遗产独具特色。从区域文化和文化带的视角来看，总体来说长城文化带的地理范畴大致包括甘肃、陕北、晋北、冀北、京津、辽宁等地及其与内蒙古的交界地带。正是通过这样长期的演变互动，以长城为主线，在北部边疆地区形成了一个独特的“长城区域社会”。[①] 明朝是最后一个大规模修筑长城的时代，其长城是为防御北方蒙古诸部而修建，因此明代长城研究关涉北部边疆史地、明蒙关系和明代军事等诸多领域，具有重要的影响，且今天人们所见的万里长城大部分遗迹亦以明代为主。

一、明代宣大山西三镇长城防御体系的形成与发展

元明之交，农民起义推翻了元朝在中原的统治，元朝势力北撤塞外草原，但并未灭亡，仍在北方草原地区活动，史称“北元”。元顺帝以辽东和陕甘为左右翼，居中调度，时刻都在想收复失地，重新入主中原。元顺帝不仅拥有一定的军事实力，还是整个蒙古贵族统治集团的政治共主，“元亡而实未亡耳。引弓之士，不下百万众也；归附之部落，不下数千里也；资装铠仗，尚赖而用也；驼马牛羊，尚全而有也”。[②] 北元君臣一心欲图恢复中原，时时南下，给新生的明王朝带来极大的政治与军事压力。明代时人认为，当时的“天下有三大忧……宗藩……边防、河患是也”。[③] 明初，朱元璋曾说：“重兵之镇，惟在北边”，[④] 明中期方逢时上疏称：“今天下之事，惟夷狄为大。而夷狄之害，北虏为最。”[⑤] 可见明代时期，北边蒙古诸部对明朝边疆的压力之大以及明与北元蒙古诸部对峙局面之紧张、激烈。《明史》载：“元人北归，屡谋兴复。永乐迁都北平，三面近塞，正统以后，敌患日多。故终明之世，边防甚重。”[⑥] 这是明朝大规模修筑长城的历史背景，也是本专题开展研究的一个大的历史背景。

---

① 翟禹：《多维视角下的“长城区域社会”论》，《中国边疆学》（第 12 辑），社会科学文献出版社，2020 年；《明代长城防御体系与“长城区域社会”的形成——兼谈长城文化的基本内涵》，《长城学研究》（第 1 辑），燕山大学出版社，2022 年。

② （清）谷应泰：《明史纪事本末 · 故元遗兵》，中华书局，1977 年，第 149 页。

③ （明）张萱：《西园闻见录 · 宗藩后》，民国排印本。

④《明太祖实录》，洪武五年正月甲戌条，台湾“中央研究院”历史语言研究所校勘影印本，1962 年，以下版本同。

⑤ （明）陈时龙：《明经世文编 · 审时宜酌群议陈要实疏》（方逢时），中华书局，2005 年。

⑥《明史 · 兵志》，中华书局，1974 年，第 2235 页。

学界在论述明代长城之时，往往先从“九边”开始，一些文献中在涉及明代军事或北疆防御时也是从“九边”开始。《明史》载：“元人北归，屡谋兴复。永乐迁都北平，三面近塞，正统以后，敌患日多。故终明之世，边防甚重。东起鸭绿，西抵嘉峪，绵亘万里，分地守御。初设辽东、宣府、大同、延绥四镇，继设宁夏、甘肃、蓟州三镇，而太原总兵治偏头，三边制府驻固原，亦称二镇，是为九边。”①“其边陲要地称重镇者凡九：曰辽东，曰蓟州，曰宣府，曰大同，曰榆林，曰宁夏，曰甘肃，曰太原，曰固原。皆分统卫所关堡，环列兵戎。”② 至于“九边”，具体而言就是以“边墙”即长城③为核心的防御体系。简单来说，“边”就是“墙”。明长城是明朝为巩固北部边防而修筑的军事防御工程，其防御的主要对象是北元蒙古诸部。明朝建立以后，面对“元人北归，屡谋兴复”的局势，晚期又有东北的女真部落崛起，对明朝辽东地区产生威胁。于是，在有明一代的200多年间，明朝都在不停地筑造、修缮长城，构筑防御体系。明代长城东起鸭绿江，西至甘肃省嘉峪关，延袤万里，无论是建筑规模、修筑水平还是修筑的时间跨度、戍边守备及长城防御体系的构建等方面都超过了以往各时代，达到了长城修筑史上的最高峰。

对于宣大山西三镇重要战略地位的认识，一是站在当代行政区划的山西地区这个整体进行分析，比如李广洁先生综合分析认为，山西在历史时期的区位特点可以用十六个字来概括，即“南北纵长、农牧过渡、表里山河、屏护京华”，④“在中国古代历史上，山西地区是唯一的既‘近畿’又‘临边’的区域”。⑤ 因此，对于山西地区在明代时期的重要战略地位，无论是明清时期的有识之士还是当代学者，认识都是非常清楚的，这便是本文将明代宣大山西三镇作为研究区域的历史基础和现实依据。《宣大山西三镇图说》开篇论述了宣大山西三镇的重要战略地位：“惟我国家奠

① 《明史·兵志》，第2235页。

② 《明史·地理志》，第882页。

③ “九边”的渊源，赵现海曾将其与洪武年间的塞王守边制度联系起来讨论，颇有一番道理：“永乐以后镇守总兵制度之直接来源并非征伐总兵制度，而是明初分封制度……在这其中，尤以北疆九王军事权力最大，实成为北疆征伐总兵、都司之所之上的军事长官……北疆九王节制都司卫所、负责分地攻防之镇守格局在建文、永乐以后分封制度瓦解政治背景下，遂直接为镇守总兵官所继承，明朝遂逐渐建立九边长城军镇。可见，无论从地理格局，还是制度内涵而言，北疆九王守边制度皆成为九边长城军镇体制之渊源。”（赵现海：《明代九边长城军镇史——中国边疆假说视野下的长城制度史研究》，社会科学文献出版社，2012年，第156-157页。）

④ 李广洁：《山河形胜：山西历史军事地理》，山西人民出版社，2022年，第14页。

⑤ 李广洁：《史中山河——大视角下的山西地理与历史》，山西教育出版社，2024年，第1页。

鼎燕京，肘掖晋朔，所恃为内蔽者，独宣大山西三镇耳。”①

本文结合明代边防图籍与实地调查，对宣大山西三镇的长城防御体系的军事地理相关问题进行整体认识和分析，聚焦于明代中期尤其是明蒙和议以后，隆庆、万历年间大规模修筑长城、构筑系统完整的长城防御体系之后形成的长城遗存。明代隆庆年间参与处理把汉那吉事件并促成隆庆和议的宣大总督方逢时，在长期驻守宣大山西三镇边务的时候，对北边防御进行了总结，其认识典型地体现了明朝的军事防御思想：“臣闻设险者守国之要务也，其在边塞，修筑宜先。盖城堡以便保聚，墩台以明烽火，边垣以限华夷，三者皆势所必为者也。究而言之，城堡为急，墩台次之，边垣又次之。”② 这段总结把明代前中期的长城防御体系构筑历程阐释得非常清楚，是本文所涉选题的时代背景，也是本文开展研究的重要认识和思考原则。

“防御体系”是现代军事学术语，在现代军事学领域中经常用到。一些辞典中对概念内涵有所表述，如：“防御体系，由兵力部署、阵地编成、火力配系、障碍物配系、战斗（战役）保障和后勤保障等防御的要素所组成的有机整体，是防御作战的重要物质基础。”③ 研究古代历史时期的军事问题，使用现代军事学概念中的“防御体系”来表述，其内涵是不能够完全对应的。防御体系不仅涉及军事防御工事的构筑，也包含军事制度。我们在从事长城防御体系研究的时候，将不可避免地要涉及军事制度，很多属于防御体系的内容都是和军事制度连为一体的，或许上述正是我们可以考虑到的有关传统社会长城防御体系的“当代认知”。我们所开展的以“长城”为核心概念的军事防御体系，主要包含城堡、长城墙体和烽燧预警系统。④ 本文拟从宣府镇（西中北三路）、大同镇、山西镇三个部分对其长城防御体系从军事地理的角度所进行的区域划分及其运行特征进行总体分析。

---

①（明）杨时宁：《宣大山西三镇图说·序》，薄音湖编辑点校：《明代蒙古汉籍史料汇编》（第 12 辑），内蒙古大学出版社，2015 年，第 61 页。

②（明）陈时龙：《明经世文编·审时宜酌群议陈要实疏》（方逢时）。

③ 熊武一、周家法：《军事大辞海》，长城出版社，2000 年，第 1388 页。

④ 有学者对“长城防御体系”进行了论述，颇有见地：“一套完整的长城防御体系主要由三部分构成：以点状分布的各级军事城堡所组成的抵抗核心；以线性分布的长城墙体作为区域性防御的前沿主体；以烽火台之间相互传烽形成的烽线，连接各级军事单位，从而便于传报、指挥和应援。由此，‘点’‘线’而编织成了一个立体的‘面’即面状的区域性防御体系。”（尚珩、赵杰：《明大同镇长城威远路长城本体辖区研究》，《山西长城》，2020 年第 1 期。）

二、宣府镇（西中北三路）长城防御体系区域划分与分析

本文重点集中在万历年间形成的宣府镇管辖的上西路、下西路、中路、上北路和下北路诸路整合在一起的特定区域（简称为“西中北三路”）。这一地带是宣府镇的北部防御区，是地处极边至北地带的长城防御体系，且与大同镇唇齿相依，是明代整体北边长城防御体系中“肩背”中的“肩背”，宣府镇的镇城所在地为宣府城，即今河北张家口市宣化区宣化古城。

（一）总体认识

关于对宣府镇（西北中三路）长城防御体系的认识，有两点需要思考。

首先是对于各处防御区所在的关口、山谷通道等地的防御处理策略，这关系着各处区域的城堡设置、墙体构筑、墩台预警系统分布等一系列问题。这一点从明朝初年就已经开始认识到并付诸实施。永乐四年（1406），“丙子，书谕赵王高燧曰：‘小旗孙成自虏中逸归，见鬼力赤、阿鲁台、也孙台向东南行。其来寇掠边境，亦未可知，尔连遣人驰报。武安侯郑亨等令坚壁清野以待，自黑峪车坊至鱼台岭隘口，可塞者塞之，不可塞则凿深壕，以断其路。仍督兵屯田，且守且耕，寇来则相机用事。尔居守北京，一切边务皆当究心。’”[①] 从这段记载可以看出，对于各处“隘口”的防御策略主要有两种构筑方式，一是“可塞者塞之”，即以墙体予以阻挡，仿照秦汉时期的当路塞；二是“不可塞则凿深壕，以断其路”，即修筑壕堑，使其无法通行。不过，从后世的隘口防御遗存来看，前者“可塞者塞之”的情况占据绝大多数，“凿深壕”的情况相对比较少，当然也可能是因为“深壕”作为遗存难以保留。

其次是在各处防御要地或称防御节点，修筑与洪武年间大型城堡不同的中小型军堡，并派遣相对较少的军士负责防守。永乐二年（1404），“宣府总兵官武安侯郑亨等奏修筑宣府诸处屯堡成。先是，敕谕亨等于宣府、万全、怀安诸处，简军马，坚垒壁，谨烽堠，慎防御之务，每数堡择一堡为高城深壕，城多置门，其中开井积水，以聚数堡之人马、辎重、粮饷，昼行瞭望。寇至，夜则举火，昼则举炮为信，以军士坚守之，附近屯堡军亦皆移入其中。亨等经营规划，至是始备云”。[②] 从这条内容所反映的防御策略来看，其主要核心是修筑小型军堡，体现了如下几个防御

---

① 《明太宗实录》，永乐四年二月丙子条，第 764-765 页。

② 《明太宗实录》，永乐二年十二月庚午条，第 631 页。

思想。一是从永乐年间开始，虽然明成祖还在大规模组织北征，仍希冀能够“永清沙漠”，但是实际上在后世形成九边军镇长城防御体系的广大区域，已经开始了修筑固定防御点，并以其连缀成线、连线成片，以此来进行画地固守的策略，而实现这一防御策略的载体和抓手，就是修筑大量的屯堡，今天我们一般称其为“军堡”。二是军堡的级别总体小于洪武年间修筑的大型卫城，并根据各地防御特点分散在相应的位置。三是从军事防御来看，军堡的核心功能以保护防御有生力量为主，即在敌人进犯之时，能够对各处的军士连同辎重、粮饷等物资起到保护作用。四是军堡还具有预警通信的作用，昼夜瞭望、举火通报，形成传递消息的预警线路。这一切，都构成了后世明代九边长城防御体系的核心思想。

宣府镇的成立，可以说经历了若干阶段性变化。早在洪武、永乐年间，在整体构筑北边防御体系的大形势、大背景之下，宣府地区初步建立了卫所制度体系，同时在以开平卫（旧址在内蒙古锡林郭勒盟正蓝旗元上都遗址）、兴和守御千户所（旧址在内蒙古乌兰察布市兴和县一带）等为防御重点的前提下，宣府地区可以说是作为“第二重防御区”，主要发挥着驻军、沟通、储粮等作用。因洪武时期明朝的首都尚在南京，虽然在永乐时期迁至北京，由于明太祖、成祖两朝在向漠北发动进攻的能力尚可，故宣府地区的“肩背”作用并不突出。到了宣宗时期，开平卫的防御压力逐渐增加，防御成本倍增，明朝军队的进攻能力下降，加之在永乐年间开始贯彻画地防御的战略思想，最终在宣德初年开平卫整体南迁，这导致宣府地区成为直接面对北方蒙古诸部的前沿地带，由此开始了全面建设军镇的浪潮。宣府镇西接大同，东接蓟镇，护卫京师（今北京城）。站在明朝首都北京城的核心点来看，宣府地区成为西北方侧翼的关键防御区，在宣德年间以后成为屏障京师的最后一道屏障。从万历年间最终形成的“上北路”“下北路”“中路”“上西路”“下西路”来看，其中任何一条关键通道、核心城堡的失守，都极可能会导致北京城的防御彻底崩溃，“土木之变”就是典型实证。

宣德年间，明宣宗吸取北宋灭亡的教训，表露了这一时期明朝的核心主导防御策略：“御狄之道，守备为先。彼得其险，已非我利。况当时契丹强盛，无可乘之机乎？然使宋之子孙，谨守宪章、练兵以备之，恒如开宝、淳化之时，亦足以保其成业。何熙宁至宣和，小人用事，国多弊政，遂至金虏之祸、高宗南渡，并中原而弃之，国势陵夷，有其渐矣。”[①]

① 《明宣宗实录》，宣德二年九月辛丑条，第 807 页。

（二）防御区域的重新划分

《宣大山西三镇图说》中有关“宣府镇”军政建置的整体情况见表 1：

表 1 《宣大山西三镇图说》“宣府镇”的军政建置划分表

军镇	道	路	城堡	今地
宣府镇	守道	不属路	鸡鸣驿堡	河北省张家口市怀来县鸡鸣驿乡
		上西路	万全右卫城	河北省张家口市万全区万全镇
			张家口堡	河北省张家口市城区堡子里
			膳房堡	河北省张家口市万全区膳房堡乡
			新开口堡	河北省张家口市万全区新开口村
			新河口堡	河北省张家口市万全区新河口村
			万全左卫城	河北省张家口市怀安县左卫镇
			宁远站堡	河北省张家口市桥东区宁远堡村
		下西路	柴沟堡	河北省张家口市怀安县柴沟堡镇
			洗马林堡	河北省张家口市万全区洗马林镇
			渡口堡	河北省张家口市怀安县渡口堡乡
			西阳河堡	河北省张家口市怀安县西洋河堡乡
			李信屯堡	河北省张家口市怀安县李信屯堡乡
			怀安城	河北省张家口市怀安县怀安城镇
		南路	顺圣川西城	河北省张家口市阳原县城区
			顺圣川东城	河北省张家口市阳原县东城镇
			蔚州城	河北省张家口市蔚县城区
			桃花堡	河北省张家口市蔚县桃花镇
			深井堡	河北省张家口市宣化区深井镇
			滹沱店堡	河北省张家口市宣化区深井镇滹沱店村
			黑石岭堡	河北省张家口市蔚县黑石岭村
			广昌城	河北省保定市涞源县城区
	巡道	上北路	独石城	河北省张家口市赤城县独石口镇
			青泉堡	河北省张家口市赤城县云州乡青泉堡村
			伴壁店堡	河北省张家口市赤城县独石口镇伴壁店村
			猫儿峪堡	河北省张家口市赤城县云州乡猫峪村
			君子堡	河北省张家口市赤城县马营乡君子堡村
			松树堡	河北省张家口市赤城县马营乡松树堡村
		下北路	龙门所城	河北省张家口市赤城县龙门所镇
			牧马堡	河北省张家口市赤城县龙门所镇牧马堡村
			样田堡	河北省张家口市赤城县样田乡
			雕鹗堡	河北省张家口市赤城县雕鹗镇
			长伸地堡	河北省张家口市赤城县后城镇长伸地村
			宁远堡	河北省张家口市赤城县后城镇上堡村
			滴水崖堡	河北省张家口市赤城县后城镇
			长安岭城	河北省张家口市怀来县王家楼回族乡长安岭村
		中路	葛峪堡	河北省张家口市桥东区东望山乡葛峪堡村
			常峪口堡	河北省张家口市桥东区东望山乡常峪口堡
			青边口堡	河北省张家口市桥东区东望山乡青边口村
			羊房堡	河北省张家口市桥东区大仓盖镇羊房堡村
			大白羊堡	河北省张家口市宣化区赵川镇大白阳村
			小白羊堡	河北省张家口市宣化区李家堡乡小白阳村

（续表）

军镇	道	路	城堡	今地
宣府镇	巡道	中路	赵川堡	河北省张家口市宣化区赵川镇
			龙门关堡	河北省张家口市宣化区李家堡乡关底村
			龙门城	河北省张家口市赤城县龙关镇
			三岔口堡	河北省张家口市赤城县龙关镇三岔口村
			金家庄堡	河北省张家口市赤城县炮梁乡金家庄村
	怀隆道	东路	永宁城	北京市延庆区永宁镇城区
			四海冶堡	北京市延庆区四海镇四海村
			周四沟堡	北京市延庆区刘斌堡乡周四沟村
			黑汉岭堡	北京市延庆区四海镇黑汉岭村
			靖胡堡	北京市延庆区旧县镇白河堡村
			刘斌堡	北京市延庆区刘斌堡乡刘斌堡村
			延庆州城	北京市延庆区城区
			怀来城	河北省张家口市怀来县北辛堡镇官厅水库北、卧牛山南五街村东 1 千米怀来古城
			土木驿堡	河北省张家口市怀来县土木镇土木村
			沙城堡	河北省张家口市怀来县城区
			良田屯堡	河北省张家口市怀来县沙城镇良田屯村
			东八里堡	河北省张家口市怀来县东八里乡东八里村
			保安新城	河北省张家口市怀来县新保安镇
			西八里堡	河北省张家口市怀来县西八里镇
			麻峪口堡	河北省张家口市怀来县王家楼回族乡马峪口村
			保安旧城	河北省张家口市涿鹿县城区
			矾山堡	河北省张家口市涿鹿县矾山镇
		南山	柳沟城	北京市延庆区井庄镇柳沟村
			岔道城	北京市延庆区八达岭镇岔道村
			榆林堡	北京市延庆区康庄镇榆林堡村

根据实地调查，本文针对宣府镇西、中、北三路所涉及的防御区对其军事防御体系的实际运行进行了划分，见表 2：

表 2　宣府镇（西、中、北三路）长城防御体系区域划分表

军镇	城堡分类		城堡名称	备注
宣府镇	镇城		宣府镇域	全镇核心
宣府镇	西路	上西路	张家口、万全右卫城、膳房堡、新开口堡、新河口堡、万全左卫、宁远站堡	本文在划分的大框架上基本按照明代中期逐渐形成的“上北路”“下北路”“中路”“上西路”“下西路”建
		下西路	柴沟堡、洗马林堡、怀安城、渡口堡、西洋河堡、李信屯堡	

（续表）

军镇	城堡分类		城堡名称	备注
宣府镇	中路		羊房堡、青边口堡、常峪口堡、葛峪堡、大白羊堡、小白羊堡、赵川堡、龙门关堡、龙门城、金家庄堡、三岔口堡	置，但在实际论述中中，将会根据宣府镇北路最靠近蒙古诸部地带的整体军事地理格局，将其视为一个整体进行考察，因此可以将本文要考察的这些城堡统称为“北路”，实际上这里包含了万历年间形成的“上北路”“下北路”“中路”和“上西路”“下西路”的部分城堡
	北路	主干型	独石口堡、伴壁店堡、猫儿峪堡、旧站堡、云州堡、赤城堡、雕鹗堡、长安岭城	
		枝干型	清泉堡、君子堡、马营堡、仓上堡、松树堡、镇安堡、镇宁堡、牧马堡、龙门所城、样田堡、金家庄堡、三岔口堡、长伸地堡、宁远堡、滴水崖堡	

（三）对防御区域重新划分的分析

1. 宣府镇“西—中路”长城防御体系

将宣府镇的“西路”和“中路”置于一个整体进行考察，是本文的首创。宣府镇的西路、中路与大同镇的东端紧密相接，同时还与宣府镇最核心的一个至北极边防御区——“上北—下北”二路防御区相接。此外，“西—中路”区域具有独特性，一是全镇核心——宣府镇城在这一带，既是这个区域的核心，又是整个宣府镇的核心；二是这一带是“通衢要道”，其列城均位于交通线路之上，在传统社会的冷兵器防御时代，交通预警、资讯传递是至关重要的一个环节；三是这一带还是宣府镇与蒙古诸部开展互市贸易的重要区域，其核心点——马市场就在张家口堡（今河北张家口市城区堡子里）以北的长城关口上，今称为“大境门”。

从总体来看，宣府镇长城防御体系尤其是北东路、北西路和中路一带，之所以能够成为明代北边防御的“肩背”，乃是由明朝初期的明蒙关系整体格局所决定的。永乐八年（1410），明太祖朱棣首次北征时说：“灭此残虏，惟守开平、兴和、宁夏、甘肃、大宁、辽东，则边境可永无事矣。”[①] 从朱棣所提出的这些地点来看，一共有六个，除了在后世形成的九边重镇的宁夏、甘肃、辽东以外，发生变动的包括开平、兴和、大宁这三个。实际上永乐、宣德年间以后，北边的整体防线南撤。简

① 金幼孜：《北征录》，引自薄音湖、王雄编辑点校：《明代蒙古汉籍史料汇编》（第 1 辑），内蒙古大学出版社，1993 年，第 34 页。

单来说，大宁为蓟镇所代替，而开平、兴和则为宣府、大同和山西三镇所代替，其中尤以宣府最为典型。

关于宣府镇建镇时间，学术界多有讨论，本文无意于讨论相关问题，只是提出早在永乐年间宣府镇所辖地区的重要性："遣书谕赵王高燧曰：'朕居北京二十余年，每有边报，但令谨守地方，未尝遣人轻出。昔中山武宁王开国元勋，亦惟严守边境、防慎出入，故无败失。今边烽有警，尔辄遣人出视，轻率不慎。自今宜切戒之，凡遇警急，但令严固守备，勿轻出兵。'"[①] 明成祖朱棣在北京镇守时间较长，所以深知北京周边地区的长城防御体系应该如何设置，尤其是在北京西部地区的宣府地区，对于北边防御的重要意义。因此，他不久就任命了总领宣府地区的"总兵官"："敕武安侯郑亨统率北京步骑三千，并永平立功官军，于宣府操备，节制宣府、万全、怀安、隆庆、兴和诸卫。"[②] 一个相对完整且初具规模的防御地区，如果出现一个总领区域军事的总兵官，一般就被视为建立了军镇，其核心思想在于朝廷把这一地区视为一个整体进行总括性的军事管辖。

2. 拱形门：万全左、右卫长城防御体系

以万全左卫和万全右卫两座重要的城堡为核心的"西路"，笔者将其形象地称为"拱形门"。

根据宣府镇"上西路""下西路"两路诸城堡的分布位置和防御区域特征，总结出一个次一级防御区域的整体面貌。宣府镇守道上西路，具体包含的城堡有张家口、万全右卫城、膳房堡、新开口堡、新河口堡、万全左卫、宁远站堡；宣府镇分守口北道辖下西路，包括柴沟堡、洗马林堡、怀安城、渡口堡、西洋河堡和李信屯堡，这是在明代万历时期形成的军镇建置隶属体系。根据"上西路"和"下西路"这一地带的地理形势和城堡、长城防御分布特点，可将其名为"拱形门：万全左、右卫城区域长城防御体系"，而且可以将其形象地描述为"∩"。

3. 尖刀班：宣府镇北路"枝干型"长城防御体系

从地理位置上来说，北路长城防御体系是宣大山西三镇长城防御区中最为靠北的一段，可以形象地将其称为宣府镇乃至整个明代九边长城防御体系中的"尖刀班"。随着明朝九边重镇长城防御体系的愈加完善、防御阵地和战线的日益固化稳定，独石口长城防御区域逐渐成为宣府镇最为重要的一段，"国初与辽为唇齿，设

---

① 《明太宗实录》，永乐三年十一月庚子条，第 732 页。

② 《明太宗实录》，永乐三年十一月辛丑条，第 732 页。许多论著均持"永乐三年宣府建镇"一说，其中最早的文献便是《殊域周咨录》，此外近代以来的著作还有日本学者田村实造：《明代满蒙史研究——明代满蒙史料研究篇》，京都大学文学部，1963 年。

开平卫，置凉亭等八驿，接连独石。后自大宁、兴和沦弃异域，开平孤悬，莫可犄角，乃移卫独石，而宣、辽声援遂绝”。[①]独石口（今河北张家口市赤城县独石口古城）作为中后期宣府镇长城防御体系的最北端，终明一代始终都没有放弃，足见这一带军事防御体系的重要性。

明朝在加强这一带防御的过程中，贯彻了一些独特的思想：一是要践行“以宣大为肩背”的防御理念，从而增加北京周边尤其是西北方的防御空间；二是独石口以南直至赤城一带，基本上属于纵深防御，与大同一带“川原平衍”的地形迥异，这一地区只要加强交通路线上的层层防御，相对来说还是可以做到易守难攻的，是一处利于防御而不利于进攻的地理区间。

我们将北路（上北路、下北路）的诸城堡，根据地理分布情况分为一条“干线”和七条“枝线”，合称为“枝干型”长城防御体系。明代万历年间，宣府镇独石口一带的长城防御体系被划分为“上北路”和“下北路”，边防图籍中无一不以这样的军事建置管辖分工来认识、论述和描绘这一带的防御情况，实际上从军事地理角度来看，发生敌情的时候是不可能只按照军事行政建置来进行防御的，必须根据实际情况尤其是地理形势、军事布局来实施有效防御。

通过系统的梳理文献和实地调查，我们认为宣府镇北路的长城防御体系呈现出鲜明的“枝干型”特征，具体分为“干线”和“枝线”，具体如下。

“干线”的分布线路：自北而南分别是独石口堡—伴壁店堡—猫儿峪堡—旧站堡—云州堡—赤城堡—雕鹗堡—长安岭城。

“枝线”的分布线路有 7 条，分别按照自北而南的顺序罗列。①枝线一：清泉堡—猫儿峪堡；②枝线二：君子堡—马营堡—仓上堡—云州堡（内含“松树堡—仓上堡”）；③枝线三：镇安堡—云州堡；④枝线四：镇宁堡—赤城堡；⑤枝线五：牧马堡—龙门所—样田堡；⑥枝线六：金家庄堡—三岔口堡—雕鹗堡（内含“龙门关城—三岔口堡”）；⑦枝线七：长伸地堡—宁远堡—滴水崖堡—雕鹗堡。

“枝干型”长城防御体系的划分和设计，主要是依据地理地形、防御工事的构筑以及对整个宣府镇作为“肩背”功能的履行和实践，这是在冷兵器时期呈现出来的典型的“因险制塞”军事防御布局。“枝干型”长城防御体系的形成是在宣德

---

①（明）杨时宁：《宣大山西三镇图说 · 宣府镇总图说》，第 64 页。（明）魏焕《皇明九边考 · 镇戍通考》载：“设东胜城于三降城之东，与三降城并。东联开平、独石、大宁、开元，西联贺兰山、甘肃北山，通为一边。地势直，则近而易守。”（薄音湖、于默颖编辑点校：《明代蒙古汉籍史料汇编》（第 6 辑），内蒙古大学出版社，2009 年，第 211 页。）早于《宣大山西三镇图说》成书的《皇明九边考》所论述的北边防御总体形势的观点，对明朝中后期关于九边的看法是有着深远影响的。

年间，当然并非一蹴而就，而是在伴随着开平卫防御日益艰难的情况下，明朝政府开始寻求更加合理的防御方式，尤其是对于防御前线的调整。随着开平卫的内迁，①“干线”通道的重要作用日益凸显，不论是在军事防御、物资调运，还是军队驻守、信息传递等方面，都面临着新的挑战和问题，其核心城堡构成的线路“独石口—长安岭”，也因此成为这一区域的核心线路。

宣德四年（1429），“乙亥，宣府总兵官都督谭广等奏：‘长安岭以北独石、雕鹗等处屯种军余，宜徙入长安岭以南为便。’遂敕广曰：‘此虽便于堤备，然未知开平差使往来及人情动静若何，须公私两便，然后可行。其再计议以闻。’”②宣府总兵官谭广之所以想在宣德四年的时候，把独石口至长安岭一带的屯种军士，向南迁徙至长安岭以内，是因为开平地区的防御日益艰难，正在商讨内迁，而与此同时独石口至长安岭一带，虽有若干城堡，但其时防御能力较低，如果在这时放弃开平卫的防御，则这一带将面临极大的危险，因此有此之议。当然这也从侧面证明了“枝干型”长城防御体系中的“干线”诸城堡及其所连缀而成的通道的重要性。类似的问题，在史料中还可以见到，如宣德五年（1430），“直隶怀来卫指挥同知许信奏：‘长安岭迤北，直抵开平，别无城堡，数有虏寇，而粮储充积宜戒不虞，请给军器为备。’从之”。③防御压力增加导致开平卫内迁，继而导致产生一系列新问题，这些新问题都出现在“枝干型”长城防御体系所在区域范围，严重者如赤城诸堡在宣德四年时不得已将屯军南迁长安岭以南地区，为了加强这一带的防御，明朝政府开始在这一带大规模修筑城堡。④

① 翟禹：《明开平卫置迁考述》，《内蒙古社会科学（汉文版）》2013 年第 5 期，第 55-56 页。

②《明宣宗实录》，宣德四年十二月乙亥条，第 1425-1426 页。

③《明宣宗实录》，宣德五年三月壬寅条，第 1500 页。

④ 宣德五年（1430）四月“阳武侯薛禄奏：‘永宁卫团山及雕鹗、赤城、云州、独石四站最为紧要，应筑城堡，当用夫匠五万人，人赍两月粮，防护官军用万人，医者二十人。’上命所司悉如数给之”。（《明宣宗实录》，宣德五年夏四月丙子条，第 1531 页）；同月戊寅“命阳武侯薛禄、丰城侯李贤等率师筑赤城等处城堡。敕大同总兵官武安侯郑亨发军一万人，大同府发民夫五千人；宣府总兵官都督谭广发兵一万一千二百人，保安、隆庆、蔚州共发民夫八百人赴八役。仍令以精骑一千五百防护，皆听禄节制”。（《明宣宗实录》，宣德五年夏四月戊寅条，第 1532 页。）

三、大同镇长城防御体系区域划分与分析

（一）总体认识

关于大同镇长城防御体系所在区域的总体特征，学界多有讨论，可以说“川原平衍、无险可守”这八个字是最为精准的概括。永乐元年（1403），明成祖朱棣在大同建立镇守制度，大同也由此正式称镇：“庚辰，命江阴侯吴高镇守山西大同，防御胡寇，截止山西行都司诸卫”，① 但是此时尚未属于真正意义上的“大同镇”正式形成。直到永乐七年（1409），大同才从镇守制度升为镇守总兵官制度：“七年，置镇守总兵官。佩征西前将军印，驻大同，专总兵事，江阴侯吴高始专任。于是大同称镇。”② 大同镇的防御体系非常复杂，要想全面、准确、系统地认识颇为不易。

大同地区在军事战略上的重要地位无需多言，洪武三十年（1397），朱元璋曾经对晋王说：“探马程途，以大同、开平、东胜三处为根本”，③ 可见在明朝初期的北边防御线是在“东胜—大同—开平”一线，而后来东胜、开平全部内撤，则大同地区的防御压力骤然增加。本文将大同镇长城防御体系分为六个防御区域，分别是“大同镇城及其东西两翼堡寨、南线州城防御体系”“新平路—东路堡寨长城防御体系”“‘边外五堡’梯形长城防御体系”“硬核防御链：中路长城防御体系”“威远路长城防御体系”“西路—井坪路（外边）长城防御体系”，打破了万历年间形成的大同镇“路级”建置，而是以地理地形和军事防御实际需求进行划分。

大同地区的总体地理特征是“川原平衍，无险可守”，这是一个在明代北边防御中的公认事实，因此大同镇的防御设置基本上是围绕这一点来进行，其中首要的问题就是一个长城防御体系的核心——“墩台预警传讯系统”。大同镇的墩台数量相当庞大，主要分为墙体沿线墩台、城堡周边墩台、山谷通道墩台、紧要城堡—边墙联络墩台等多种类型，均具有不同的功能和角色。早在宣德年间，明朝就设置了墩台传讯的方式：“盖大同地方，东自烂柴沟，西至崖头墩，凡八百余里。其间可通人马之处不可数计。胡寇狡谲，往往乘间突入为患，每处不过五六十人，卒难抗

---

① 《明太宗实录》，永乐元年三月庚辰条，第 319 页。

② （明）尹耕：《两镇三关通志》。还有其他一些文献如明嘉靖《山西通志》、清顺治《云中郡志》等也沿袭这一说法。但后世学者对大同建镇的时间多有讨论，且有不同说法。因不属于本文重点讨论的对象，故不一一列举。

③ 张德信：《〈太祖皇帝钦录〉及其发现与研究辑录——兼及〈御制纪非录〉》，《明清论丛》（第 6 辑），紫禁城出版社，2005 年，第 102 页。

御。凡缘边俱立斥堠，凡有声息举火发炮，即整军堤备，已是常规。乞敕总兵官武安侯郑亨、镇守内官郭敬等，以各处神铳取回各城团聚操练，以养锐气。遇寇犯边，调兵剿捕。庶其力不分，杀贼有效。”① 所谓在“缘边”设立“斥堠”，就是把驻守军士安置在各处墩台之内，其传讯预警的方式是“举火发炮”，如此驻守在各处城堡之中的军队就可以在第一时间接到讯息，而后立即“整军堤备”，组织有效抵御。

大同镇与宣府镇毗邻而居，共同作为“肩背”角色成为护卫京师的西北门户。从地理位置上来看，两座镇城的核心中枢，即大同城、阳和城和宣府城，这三座高等级核心城堡的距离非常之近，可以说是在同一条东西横亘的水平线上，可见“大同城—阳和城—宣府城”这一地带作为宣大二镇的核心地位之高。但是，这两座镇城管辖的地域却非常大，尤其是对于大同镇来说，其管辖范围广阔，整个晋北地区几乎均为其辖域，是很难实施有效控制的，本文将分别对上述这些问题予以综合论述。

（二）防御区域的重新划分

《宣大山西三镇图说》中有关“大同镇”军政建置的整体情况见表 3：

表 3 《宣大山西三镇图说》“大同镇”军政建置划分表

军镇	道	路	城堡	今地
大同镇	巡道	不属路	大同城	山西省大同市城区
			聚落城	山西省大同市云州区聚乐乡聚乐村
			许家庄堡	山西省大同市云州区许堡乡
			浑源城	山西省大同市浑源县城区
			王家庄堡	山西省大同市浑源县王庄堡镇驻地
			灵丘城	山西省大同市灵丘县城区
			广灵城	山西省大同市广灵县城区
		不属路	蔚州城	河北省张家口市蔚县城区
			广昌城	河北省保定市涞源县城区
		北东路	得胜堡	山西省大同市新荣区堡子湾乡得胜堡村
			镇羌堡	山西省大同市新荣区堡子湾乡镇羌堡村
			弘赐堡	山西省大同市新荣区堡子湾村宏赐堡村
			镇边堡	山西省大同市阳高县长城乡镇边堡村
			镇川堡	山西省大同市新荣区花园屯镇镇川堡村
			拒墙堡	山西省大同市新荣区堡子湾乡拒墙堡村
			镇河堡	山西省大同市新荣区西村乡镇河堡村
			镇虏堡	山西省大同市新荣区西村乡镇虏村
	阳和道	东路	阳和城	山西省大同市阳高县城区
			天城城	山西省大同市天镇县城区
			守口堡	山西省大同市阳高县龙泉镇守口堡村
			靖虏堡	山西省大同市阳高县长城乡镇宏堡村

①《明宣宗实录》，宣德七年九月壬戌条，第 2147-2148 页。

（续表）

军镇	道	路	城堡	今地
大同镇	阳和道	东路	镇门堡	山西省大同市阳高县罗文皂镇镇门堡村
			镇口堡	山西省大同市天镇县谷前堡镇水磨口村
			镇宁堡	山西省大同市天镇县谷前堡镇白羊口村
			瓦窑口堡	山西省大同市天镇县逯家湾镇瓦窑口村
			永嘉堡	山西省大同市天镇县逯家湾镇永嘉堡村
		新平路	新平堡	山西省大同市天镇县新平堡镇
			平远堡	山西省大同市天镇县新平堡镇平远堡村
			保平堡	山西省大同市天镇县新平堡镇保平堡村
			桦门堡	山西省大同市天镇县新平堡镇化面城村、红土沟村山顶桦门堡古城
	守道	井坪路	井坪城	山西省朔州市平鲁区城区
			朔州城	山西省朔州市城区
			灭胡堡	山西省朔州市平鲁区阻虎乡阻堡村
			将军会堡	山西省朔州市平鲁区阻虎乡将军会村
			乃河堡	山西省朔州市平鲁区下乃河村
			应州城	山西省朔州市应县城区
			怀仁城	山西省朔州市怀仁市城区
			山阴城	山西省朔州市山阴县古城镇古城
			马邑城	山西省朔州市朔城区神头镇马邑村
			西安堡	山西省朔州市怀仁市海北头乡西安堡村
		西路	平虏城	山西省朔州市平鲁区凤凰城镇
			迎恩堡	山西省朔州市平鲁区阻虎乡迎恩堡村
			败胡堡	山西省朔州市平鲁区高石庄乡败虎堡村
			阻胡堡	山西省朔州市平鲁区阻虎乡
	左卫道	不属路	高山城	山西省大同市云冈区高山镇古城
		中路	左卫城	山西省大同市左云县城区
			右卫城	山西省朔州市右玉县右卫镇古城
			马营河堡	山西省朔州市右玉县马营河村
			破胡堡	山西省朔州市右玉县李达窑乡破虎堡村
			杀胡堡	山西省朔州市右玉县右卫镇杀虎口村
			残胡堡	山西省朔州市右玉县李达窑乡残虎堡村
			马堡	山西省朔州市右玉县李达窑乡马堡村
		中路	铁山堡	山西省朔州市右玉县铁山堡村
			三屯堡	山西省大同市左云县三屯乡三屯村
			云阳堡	山西省朔州市右玉县牛心堡乡云阳堡村
			牛心堡	山西省朔州市右玉县牛心堡乡牛心堡村
			红土堡	山西省朔州市右玉县右卫镇红土堡村
			黄土堡	山西省朔州市右玉县右卫镇黄土坡村
		北西路	助马堡	山西省大同市新荣区郭家窑乡助马堡村
			保安堡	山西省大同市左云县管家堡乡保安村
			拒门堡	山西省大同市新荣区郭家窑乡拒门堡村
			宁虏堡	山西省大同市左云县三屯乡宁鲁村
			灭虏堡	山西省大同市左云县管家堡乡管家堡村
			威虏堡	山西省大同市左云县管家堡乡威鲁村
			破虏堡	山西省大同市新荣区破鲁堡乡破鲁堡村
			云西堡	山西省大同市左云县张家场乡云西堡村

（续表）

军镇	道	路	城堡	今地
大同镇	左卫道	北西路	新、旧云冈堡	山西省大同市云冈区云冈镇云泉街道云冈石窟景区内
		威远路	威远城	山西省朔州市右玉县威远镇威远堡村
			威胡堡	山西省朔州市平鲁区高石庄乡少家堡村
			云石堡	山西省朔州市右玉县杨千河乡云石堡村
			威平堡	山西省朔州市右玉县威远镇威坪堡村
			祁家河堡	山西省朔州市右玉县新城镇上堡村

根据实地调查，针对大同镇的防御区对其军事防御体系的实际运行进行划分，见表4：

表4　大同镇长城防御体系区域划分表

军镇	防御区		所辖城堡
大同镇	大同镇城、阳和城		大同城、阳和城
	东翼堡寨防御体系		聚落城、天城城、西安堡、许家庄堡
	西翼堡寨防御体系		云冈堡、高山城、云西堡
	南线州城防御体系		怀仁城、浑源州城、应州城、山阴城、马邑城、朔州城
	新平路—东路堡寨长城防御体系		新平堡、平远堡、保平堡、桦门堡、永嘉堡、瓦窑口堡、镇口堡、镇门堡、守口堡、靖虏堡、镇边堡、镇川堡
	“边外五堡”梯形长城防御体系	东北防御区	得胜堡、镇羌堡
		正北防御区	拒墙堡、拒门堡
		西部防御区	助马堡、保安堡
		“梯形长边”防御区	宁虏堡、威虏堡、灭虏堡、破虏堡、镇河堡、镇虏堡、弘赐堡、镇川堡、镇边堡
	中路长城防御体系		破胡堡、残胡堡、马堡、杀胡堡、右卫城、马营河堡、铁山堡、红土堡、黄土堡、牛心堡、云阳堡、三屯堡、左卫城
	威远路长城防御体系		威远城、威胡堡、云石堡、威坪堡、祁家河堡
	西路—井坪路（外边）长城防御体系		平虏城、败胡堡、迎恩堡、阻胡堡、井坪城、灭胡堡、乃河堡、将军会堡

（三）对防御区域重新划分的分析

1. 大同镇城及其东西两翼堡寨、南线州城防御体系

大同镇长城防御体系的第一部分，即“大同镇城及其东西两翼堡寨、南线州城防御体系”，在整个大同镇的防御格局之中位于居中位置。总体来说，“大同镇城、阳和城防御体系”是以大同镇城、阳和城为核心，以大同镇城、阳和城“东翼堡寨

防御体系”“西翼堡寨防御体系”和“南线州城防御体系”为辅助策应。从大同镇城向东至宣府镇城，依次经过许家庄堡、神泉堡、大辛庄堡、阳原城、深井堡，至宣府镇城。从大同镇城向西，作为侧翼护卫大同镇城的城堡主要有云冈堡、云西堡、高山城。大同镇城向南，“南线州城防御体系”中的州城主要有怀仁城、浑源州城、应州城、山阴城、马邑城、朔州城，这些州城在万历年间从军事划区管辖上来说归属井坪路，笔者将其置于大同镇城南线州城体系之中予以论述。从军事防御体系来看，大同镇有两个高等级的核心城堡，分别是大同城和阳和城。

大同镇东翼堡寨防御体系，以堡寨集群为主要特征。这一带的地势相对平坦，是“川原平衍”的典型地区，因此依赖各级堡寨构筑驻军布局，是防御的一种重要手段。东翼堡寨防御体系主要包括的城池有聚落城、天城城、西安堡、许家庄堡四座。大同镇的西翼堡寨防御体系的核心城堡防御线主要由“云冈堡—高山城—云西堡”三堡东西相连、声势联络而构成。城堡中最重要的要属高山城，在高山城附近还有早期修筑的高山卫城旧址。

大同镇城南线州城防御体系，主要利用了山西布政使司下辖的州城。鉴于大同地区的特殊军事地理形势，军事和民政要紧密结合在一起，州城同样需要具有非常强大的防御功能。根据州城所在位置和发挥功能，自北向南可以分成三道防线，分别是“怀仁城—西安堡—浑源州城”“应州城—山阴城”和“马邑城—朔州城”。所谓“防线”，与长城墙体防御线不同，后者有连绵不断的墙体作为前哨阵地。“防线”指的主要是州城所在位置，地处一道防线上的诸州城，往往能够在驻军应援、讯息传递、军事预警、物资转运等方面建立一个机动灵活的防御线路，线路的意义主要在于州城之间能够实现有效的相互应援、相互通信和预警，从而起到防御作用。

2. 新平路—东路堡寨长城防御体系

从军事地理布局来看，“新平路—东路堡寨长城防御体系”是大同镇城“东翼堡寨防御体系”的扩展延伸区域，与大同镇城“东翼堡寨防御体系”存在重叠交叉，交叉点恰恰就是东翼防御体系的核心，更是新平路、东路堡寨长城防御体系的核心，即阳和城、天城城，而“新平路—东路堡寨长城防御体系”的核心是新平堡。

新平路乃是嘉靖年间新设立的一路防御区间，这个区间是在嘉靖年间向北拓展防线之后所增加。所谓“旧边”，应当是从水磨口（即镇口堡所在水磨口村以北的山口）向东一线，而新设新平路以后，长城墙体在水磨口向北爬上山顶，向东北方向延伸经过桦门堡，到保平堡、新平堡，再折向东至平远堡，并与宣府镇长城相接。据此分析，新设新平路的主要原因在于要将大同镇与宣府镇长城防御体系衔接起来，如果不在此处建设新平路，不将长城墙体从水磨口向东北延伸，则大同镇的长城防御线只能从水磨口向东延伸，经过瓦窑口堡、永嘉堡，与宣府镇的李信屯旧堡相接，再向东延伸就是宣府镇的沙城堡，如此就将更靠北的怀安城、渡口堡、柴沟堡，甚至洗马林、新河口、新开口一带全部排斥在外。

东路总体是在明代中后期形成的，它在大同镇的防御体系中具有一定的特殊性，主要表现有三：一是东路为大同镇与宣府镇的交界地带，一定程度上也是大同镇城东面的重要防御区，对于大同镇城的核心防御地位来说，东路发挥着非常重要的角色。二是东路中包含了四处重要的卫所，分别是阳和卫、高山卫、天城卫和镇虏卫。其中阳和卫与高山卫同治阳和城，天城卫与镇虏卫同治天城城，前者后改称阳和卫，后者后改称天镇卫，这两处城堡规模较大，驻守军队较多，级别较高；三是这一带的防御地位非常重要，阳和城与天城城一西一东，相互呼应，所在区间是一片开阔的平原，北面与新平路相隔一条东北—西南走向的山脉，第二道长城墙体从这条山脉的南麓穿过。

实际上新平路和东路的防御布局是一个整体的防御系统，新平路在北，东路在南，两者是南北纵向的防御布局，新平路作为第一道防线，地处大同镇最东端、大同镇城外围的防御前沿，而东路作为第二道防线，将诸处山口全部予以防御。此外，阳和城与天城城作为两处大型的核心军事据点，是东路的核心位置。新平堡是新平路的核心位置，在最前沿发挥战略指挥中枢的作用。

3.“边外五堡”梯形长城防御体系

从万历年间《宣大山西三镇图说》所形成的各路分管城堡和长城墙体的建置来看，这一部分防御区主要分属于“北西路”和“北东路”管辖。这一地带的防御体系设置经历了从嘉靖年间的“边外五堡”东西横亘式防御管辖体系转向“北西—北东”南北切割式防御管辖体系。但是，从长城墙体的分布、走向和系列城堡的构筑来看，其实际功能的发挥仍然是要通过“东—西”横亘式防御体系来发挥作用。之所以如此，主要是基于如下三点考虑。

一是大同地区“川原平衍、无险可守”的地理形势，从这一带的地形来看，今天山西大同左云北部、新荣北部与内蒙古乌兰察布丰镇南部、察哈尔右翼前旗南部基本上是连成一片的平川地带，要想在这一带排兵布防，只能够通过东西横亘的长城墙体、东西排列系列城堡以及严守东西一线的各处关口、沟谷、河流狭地、山谷通道等隘口来实施有效防御。

二是在这一带保留着明代早期、中期的多道长城墙体，从早期长城墙体的构筑形式来看，是与明朝洪武年间的防御思路相一致的。但在后期明朝的国力、防御策略、明蒙对峙的格局都发生了很大的变化，因此这一带的防御体系相关的军事设施及与其连缀起来的防御工事逐渐累加，至明代中期变得非常复杂、多样，而其中最核心的一点始终未曾改变，那就是通过严防死守各处关口、修建高大宽厚的墙体以及建立系列城堡以驻兵、排列连续的火路墩台以维持畅通的预警系统来进行防御，而这种防御的核心要义仍然在于通过“东—西”横亘式长城防御体系的整体构筑来保障第一道最前沿防御区的安全和有效。

三是明代万历年间设置的“北西路”和“北东路”，从最前沿的“边外五堡”来看，是从拒门堡和拒强堡之间分开，拒门堡及其以西归属“北西路”管辖，拒墙堡及其以东归属“北东路”管辖，这其实是从军事管理体系上进行的“理论”上的划分，而在实际运行中，“东—西”一线（自镇羌堡、得胜堡、拒墙堡、拒门堡、助马堡）一定是要同气连枝、共同进退。

总而言之，作为一处最前沿的军事防御区，这一带的防御任务极其艰巨，防御体系的构筑也相对复杂、多样，几乎可以在这一带见到所有明代九边军镇的防御方式、防御工事。根据这一地带的整体地理形势和长城防御体系的构筑来看，本文将其形象地称为“梯形防御区”，这个“梯形”中的核心是“边外五堡”，骨架是多道长城墙体。“梯形”的短边是“边外五堡”，“梯形”的长边是其他若干城堡（灭虏堡、破虏堡、镇河堡、镇虏堡、弘赐堡），此外在长边的延伸线上，西边有宁虏堡，东边有镇川堡、镇边堡。

4. 硬核防御链：中路长城防御体系

大同镇中路的最大特征，可将其形容为“硬核防御链”，也就是说几乎每一处城堡都发挥着非常关键性的战略地位和防御功能，每一处城堡都是不可替代的，“中路”概念的核心意涵也在于此。这一部分基本上是按照万历年间形成的大同镇中路城堡建置进行论述，这一地带的重要性乃在于其关涉历史上许多重大的明蒙关系历史事件。从军事地理的布局来看，可以将中路分为南区和北区两部分，北区主要是以临边城堡为核心，包括破胡堡、残胡堡、马堡、杀胡堡、右卫城、马营河堡、铁山堡，南区主要是以中路向井坪路、大同镇城西翼防御区延伸、连通的交通要道线路为主，城堡包括红土堡、黄土堡、牛心堡、云阳堡和三屯堡，此外左卫城也是这条路线上的重要节点。中路诸城堡在大同镇中起着关键作用，许多城堡具有较强的典型性。

5. 威远路长城防御体系、西路—井坪路（外边）长城防御体系

从万历年间写就的《宣大山西三镇图说》《三云筹俎考》等边防图籍的整体编排和设计来看，大同镇西路、井坪路（外边）及其下辖的诸城堡，总体上是位于同

一个地理区间。故本部分所称的“西路—井坪路（外边）”主要包括本区间的防御核心——平虏城（归属西路）、井坪城（归属井坪路），以及其下辖的长城墙体沿线的城堡，分别是西路的败胡堡、迎恩堡、阻胡堡，井坪路的将军会堡、灭胡堡和乃河堡。其中，地处长城墙体附近的所谓“极边”城堡有败胡堡、迎恩堡、阻胡堡、灭胡堡和将军会堡；稍处于内地的有乃河堡，从交通线和战略位置来看，主要是起到了保障井坪城与极边城堡之间沟通、连接的作用。故此，笔者将这一区间称为西路—井坪路（外边）长城防御体系。

井坪路除此四座极边城堡和核心防御路城以外，还有朔州城、马邑城、山阴城、应州城、怀仁城和西安堡，都是较大的驻扎城池，我们将这几座大型州县城池置于大同镇和山西镇其他防御体系区间之内。

“西路—井坪路（外边）”这个地理区间的特征主要有三：一是地处明代前中期逐渐完备成型的大同镇的最西端，再向西则与山西镇相接；二是这一段的军事防御区间有两个核心城堡，分别是平虏卫城和井坪城，两座城在明初就已存在；三是在这一区间内，长城防御体系的建设叠压了明代初期（洪武永乐至成化年间）、前期（弘治至嘉靖年间）和中期（隆庆至万历年间）的不同军事布局，其基本的军事布局没有根本性改变，仍保持着“长城墙体——极冲关口——不同规模的城堡”以及在这几种不同防御设施之间保持讯息和预警畅通的烽燧体系。

四、山西镇长城防御体系区域划分与分析

（一）总体认识

山西镇长城防御体系虽然其体量、分布范围不如大同镇，军镇的形成时间也相对较晚，但是山西镇长城防御体系的内涵却相对复杂，与其他军镇有着许多不同的特征。

山西镇长城墙体的分布具有自身的特色，并不像其他军镇一样以“东—西”延伸呈一字排开为主，而是呈“南—北”纵向纵深分布为主，从长城墙体的布局来看，分为“内边”和“外边”。位于今天晋蒙交界地带的“外边”从口子上（今内蒙古呼和浩特市清水河县口子上村）到老牛湾，墙体延伸仅有50多千米，如果将“老牛湾—黑峪口”一线的黄河临边长城防御体系也算作“外边”的话，则这段可长达100千米。山西镇长城防御体系的最大特色在于“内边”，其构筑复杂、内涵丰富、墙体绵延曲折、烽燧预警系统四通八达、城堡分布密集，均可称得上是“九

边”之最。经过长城资源调查可知，目前可见的“内边”长城东端起点位于灵丘县下关乡牛帮口村附近。[①]“内边”长城墙体向西延伸，在灵丘县、繁峙县和阜平县交界处分为两支，一支向北经灵丘县、繁峙县，再沿恒山山脉向西经浑源县、应县、山阴县、代县、原平市和宁武县后，转向西北经神池县、朔城区、平鲁区，越过管涔山在偏关县柏杨岭与外边长城会合，[②]交汇点为内蒙古清水河县口子上村的“丫角山—柏杨岭”一带。[③]另一支沿太行山东麓南下，经五台县、盂县、平定县、昔阳县、和顺县、左权县至黎城县。[④]基于长城墙体的分布特色，也就相应地形成了城堡、墩台及一系列相关军事防御设施的分布特色。

“山西”设镇并非自明初就有，而是经过了一段明蒙对峙形势变化之后，明朝对这一带军事布防开始重新考量，这一点在当时的许多边防图籍、典章政书和文人文集中均有所叙述，其中比较典型的要数魏焕《皇明九边考》的分析叙述：“偏头、宁武、雁门自西迤东，三关并列，西尽黄河东岸，东抵大同西路，虽太原北境要害之地，与真定相为唇齿，非惟山西重镇，而畿辅之地安危系焉。”[⑤]此外，魏焕又有关于山西镇防御变迁的论述：“黄河东北旧有东胜城，与大同大边、兴和、开平相联通，外狭内宽；复设偏头、宁武、雁门三关十八隘口于内，以为重险。往年东胜、开平能守，三关未为要害。正统以来，东胜、开平俱失，三关独当其冲，时无住牧之虏，防守尚易。弘治十四年以后，虏住套中，地势平漫，偏头关逼近黄河，焦家坪、娘娘滩、羊圈子地方皆套虏渡口，往来蹂践，岁无虚日，保障为难。今三关要害虽同，偏头尤急；十八隘口虽同，胡峪口、阳方口、石硖口尤急；河岸渡口虽同，娘娘滩、太子滩尤急。先年以山西巡抚住扎雁门关内，代州总兵住扎偏头关，又各设守备一员以备调度。嘉靖十九年，胡虏充斥，三关不能御。近议于朔、代之间设重臣一员，总督宣、大、三关，亦如陕西固原之制。”[⑥]山西镇长城业经多次维修、增筑。嘉靖二十五年（1546），“三月辛酉，山西镇修三关边墙五百里成。兵部议赏格以上。上以总督翁万达、巡抚曾锐已升赏，赏核边给事中李文进、御史

① 山西省文物局编著：《山西省明长城资源调查报告》，文物出版社，2019 年，第 5 页。

② 山西省文物局编著：《山西省明长城资源调查报告》，第 3 页。

③《山西省明长城资源调查报告》（第一册）：“柏杨岭是大同镇长城的西终点，在此与山西镇长城连接，明代内长城也从这里向东南方向延伸。”（第 4 页）

④ 山西省文物局编著：《山西省明长城资源调查报告》，第 3 页。

⑤（明）魏焕：《皇明九边考 · 三关镇 · 疆域考》，第 269 页。

⑥（明）魏焕：《皇明九边考 · 三关镇 · 保障考》，第 269-270 页。

赵炳然及诸效劳者银币有差”。[①]

笔者将山西镇长城防御体系分为两部分，分别是“外边长城防御体系”（内中又包含“‘丫角山—老牛湾’临边至北型长城防御体系”和“‘老牛湾—黑峪口’黄河天险型长城防御体系”）、“内边长城防御体系”（内中又包含“偏头关—宁武关段”和“雁门关段”）。

（二）防御区域的重新划分

《宣大山西三镇图说》中有关“山西镇”军政建置的整体情况见表 5：

表 5 《宣大山西三镇图说》“山西镇”的军政建置划分表

军镇	道	路	城堡	今地
山西镇	冀宁道	不属路	山西省城	山西省太原市城区
	冀南道	不属路	汾州府城	山西省汾阳市城区
	雁平道	东路	代州城	山西省忻州市代县城区
			雁门关	山西省忻州市代县雁门关镇雁门关古城
			广武城	山西省朔州市山阴县张家庄乡新广武村新广武古城、旧广武村旧广武古城
		北楼路	北楼口城	山西省朔州市应县大临河乡北楼口村
			小石口城	山西省朔州市应县南河种镇小石口村
			平型关城	山西省忻州市繁峙县平型关镇平型关城
	宁武道	中路	宁武关	山西省忻州市宁武县城区
			阳方堡	山西省忻州市宁武县阳方口镇
			宁化城	山西省忻州市宁武县宁化镇宁化古城
			盘道梁堡	山西省忻州市宁武县薛家洼乡盘道梁村
			神池堡	山西省忻州市神池县城区
			利民堡	山西省朔州市朔城区利民镇古城
			八角堡	山西省忻州市神池县八角镇古城
			长林堡	山西省忻州市偏关县尚峪镇北场村西 500 米
	岢岚道	西路	偏头关	山西省忻州市偏关县城区
			桦林堡	山西省忻州市偏关县新关镇桦林堡村
			韩家坪堡	山西省忻州市偏关县窑头乡沙圪旦村
			马站堡	山西省忻州市偏关县窑头乡马站村
			永兴堡	山西省忻州市偏关县楼沟乡永兴村
			楼沟堡	山西省忻州市偏关县楼沟乡楼沟村
			老营城	山西省忻州市偏关县老营镇古城
			柏杨岭堡	内蒙古呼和浩特市清水河县北堡乡柏杨岭村
			贾家堡	山西省忻州市偏关县老营镇贾堡村
			八柳树堡	山西省忻州市偏关县窑头乡八柳树村
			水泉营堡	山西省忻州市偏关县水泉镇水泉村
			寺墕堡	山西省忻州市偏关县寺墕堡村
			草垛山堡	山西省忻州市偏关县草垛山村

① 《明世宗实录》卷 309，嘉靖二十五年三月辛酉条，第 5811 页。

（续表）

军镇	道	路	城堡	今地
山西镇	岢岚道	西路	黄龙池堡	山西省忻州市偏关县黄龙池村
			滑石涧堡	山西省忻州市偏关县滑石村
			岢岚州城	山西省忻州市岢岚县城区
			五寨堡	山西省忻州市五寨县城区
			三岔堡	山西省忻州市五寨县三岔镇古城
			岚县城	山西省吕梁市岚县城区
			兴县城	山西省吕梁市兴县城区
		河保路	楼子营堡	山西省忻州市河曲县楼子营镇楼子营村古城
			河曲营城	山西省忻州市河曲县旧县镇旧县村古城
			河会堡	山西省忻州市河曲县巡镇镇夏营村
			唐家会堡	山西省忻州市河曲县文笔镇唐家会村
			河曲县城	山西省忻州市河曲县城西北部河保营堡古城
			保德州城	山西忻州市保德县城区

根据实地调查，针对山西镇的防御区对其军事防御体系的实际运行进行划分，见表 6：

表 6　山西镇长城防御体系区域划分表

军镇	防御区		所辖城堡	具体情况
山西镇	外边长城防御体系	“丫角山—老牛湾”临边至北型长城防御体系	柏杨岭堡、水泉营堡、红门市堡、草垛山堡、黄龙池堡、滑石涧堡、老牛湾堡、寺墕堡、教儿墕堡、万家寨	“丫角山—老牛湾”临边至北型长城防御体系是以今天晋蒙交界地带的长城墙体为主线所形成的军事防御区，这道防线与大同镇的外边防线连成一体，是大同镇在丫角山向西的继续延伸，与大同镇外边防线共同构成“临边至北”防御体系
		“老牛湾—黑峪口”黄河天险型长城防御体系	老牛湾、万家寨、桦林堡、楼子营堡、罗圈堡、河曲县城、唐家会堡、五花城、夏营堡（河会堡）、石梯子堡、保德州城、黑峪口、兴县城	“老牛湾—黑峪口”黄河天险型长城防御体系是山西镇独有的沿南流黄河的东岸构筑的长达 100 千米的防线，这道防线的设置与蒙古诸部入河套驻居、榆林镇长城防御体系难以达到鄂尔多斯高原北部关系密切，成为防御河套蒙古诸部的重要防线

（续表）

军镇	防御区		所辖城堡	具体情况
山西镇	内边长城防御体系	偏头关—宁武关段	偏头关城、韩家坪堡、马站堡、八柳树堡、贾家堡、永兴堡、八角堡、利民堡、楼沟堡、三岔堡、五寨堡、岢岚州城、岚县城、兴县城、神池堡、地椒峁堡、野猪口堡、长林堡、蒋家峪堡、勒马沟堡、大水口堡、阳方口堡、宁武关城、宁化城	内边（偏头关—宁武关段）长城防御体系是山西镇内边长城防御体系的重要组成部分，从明朝京畿防御来看，分为“外三关”（偏头关、宁武关、雁门关）防线和“内三关”（紫荆关、倒马关、居庸关）防线。内边（偏头关—宁武关段）长城防御体系是“外三关”防线中的重中之重，更是山西镇长城防御体系中的核心和重点。从“山”与“河”的地理形势来看，内边（偏头关—宁武关段）长城防御体系是横亘在“山”“河”之间的一道人工屏障
		雁门关段	雁门关城、常峪堡、盘道梁堡、燕儿水堡、小莲花堡、八岔堡、新广武城、旧广武城、白草口堡、水峪堡、马岚堡、茹越堡、北楼口堡、凌云口堡、太安岭口堡、团城口堡、平型关城、平型关堡、代州城、繁峙城、原平城、忻州城、浑源州城、广灵城、广昌城、灵丘城	内边（雁门关段）长城防御体系是山西地区自古以来因山制险的延续和发展，太行山呈“东北—西南”走向横亘于山西中部，以雁门关城为核心的太行山防御体系的构筑，是山西镇长城防御体系中的“主心骨”。明代太行山防线，对前代既有大量沿用，又有大量扩展

（三）对防御区域重新划分的分析

1. 外边长城防御体系

明人对山西地区的整体形势有着清醒的认识，杨时宁《宣大山西三镇图说》在“山西镇总图说”中论述道：“按山西古冀州地，太行峙其左，黄河绕其右，五原错落，四塞森罗，盖天险之国也。……我国家奠鼎燕京，肘掖山右，故建屏翰于太原，置州郡于河东汾、潞，立三关于雁门、偏、宁，内外相维，屹然维宁之域。”[①] 纵观明代中期彻底成型的完整系统的“山西镇长城防御体系”，结合其发展演变历程可

① （明）杨时宁：《宣大山西三镇图说·山西镇总图说》，第 148 页。

知，山西镇的形成、独立和完整系统演变过程，是与明代蒙古诸部的变化以及明蒙关系的变迁为主要背景的。山西镇外边长城防御体系，是根据“内边”“外边”“大边”“二边”“三边”等历史词汇确定的一段区域性长城防御体系内涵。具体来说，其地理范畴是从口子上村丫角山一带向西直至老牛湾黄河一线，继而在南北流向的黄河东岸向南延伸至河曲、保德州。① 实际上，从保德州向南，虽未有长城墙体，但仍由系列烽燧分布于黄河东岸台地上，一直延伸至兴县城所管辖的黄河东岸的黑峪口。② 外边长城防御体系总体分为两部分，根据防御体系所经过地理形势和防御设施的总体特征，笔者分别将其命名为“‘丫角山—老牛湾’临边至北型长城防御体系”和“‘老牛湾—黑峪口’黄河天险型长城防御体系”。

一是丫角山至老牛湾段临边“东—西”横向长城防御体系。这一段的总体特征是与大同镇临边相接，从地理形势和军事格局上来看，是大同镇临边长城墙体继续向西的延伸段落，从大同镇的“将军会堡—丫角山”交界点向西继续延伸，直至黄河岸边的“老牛湾—万家寨”区域。长城防御线以北，就是蒙古部落的驻牧地，用明代九边防御体系话语来表述，就是“极边”“至北”“临边”“极冲”之地。因此，将这一段长城防御体系命名为“‘丫角山—老牛湾’临边至北型长城防御体系”。

二是老牛湾至黑峪口段黄河边南北纵向长城防御体系。这一段的防御体系在整个明代九边中相对特殊，也有着自身鲜明的特色。总体防御线位于南—北流向的黄河东岸，被当代学者习称为“黄河边长城”。③ 这段防御体系不单以墙体为主，而是结合烽燧线、城堡、黄河天险、长城墙体这四种防御构筑形式，因地制宜、因险制塞，构成黄河沿岸的防御工事，使得这一段防御体系中的墙体、烽燧和城堡设施的形制、规模、位置等设计相对多样、复杂，从而呈现出自身的特色。由于这一段黄河的西岸，就是河套地区（今陕北榆林市、内蒙古鄂尔多斯市一带），在明代中期

---

① 《山西省明长城资源调查报告》（第一册）：“山西镇管辖的外长城仅有从柏杨岭向西至黄河及沿黄河东岸到河曲巡镇镇石梯子村段，而黄河东岸边的长城主要用于黄河冬季封冻以后的防守。”（第 5 页）《山西省明长城资源调查报告》对山西镇外边长城走向的描述与本文基本一致。柏杨岭与丫角山属于同一区域，是山西镇与大同镇的交汇点。当然，准确地表述仍然应该是丫角山，柏杨岭及其所留存的柏杨岭堡与丫角山还存在一段距离。黄河东岸的长城墙体延伸至石梯子村所在的石梯子堡，墙体断断续续，学术界对墙体的存续也多有讨论，但大体不出这一范围。

② 黑峪口，今在山西吕梁市兴县县城以西沿着蔚汾河向西直至黄河东岸，蔚汾河入河口处有村落碧村、张家湾村，顺黄河河岸向北 2.5 千米处为黑峪口村。明代时期的黑峪口应当是一处相对宽泛的概念，指的就是这一带。

③ 山西省文物局编著：《山西省明长城资源调查报告》，第 1 页；岳占东：《黄河边墙》，北岳文艺出版社，2017 年。

蒙古部落进驻河套以后，这里的防御压力骤然增大，黄河天险成为分割明蒙活动和控制范围的天然分界线，也使得这一带成为山西镇的“外边”“临边”。因此，将这一段长城防御体系命名为“‘老牛湾—黑峪口’黄河天险型长城防御体系”。

这一区域的总体特征，一是归属山西镇管辖，确切地说是归属偏头关管辖，无论是从丫角山到老牛湾、从万家寨到保德州、黑峪口，还是从丫角山到老营城，都是紧紧围绕“偏头关”这个核心来设置。偏头关古称“形似人头”“其地东仰西伏”，从交通地理上来看，偏头关地处南北、东西交通的十字路口，在冷兵器时代的攻防战中处于易攻难守的境地，堪称“难防”，正如魏焕所称：“今三关要害虽同，偏头尤急”；[①] 二是地处明蒙对峙的最前沿地带，所谓“外边”，就是明朝所建立九边长城防御体系的最外边，“临边至北”以外就是蒙古诸部的驻牧地，这与大同地区的边外所面临的形势是一体的；三是在明代成化年间以后，“黄河天险”以西就成了需要严密防守的地区，黄河两岸可谓“两重天”，西岸不再是渺无人烟的草原、高山和丘陵，而是随时都可能发起冲击的蒙古铁骑，东岸是列阵森严、随时待命的军事防御体系。这个总体特征的形成有一个历史背景，《宣大山西三镇图说》在“山西镇总图说”中论述道：“乃正统以后，圉人不戒，边衅滋张，北虏据东胜而三关困矣，西虏据河套而偏、老危矣，泽、潞太远，忻、代相继而犯，而全省且骚动矣。”[②] 可见，根本原因在于蒙古诸部的活动范围总体向南迁移，部分活动于东胜故城一带，部分活动于鄂尔多斯（时称“河套”）高原的腹地，这就对山西镇西北方的外围地区造成了直接的威胁。由此，明朝想出的应对之策，就是把长城防御体系的核心寄希望于“表里山河”的山西地区内部，遂逐渐形成了这样的长城防御体系。

军事防御工事的终极目标都是保障安全，那么在面临“偏关难防”“临边至北”“黄河天险”的形势下，山西镇的外边长城防御体系的建设目标可以总结为三句话，分别是“偏关不偏”“外边不外”“河边不边”，这一总结与明人所称的“险隘”“金汤之险”相对应：“以险隘，则由平刑而偏、宁，而河、保。绵亘九百余里，堑山湮谷，增高益深，一金汤之险也。”[③] 这一带修边记载比较多见，相对晚近的修边记载可见万历三十八年（1610）：“先是，宣大、山西总督马鸣銮言：‘该镇西路逼近虏穴，边垣三百余里在在要冲，而水泉、楼子营、草垛山等处更甚。土牖低薄，建议包修。其水泉、常梁、土墩等处，土边共长八百丈；楼子营、小沙墩等

① （明）魏焕：《皇明九边考·三关镇·保障考》，第 270 页。

② （明）杨时宁：《宣大山西三镇图说·山西镇总图说》，第 148 页。

③ （明）杨时宁：《宣大山西三镇图说·山西镇总图说》，第 148 页。

处，土边共长九百五十丈。勒令本年闰三月始，九月中告完。又水泉、乾沟、楼子营，土边长一百三十七丈；草垛山、驴皮窑等处，土边长七百五十一丈七尺；楼子营、吴峪、石墩等处，土边长一千二百一十二丈。勒令次年四月起，至九月终告完。匠役合力，三路军夫钱粮，取足库贮之余。有不敷者，即于今岁节省旷日银内，照数抵补。收支专责西路管粮官经理。明立文案，以便互相查考。工程务取坚固，钱粮不致虚糜。'至是，部复。报可。"①

嘉靖年间，宣大山西三镇的防御形势变得非常紧张，蒙古诸部南下之举非常频繁，由此开启了一轮大规模修筑长城防御体系的浪潮。在这股浪潮之中，有关河套地区防御问题的争论也提上日程。嘉靖二十五年（1546）十二月庚子，总督陕西三边曾铣，巡抚谢兰、张问行等奏：

> "延绥密与套虏为邻。自成化间都御史余子俊修筑边墙，东自黄甫川起，西至定边营止，延袤一千五百余里。岁久倾颓，余址间存，不异平地。嘉靖九年，总督尚书王琼修花马池边墙一道。自宁夏横城接筑，至定边营，约三百余里。而自定边营至黄甫川一带，依旧无墙。连年虏入，率由是道，所当亟为修缮。第地里广远，工程浩大，势难责放期月。宜分地定工，次第修举。西起自定边营，而东至龙州堡，计长四百四十余里，为西段。乃环庆、堡安要塞所当先筑。自龙州堡而东，至双山堡，计长四百九十余里，为中段。自双山堡而东，至黄甫川，计长五百九十余里，为东段。岁修一段，期以三年竣事。庶几保障功完，全陕攸赖。乞破常格发币银，如宣大、山西故事。"疏下部议。间，铣复上言："河套，古朔方地，自汉武遣魏青逐虏筑城缮塞，因河为固。唐张仁愿复于河北筑三受降城，即国初东胜卫及东西受降城所守地也。后三城内徙，虏遂据套为穴。深山大川，势顾在彼，而宁夏外险及南备河，虏得出没自由，东西侵掠。守御烦劳，三秦坐困，故套虏不除，中国之祸未可量也。臣尝审度机宜，较量彼我。盖当秋高马肥，弓矢劲利，纠合丑类，长驱深入，彼聚而攻，我分而守，此虏利而中国诎之时也。及其冬深水枯，分帐散牧，马无宿藁，日渐羸瘠。比及春深，贼势益弱，我则淬励戈矛，备其火器，练兵秣马，乘便而出，此中国利而虏诎之时也。今之御边者，不务乘虏之诎，而用吾之利，常使虏得因其利而制吾之所诎，是以有败而无胜。为今之计，宜用练卒六万人，益以山东枪手二千，多备大石。每常春夏之六，携五十日之饷，水陆并进，乘其无备，直捣巢穴。材官驺发，炮火雷激，则虏不能支矣。岁岁为之，每出益利，虏势必折，将遁而出套之恐后矣。俟其虏之远去，然后因祖宗

① 《明神宗实录》，万历三十八年五月庚戌条，第 8890-8891 页。

之故疆，并河为塞，修筑墩堡，建置卫所，处分戍卒，讲求屯政，以省全陕之转输，壮中国之形势，此中兴之大烈也。臣愿陛下断自圣心，亟定大计。敕下所司预理财用，治军实，比及三年，许臣如前议举事。先于来岁三四月间，阴选武锐，掩击邻近零虏，以我军之技而倡勇敢，所谓兵戢而时动，动则威矣。夫臣方议筑边，不过数十年计耳。复套则驱斥凶残，临河阵作，乃国家万年久远之计，唯陛下裁之。”疏下兵部，并议，谓：“筑边复套，两俱不易，二者相较，复套尤难。夫欲率数万之众，赍五一日之粮，深入险远必争之穴，以驱数十年盘据之虏，谈何可易？故不若修墙浚堑为计完，而成功可期也。第延绥一带地势延漫，土杂沙碱，民居隔远，最为荒凉。若欲以千五百余里之地，而责成于三年之工，恐未易筑。纵使能成，亦难为守。宜仍行铣等从长会计。”上曰：“虏据河套，为中国患久矣！连岁关陕横被荼毒，朕宵旰念之，而边臣无分主忧者。今铣能倡逐虏复套之谋，厥猷甚壮。本兵乃久之始复，迄无定见，何也？其令铣更与诸边臣悉心图议，务求长算，嗣上方略。第此边境，千里沙漠，与宣大地异，只可就要害修筑。兵部其发银二十万两予铣，听其修边饷兵造器，便宜调度支用，备明年防御计。”[①]

从上述史料可知，曾铣提出恢复河套的计划，这一史实已为学界所熟知并多有讨论，此不赘述。我们在这里重点关注当时明朝政府所提出的观点，即“筑边复套，两俱不易，二者相较，复套尤难”，这样的一个基本判断决定了嘉靖年间乃至以后对于长城防御体系构筑策略的持续，而河套地区的防御不仅仅关涉榆林、陕西和宁夏等地，更对山西镇尤其是偏头关黄河天险型长城防御体系的构筑产生重要的影响。河套地区的防御，是要在其西面、南面和东面均要构筑防御体系的，而东边虽然是黄河天险，但防御难度更大，这一带受到地形的制约，如果不对偏头关及其以西的黄河沿岸进行防御构筑，一旦黄河被突破，则势如破竹，瞬间可进入山西内地，山西镇外边长城防御体系将失去作用，甚至太行山系雁门关长城防御体系也形同虚设，从偏头关向东南至岢岚州再深入太原等地，不过是一瞬间的事情。因此，对于作为防御一方的明朝来说，这就是山西镇“黄河天险型长城防御体系”的战略地位和军事价值所在。

从万历年间形成的山西镇长城防御体系的军事管辖序列来说，基本上都集中在“山西岢岚道辖西路”。《宣大山西三镇图说》对“山西岢岚道辖西路总图”的整体描述如下：

① 《明世宗实录》，嘉靖二十五年十二月庚子条，第 5924-5928 页。

本路参将设自嘉靖二十一年，驻扎偏关，分辖二十城堡，凡为游击一、守备五、操守四、防守九、卫所者三。内老营、偏关、水泉营、柏杨岭、八柳树、寺塭堡、黄龙池、草垛山、滑石涧、贾家堡、桦林、马站、韩家坪俱极冲，永兴、楼沟、三岔、五寨冲次之，岢岚州、岚县、兴县则近腹里矣。[①]所[②]管边墙东起中路界地椒峁，西至河曲界寺前墩，沿长二百三十二里零二百八十步，边墩砖楼一百三十二座，火路墩二百一十九座，市场二处，边口二十五处。兵马除军门标下两掖营散兵及奇游二营外，本路总属官军一万二千三百三十三员名，马骡三千四百五十四匹头，内援兵官军三千二十八员名，马骡二千二百九十七匹头。本路三面滨虏，极号孤悬，关塞之重地，全晋之屏翰也。边外丰州滩化城、板升诸处，皆顺义与东西两哨部落驻牧。隆庆初俺酋率众由驴皮窑入，经岢岚、岚县，陷石掠汾，全晋震动。次年复由好汉山入，夜薄老营城下，势甚危急。款后烽燧不警，乘暇修缮，处处金汤，生齿繁庶，固无复萧索荒凉之旧矣。议者恐二虏连衡，东西入犯，援兵不免有掣襟露肘之患，欲添路将于水泉，分管水泉、老营二守备，西路参将分管偏关、岢岚、草垛三守备，各边界首尾相应，势如常蛇，庶有兵有将，分任责成，防边御虏有余裕矣。亦万全之一策云。[③]

2. 内边长城防御体系与“第三重防御”

“内边”长城防御体系的“边”，是以“外三边”即偏头关、宁武关和雁门关三关所在长城墙体连缀而成，其内容、体量远大于“外边”。明代长城防御体系中有“内三关”“外三关”之称，长城内三关是指居庸关、紫荆关、倒马关三关。外三关是雁门关、宁武关、偏头关三关。居庸关、倒马关、紫荆关均地处太行山以东的险要地带，自古以来就是兵家必争之地，也是沟通东西交流往来的通衢之地，即使是在今天这些地带仍然是各自区域中的关津要道。

针对“内三关”和“外三关”之间的关系，笔者提出“第三重防御”的概念，用来阐释“内三关”长城防御体系的意涵，即“内三关长城防御体系”。之所以将其整体引括进去，是因为笔者欲将其作为一个整体来认识，也就是说，笔者在本部分所要论述的并非传统意义上的“内三关”这三处关隘及与其相关的长城防御体

---

① 《宣大山西三镇图说》有彩绘秘阁本、木刻墨印本两种。前引均为木刻墨印本。此处据“彩绘秘阁本”增加“东至大同乃河堡一百二十里，西至河曲营八十里，南至八角堡八十里，北至边墙六十里”。（李孝聪：《古地图上的长城》，江苏凤凰科学技术出版社，2022年。）

② “所”，《宣大山西三镇图说》“彩绘秘阁本”写作“分”。

③ （明）杨时宁：《宣大山西三镇图说 · 山西岢岚道辖西路总图说》，第161-162页。

系，而是以“内三关”为三个节点的整体的长城防御体系，这个防御体系包括三部分内容：一是“内三关”，即居庸关、倒马关、紫荆关；二是其他关隘，包括平型关、娘子关、白羊口、平定关等；三是小型隘口，包括白石口、插箭岭、牛帮口等；四是连绵不断的沟通这些关城、隘口的长城墙体。

从“内三关”长城防御体系来看山西镇的防御体系总体特征，可以得出如下认识：宣府镇、大同镇与山西镇虽然能够共同列入“九边”重镇，但是在防御特征上却有着极大的差别。可以说，山西镇在整个九边军镇防御体系中均相对特殊，它具备了几乎所有军镇都具有的特征，具体表现在“临边”“临河”“内外边”“内外关”等各个方面，这与山西的地理形胜关系密切。当然，这也成为明代九边地区（即“长城区域社会”）的典型。赵现海先生在总结明代九边军镇的特点时说：“九边长城军镇无论在抵御规模还是行政级别上，皆呈现出与内地行省制度平分秋色之格局，从而突破中古时期依乱世而设之脉络，正式成为中国古代地方行政区划之一，在权力赋予、军民比重、经济结构与地理面貌上，皆呈现出与行省制度之巨大差别，典型体现了核心边疆历史脉络制度化与独立化之历史进程。”[①] 所以说，明代九边军镇的设置在一定程度上深深地影响和改变了这一区域的历史面貌，这一点在山西尤其是晋北地区表现尤为明显。因此，笔者将“全境防御”作为山西镇长城防御体系的一个显著特征。

认识宣大山西三镇防御体系的“第三重防御”内涵的军事思想渊源，可以追溯到明朝初年。洪武末年，朱元璋在完成驱逐蒙古诸部势力、构筑“口外阴山烽堡攻防体系”[②] 等一系列举措以后，站在由内向外审视展望的视角，构筑了一条以卫所城池、烽燧联络为核心的军事防御体系区域带：

> 自东胜以西至宁夏、河西、察罕脑儿，东胜以东至大同，又东至宣府，又东至开平，又东南至大宁，又东至辽东，又东至鸭绿江，又北去不止几千里；南至各卫分守地，又以南自雁门关外，西抵黄河，渡河至察罕脑儿，又东至紫荆关，又东至居庸关及古北口北，又东至山海关外。[③]

① 赵现海：《明代九边长城军镇史——中国边疆假说视野下的长城制度史研究》，第 37 页。

② 赵现海《明代九边长城军镇史——中国边疆假说视野下的长城制度史研究》：“阴山南部城堡尚与外核心边疆开平之烽堠通信体系相结合，共同构成烽堡攻防体系，从而标志着明代烽堡攻防体系之兴起，成为后来明长城防御体系一部分。虽然开平并非处于阴山地带，而在燕山北支、大兴安岭南支地带，但由于其与阴山卫所联系紧密，与大马群山又相去不远，故将阴山城堡攻防体系与开平烽堠通信体系合称‘口外阴山烽堡攻防体系’。”（第 107 页）

③《明太祖实录》，洪武三十年十二月条，第 3613-3614 页。

从这条史料所论述的地理范畴可以看出，这一时期经过洪武二十年（1387）之后陆陆续续的十年时间，逐渐在这一条状地带形成了大致三层防御体系，从北向南论述，第一层也就是最外层自东向西形成的是“东北（不止几千里）地带—鸭绿江—辽东—大宁—开平—宣府—大同—东胜—宁夏—河西—察罕脑儿”一线，这里要说明的是“宣府”“大同”所指主要是宣府和大同北部的长城墙体及其沿线墩台，墩台包括墙体一线墩台和向内地连接卫所城池、中心府州等的墩台。第二层是“南至各卫分守地”，即位于“大边”长城墙体内侧的一系列大型卫所城池，例如镇虏卫（今内蒙古呼和浩特市托克托县黑城古城）、云川卫（今内蒙古呼和浩特市和林格尔县大红城古城）、玉林卫（今内蒙古呼和浩特市和林格尔县榆林古城）、天城卫（今山西大同市天镇县天镇古城）、高山卫（今山西大同市云冈区旧高山卫古城）等等。严格来说，这两层也可以算作一层，因为长城墙体、墩台和大型卫所城池是相互配合的，可以算作一整套防御体系。那么，第三层也就是最内一层则是“察罕脑儿—黄河—雁门关—紫荆关—居庸关—古北口—山海关”。①这一层就是所谓“第三重防御”的军事思想渊源。赵现海先生对“内三关”与“外三关”的关系从山西地区的地缘政治和军事地理防御角度进行了分析，②与本文所提之“第三重防御”之思路暗合。

“第三重防御”中的“三”是一个模糊概念，如果从宏观上审视明朝的整体防御体系，综合纵向发展历程和横向发展特征，我们可以将其称为“第三重防御”；如果从微观上细抠形成于明代中期的九边长城防御体系，可能已经不止“第三重”

---

① 赵现海《明代九边长城军镇史——中国边疆假说视野下的长城制度史研究》将南界西段止点理解为雁门关（第 107 页），似有不妥。以笔者来看，雁门关应当是“南界”（也即笔者所称“第三重防御线”）的中间节点、核心防御点，或称关键环节，而“西界”止点显然根据这段史料的陈述，同样是到“察罕脑儿”为止，也就是与最外层北界的西端止点相重合，都归之于“察罕脑儿”，也就是明代中期所称之“河套”，即今之黄河“几”字弯所围绕的鄂尔多斯地区。

② 赵现海《明代九边长城军镇史——中国边疆假说视野下的长城制度史研究》：“在山西防御体系经营中，偏头关逐渐成为核心地带。偏头关、宁武关、雁门关皆地处山西，因北京郊区居庸关、紫荆关、倒马关合称‘内三关’，此三关相应被称作‘外三关’。明朝虽在大同构建了保障北京西北之军事体系，但当蒙古军队绕过大同镇，由大青山、太行山缺口进入黄河东北时，实已处于大同防线之内，使明朝苦心经营丧失效力。尤为紧要的是，大同南部分别为东西横向大同盆地、忻定盆地，是蒙古军队进入河北、直抵京师之坦途。因此，当蒙古军队频繁进入黄河东北时，明朝势必在大同南部构建内层防御体系，以阻隔蒙古军队东进。而三关防御体系便是这一内层防御体系，是阻隔蒙古东进之层层关隘。而在三关之中，尤以处于最外侧之偏头关地理位置最为重要。偏头关西临黄河、东依管涔山，是阻止蒙古军队进入大同盆地之屏障，也即山西防御体系门户。”（第 471 页）

了，也许还可以称为“第四重”甚至“第五重”。不管怎么样，本文所界定的“第三重防御”的本质在于形成于明代前中期经常提及的“内三关”：紫荆关—倒马关—居庸关，是京畿防御体系中的最后一道防线。从早期明朝在北边构筑的防御体系来看，“内三关”和“外三关”是连缀在一起的，因为当时的防御区域的北部边界甚至可以直达今天的“阴山—开平—大宁—鸭绿江”一线，在北部边界大大向前推进的前提下，“内三关—外三关”一线的防御压力自然就相对轻松。

只有打破明代中后期逐渐形成的从军政建置上看起来非常完备的九边军镇体制，才能够从实际出发去理解和认识明代北边长城军事防御体系的真正面貌。内三关和外三关的防御辩证关系说明，宣大山西三镇在明代九边中的重要地位，以前是被我们低估的。居庸关虽然属于蓟镇，但是从军事地理上来说，其作为内三关最靠北的一处关隘，是与宣府镇长城防御浑然一体的，或者说其与宣府镇防御的关系更为密切。从京畿防御角度来说，内三关可以说是明朝首都北京城的最后一道防御线，如果这道防线被突破，北京将直接暴露在蒙古骑兵之下，再也无险可守。对于明朝来说，这样的“军事危机”并不是没有发生过。

紫荆关关口所在位置，是与飞狐峪息息相关的，飞狐峪是太行八陉之中最为靠北的一处峪口，如果这一处峪口不被在山南所设置的关口牢牢把守，则从山西、河北中部自西向东突破，并长驱从北京西南进入的可能性非常之大。倒马关显然是雁门关的第二道关口，雁门关长城防御体系是一处呈东北—西南走向的条块状防御区，总体呈“Π”形，占据了太行山中部的绝大部分区域，雁门关城地处这块防御区的中部，防御区的南部是轩岗口、阳武口，北部是乱岭关、磁窑口和太安岭、团城口与平型关，这样一个“Π”形防御线构成了一个相对封闭的防御区域，将繁峙、代州、忻州等州城包裹在“Π”形的内部。

从明朝首都京师为核心的防御来看，曾经有“东关”和“西关”的说法。嘉靖年间兵部尚书路迎曰：“国家定鼎燕京，自黄花镇以东历密云、马兰、太平、燕河属山海，为东关；以西历居庸、白羊、紫荆、倒马属龙泉，为西关。设以重门、屯以重兵，筑堡修墙、翼然天险，往时加以斩削，足可防御。虑有未悉，宜令御史巡视补葺。”[①] 这个“西关”，实际上与本文所称之“第三重防御”有异曲同工之妙。

“第三重防御”内三关与外三关、大同镇“临边至北”长城防御体系，共同构成了一个既有宽度又有长度的区域性防御地带，而这个防御地带从地理形势上来说，其实就是围绕“太行山”“黄河”展开的，也就是我们常说的“山河形胜”“襟山带河”。关于太行山，清代著名的舆地学家顾祖禹在《读史方舆纪要》中说：“太

①《明世宗实录》，嘉靖二十五年三月，第 5812-5813 页。

行为天下之脊，中分河东、河北之境，今自泽、潞以北达于大同之东境，皆太行也。”[①] 关于黄河，他写道：“黄河自塞外东北流，至废东胜州西北折而南，凡千七百里至蒲州河津县之龙门山，又南历雷首山折而东，河之南即华阴也，又东至垣曲县之王屋山南而入河南怀庆府境。”[②]

“第三重防御”所构筑而形成的防御体系，最终与大同镇、山西镇的整体防御构成了一个内外有序的“纵深—全境型”长城防御体系：“山西起保德州黄河岸，逶逦而东，历偏关，抵老营堡，尽境实二百五十四里。大同起西路丫角山，逶逦而东北，历中北二路，抵东路之东阳河镇口台，实六百四十七里。宣府起西路西阳河，逶逦而东北，历中北二路，抵东路之永宁、四海治，实一千二十三里，共一千九百余里，皆逼临胡虏，险在外者也，所谓极边也。山西老营堡转南而东，历宁武、雁门、北楼，至平刑关，尽境约八百里；又转南而东为保定之界，历龙泉、倒马、紫荆，之吴王口、插箭岭、浮图峪，至沿河口，约一千七十余里；又东北为顺天之界，历高崖、白羊，至居庸关，约一千八百余里，共二千五十余里，皆峻山层岗，险在内者也，所谓内边也。”[③]

魏焕在《皇明九边考》“三关镇”中有一段论述：“三关东十八隘口，又东紫荆关，又东居庸关，山势连亘，实天设之险，为京师近藩。往年紫荆、居庸可逾而今不可逾者，以其增筑修凿之工多而其险备也。使今之三关亦如紫荆、居庸，胡马敢深入乎？故今之急务，惟在备三关之险，择将帅，觅壮勇，积刍粮，以整深入之门户，庶山西定而畿辅之地无警矣。”[④] 从魏焕所描述的形势，实际上就是“内三关”与“外三关”的关系，也就是我们所提出的“第三重防御”的体现。其中“三关东十八隘口”一语表述稍有不确，所谓“十八隘口”分布在雁门关城的东西两侧的太行山南北麓，而又以北麓为主。从十八隘口向东，其防御线则转向了“又东紫荆关，又东居庸关”，这是符合实际情况的，而“紫荆关—居庸关”一线与“十八隘口”之间的连接点就是“乱岭关—太安岭口—团城口—平型关”，乃至向东南与“牛帮口—茨沟营（应关）”相接。魏焕指出，“紫荆关—居庸关”一线以往容易被突破，但是近期不再被突破，其主要原因乃在于“外三关”（即当时所称的“三关镇”）的防御坚固。魏焕当然是在论述时称“三关镇”的外三关一带的防御重要性，但也从另一个侧面证明，外三关（偏头关、宁武关、雁门关）是“紫荆关—居庸

① （清）顾祖禹：《读史方舆纪要·山西一》，中华书局，2005 年，第 1782 页。

② （清）顾祖禹：《读史方舆纪要·山西一》，第 1782-1783 页。

③ 《明世宗实录》，嘉靖二十六年二月辛丑条，第 5847-5948 页。

④ （明）魏焕：《皇明九边考·三关镇·保障考》，第 270 页。

关”的外围防御线，而我们从“外边”（或称“临边至北地带”）、“外三关”这两层去认识，前者是“第一重防御”，后者是“第二重防御”，而“紫荆关—居庸关—倒马关”一线就是“第三重防御”。

本文对明代九边中的三处重要军镇宣府镇（西北中三路）、大同镇和山西镇长城防御体系的区域划分、军事特征及其在整个明代北边防御中的地位和作用进行了分析，在明代万历年间形成的军事防御体制之下，根据实地调查和文献史料，从军事地理的视角对防御体系进行了重新构建和解读，希冀能够深化对明蒙关系史、明代军事史、北部边疆史地、长城区域社会研究的认识。

明代吕梁山区长城战事通道考论 *

贾亿宝 裴乃娇 **

摘要：吕梁山区位于山西西部，常因地势之由成为北方地区各政权交流融合、试探冲突的地界与战事多发地带。作为长城建设的重点区域之一，无论是游牧民族南下劫掠，抑或是农民军流动作战，明军应对阻击时大多依借这里的山川河谷地理优势。本文着重梳理明代前期和中期的明蒙交战、明后期农民军入晋等一系列长城战事，总结吕梁山东西麓的交通道路及其网络形成的战事走廊，致力于推动山西战争交通史研究。

关键词：明朝 吕梁山区 长城地带 战事通道

吕梁山区位于山西西部，西侧紧邻黄河，二者合为山西西部屏障。北部管涔山山脉与恒山山脉成夹角之势，构成西北重关屏护地区。因地势之由，山西北部、西部往往成为游牧与农耕政权之间交流冲突之地，为兵祸的多发地带和自古兵家必争之地，也是长城建设的重点区域。在明代，所谓“长城战事”并不局限于长城边墙附近，而是在整个明军戍防时期，长城地带视野范围内所有攻防战相关的战事背景。相关战事主要包括明蒙战事与农民军入晋作战的部分。在这些战事的记载当中

* 基金项目：2024 年山西省高等学校哲学社会科学研究项目“时代变革视野下的清初山西长城镇戍体制转型研究”（编号：2024W187）。

** 作者简介：贾亿宝，吕梁学院历史文化系讲师；裴乃娇，吕梁学院历史文化系本科生。

涉及对交通道路的利用，借此也能勾勒出吕梁山地区的交通网络。

一、吕梁山地区长城战事地缘背景

本文中长城地带主要涵盖偏关、宁武、雁门一线的长城周边地区，南至腹地汾阳的戍防范围，主要围绕明军戍防长城地带中冲突双方影响、波及的吕梁山地区展开。

（一）战事所涉吕梁山地区范围

山西地形的主要特征表现为“河山环绕，盆谷间杂”。作为屏护山西的吕梁山，其西侧紧邻黄河，吕梁山脉所属的芦芽山、云中山、关帝山依次自北向南而下。北部管涔山与恒山成夹角之势成西北屏障，屏护恒山以南地区。东部可延展至五台山一系舟山—太岳山一线，南部至火焰山—太岳山一线（呈东北—西南走向）。在此区域内分东西两个部分，西部以芦芽山主系、云中山、关帝山等众多山系为主体，中间间杂偏关河、朱家川、岚漪河、三川河等河谷，西侧紧邻黄河天险。从盆地情况看，东部为吕梁山脉和太行山脉之间呈串珠状分布的忻定盆地和太原盆地。忻定盆地背靠恒山山脉，滹沱河从中流经；南下通过石岭关便是由汾河流域构成的太原盆地。

从现今的行政区划看，长城战事主要波及现在朔州市的南部、忻州市绝大部分地区，今太原市、晋中市以及吕梁市和临汾市的一些地区。从明代政区建制上来看，此区域包括北至偏头关、宁武关和雁门关一线，西部与南部覆盖保德州、忻州、代州、岢岚州、河曲、岚、兴、静乐、太原、榆次、太谷、清源等县以及太原府西部地区的永宁州、汾州一带，更往南甚至波及平阳府北部的吉州和隰州等地，地域范围涉及明代太原府的几近四分之三的区域以及平阳府西北部的一部分地区。

（二）吕梁山地区长城修筑历史

明代自“土木堡之变”后，大同、宣府疲于防守蒙古大军，无法阻拦蒙古分散的小股部队南下侵扰。如此一来，明蒙的交战界线蔓延至山西北部的偏关—雁门关一线，自然偏关、宁武关、雁门关成了抵御蒙古南下侵扰的重要关卡。

这片土地在历史上也常作为中原王朝政权抵御少数民族进攻的前哨边疆，担负着极其重要的职责。北齐时为抵御北周和北方突厥等其他游牧民族的侵袭修建了长城，吕梁山区出现大量长城建筑的相关记载。北齐天保三年（552）、六年（555）、八年（557）多次在今宁武、岢岚、兴县等县域内修筑长城，称为北齐内线长城遗址。尚珩《北齐长城考》中提到这条长城西起山西兴县的魏家滩，沿吕梁山、云中山北麓、恒山山脉向北进入河北并延伸至北京。离石区一带有北齐西线长城，这条长城南起黄栌岭，沿吕梁山主脉向北至五寨县止，总体呈现南北走向。[①] 北周为抵御北方突厥的南下，征集民夫修长城，不过是对北齐长城的加固和改造。隋朝开皇年间在汾州征发稽胡筑长城，仍然是在加固北齐时期所筑长城，其目的是防御突厥。[②] 等到唐代，薛仁贵长期镇守雁门关，防御突厥南犯，名将郭子仪出雁门平定了安史之乱，宋辽金元几代在宁武一带更是战事频发，宋朝杨家将戍守此处与辽军发生了多次冲突。

明代为了防御蒙古鞑靼、瓦剌南下侵扰进行了大规模的长城修筑。吕梁山区北部边缘在成化年间开始修建黄河边墙（北起偏关县老牛湾，南止河曲县石梯隘口）。以偏关、宁武、雁门三关为重要节点的陆路边墙的建设相继展开。陆路边墙中以偏关为重心的西线边墙最先建设，其次是以宁武关为重心的中线边墙，以雁门关为重心的东线边墙则成型最晚。[③] 太原“四战之地，攻守之场”，作为控扼东西两山的军事镇守大本营，掌控着边部的军事行动。北部、西部的吕梁山防线是太原盆地的屏障，一旦突破便可直入太原。吕梁山区及其周边成为明代山西长城战事发生的关键场域。

二、明代吕梁山地区及其外缘重要战事

明代战事高发期集中在明前、明中、明末期。前两个阶段以明蒙战事为主，最后阶段以农民军入晋战事为主。放眼吕梁山地区，这些攻防战事在突破长城防线前后进入高潮阶段，这一地区的交通网络被敌对双方进行了不同程度的利用。

1. 明前期明蒙双方势力在吕梁山的较量

明朝前期在山西主要注重驱逐北元残余势力。朱元璋在明朝建立之初，收取河南后转战山西，徐达、常遇春领兵连克重镇。此时盘踞在山西的扩廓帖木儿为救援大都，率军从太原出雁门关，致使太原空虚，徐达、常遇春等趁机进攻太原城。扩廓帖木儿得知大都已失，紧急回师归保太原，两军在太原城外对战，扩廓帖木儿大

① 尚珩：《北齐长城考》，《文物春秋》，2012 年第 1 期，第 45-50 页。

② 王杰瑜：《“长城博览在山西”的几点认识》，《史志学刊》，2020 年第 3 期，第 8-11 页。

③ 贾亿宝：《明代山西镇镇戍体制研究》，博士学位论文，山西大学，2022 年，第 125-176 页。

败后逃窜，由雁门关北奔大同。攻下太原城后，洪武二年（1369）徐达、常遇春等人又从太原出兵征大同，北元此后溃逃陕西。但山西域内仍有北元残余势力，元朝残余势力宗室成员“四大王”余部遁入静乐、岢岚域内的芦芽山一带，于山中聚众结寨。洪武四年至二十一年（1371—1388）明朝廷多次围捕元朝残余势力，期间略有缴获，但未全部剿灭，其余部仍游转于深山密林。塞外元军余部甚至企图打通与“四大王”的联系，多次入塞但均未果。洪武二十一年（1388），“其党羽逃散，四大王势孤穷蹙，至是诣晋王府降，遣人送京师。上以其元之子孙，闵而宥之且厚赐与，命随西平侯沐英戍守云南”。[①]“四大王”部威胁解除后，山西域内的北元残余势力已基本肃清。

2. 明中期蒙古诸部的入侵高潮

（1）蒙古诸部小规模侵扰

这一阶段经“土木堡之变”后双方交战界线向南部偏关—雁门关一线蔓延。偏关—雁门关一线开始直面蒙古入侵。明正统、景泰年间，这一地区主要是也先部犯边骚扰，如“正统十四年也先寇偏关，其别部由阳方口入寇，南掠忻州各处”，“景泰元年七月也先犯偏头，至五寨堡”。[②]成化、弘治、正德年间主要是火筛部和小王子部扰边来犯，“成化十五年火筛部由红门口入寇大掠偏关”，“成化十九年小王子寇偏关破杨勉堡”，“弘治元年火筛部入杨勉堡”，“弘治十四年小王子寇偏头关，十五年复入寇”，“正德九年小王子由驴皮窑入犯偏关及黄龙池大掠至河曲”等。[③]这一阶段于偏关—雁门关一线没有发生大规模的入侵，以小规模冲突为主。

（2）俺答汗部的入侵高潮

嘉靖、隆庆年间主要是以俺答部来犯为主。其侵犯从嘉靖七年到隆庆四年间（1528—1570）不断，在这漫长的时期内又可分为两个阶段和两次高潮。第一阶段是嘉靖七年至十九年（1528—1540），第一次入侵高潮是嘉靖十九年至二十一年（1540—1542）；第二阶段是嘉靖二十二年至隆庆元年（1543—1567），第二次高潮是隆庆元年（1567）的石州之变。

嘉靖七年至十九年（1528—1540）蒙古部时有骚扰，十年（1531）后更是几乎每岁必犯，如十六年（1537），“北虏分道，由滑石涧草垛毁墙入寇，又由平鲁至

---

① 《明太祖实录》，洪武二十一年二月甲戌，台湾“中央研究院”历史语言研究所校勘影印本，1962 年，第 2828-2829 页。

② 卢承业、马振文：《偏关志·志余》，成文出版社，1968 年，第 64 页。

③ 卢承业、马振文：《偏关志·志余》，第 64-65 页。

老营破贾家、马站、韩坪、楼沟诸堡”。[①] 十九年（1540），“俺答寇大同。（诸部）越大同由井坪、朔州南抵雁门，西至宁武，烧盘道梁南下。入岢岚、镇西，掠兴、岚、交城、文水、清源诸县。其别部犯黄龙池”。[②]

嘉靖二十年（1541）蒙古鞑靼部首领俺答向明廷求贡遭到拒绝，遂纠合诸部，分路南犯山西。俺答率主力数万人由大同左卫入境，南掠马邑、朔州，突破雁门关，南下阳武峪，明三关守军不能堵御，遂南下攻破石岭关直抵太原。而鞑靼部右翼三万户首领吉囊也率数万骑自平虏卫南下宁武。明军山西镇副总兵丁璋领所部在石湖岭（在今宁武西北部）阻击，战死。游击周宇率兵在太原近郊与俺答部激战一日，多有斩获，但因援兵不至，反胜为败，战死牺牲。明廷得报，急命总兵官赵卿率兵救援。俺答、吉囊得知明援军将到，劫掠财物牲畜后撤走。[③]

嘉靖二十一年（1542），鞑靼部首领俺答汗向明廷请求通贡并派出使者，但明廷未同意还扣押使者。俺答部通贡请求被拒且闻讯使者被扣，愤然向明发兵进攻。大军自大同左卫吴家口攻入山西。俺答避开明军重兵，经朔州、广武，突破雁门关，长驱南下，犯太原，在城外大肆焚烧。俺答火烧演武场后，移营南走，转掠祁县、清源等地。进抵清源城时，冀宁道王仪将城门大开，俺答疑有伏兵，未敢进，又转向太原，杀戮四万余人，大掠十天，又南掠平遥、太谷、介休、沁源等地。七月，俺答继续南犯潞安府（治今长治市），大掠汾、沁、襄垣、长子诸州县。提督军务官员翟鹏尚未到任，山西守军无统一指挥，各守其地，观望不战。俺答如入无人之境，又乘胜分兵攻掠定襄、五台、盂县，北上代州（治今代县），转兵进掠繁峙、灵丘、广昌（今河北涞源）等地，杀人夺畜。然后由大同左卫及阳和卫（今阳高）退出。俺答此次入犯山西，攻掠 10 卫、38 州县，俘杀军民 20 余万人，焚烧公私房舍 8 万余，给山西军民造成空前严重的大蹂躏、大破坏、大损失，教训十分惨痛。[④]

嘉靖二十二年至隆庆元年（1543—1567）蒙古也多次进犯山西，其中嘉靖二十八年（1549）南下深入太原大掠而去，三十年（1551）深入至石州而返。这期间俺答等部不间断地进犯偏关、宁武、雁门三关，企图南下大掠，这一阶段的蒙古寇边十分频繁。[⑤]

---

① 卢承业、马振文：《偏关志·志余》，第 66 页。

② 周景柱：《宁武府志·事考》，清咸丰七年刻本，第 15 页。

③ 山西旅游景区志丛书编委会编：《雁门关志》，三晋出版社，2010 年，第 194 页。

④ 康基田：《晋乘蒐略》，清嘉庆十六年刻本，第 56 页。

⑤ 卢承业、马振文：《偏关志·志余》，第 67-68 页。

隆庆元年（1567），“俺答数万众分三道入东道，入井坪、朔州，破阳方口抵宁武关，中道由老营入，西道由红门、驴皮等口入，长驱掠五寨、攻岢岚。屠石州时，入塞已二十余日”。[①]俺答由偏关西北入犯岢岚后南下岚县、兴县，最后由临县石门墕进入石州驻扎至峪口，休整后兵至石州城下攻陷石州城，石州城陷后派兵由向阳峡掠交城、介休、平遥、灵石、文水等处，所过之处烟火萧然，同时“遣间入汾内应，参政宋岳擒之，焚其伪书。寇攻汾八昼夜不克，大掠十四日。引去时雨潦连旬，马多死，部众皆杖马棰徙步归，所剽获多遗于道，而官军无一人邀击者”。[②]俺答进入山西内地二十余日，基本没遇到明军有规模的强力抵抗，撤退时恰逢大雨连天，俺答军人困马死，明军却依然未加以阻拦。“寇本欲东越至雁门一带出塞”，可因为害怕被埋伏，“不敢度雁门，还趋石州故道，由菜园沟渡河，且行且掠”，最终由石州撤离。这是俺答兵第三次至石州，史称“石州之变”。“石州之变”后，隆庆帝加强了对北部边防的整顿，也为俺答封贡的实现创造了条件。[③]

3. 明末期农民军入晋相关战事

（1）王嘉胤部农民军入晋战事

明万历后期至崇祯年间，明王朝为与辽东的后金作战，不断按地亩加征赋税。崇祯元年（1628）又是天灾大旱，饥民遍野。王嘉胤与乡党不沾泥等结伙打劫富家粮食，官府抓捕，便乘势揭竿而起为盗，由黄甫川踏冰渡河大掠河曲县，此为王嘉胤部突犯山西之始。

崇祯二年（1629），王部“由神木渡河入兴县瓦堂村大掠”，[④]三年（1630）十一月又兵犯河曲，山西总兵王国梁追击，使用西洋炮时误伤己方，明军大乱，王嘉胤乘机攻陷河曲，并长期据守河曲，分兵掠保德、府谷，于山、陕两省间往来不定。次年四月，明军曹文诏等收复河曲并斩首一千五百余。与此同时，王同党“金世鹏等直薄岢岚城”，但攻而不克，还渡河袭击永宁、石楼、蒲州、永和等地。入晋的陕西农民军也向汾州等地进攻，各地流民和逃兵纷纷投靠，人数达十多万。王嘉胤率大军于山、陕间往来不定，带领农民军转战陕西、山西、河南多省的数十州、县，农民军规模急剧扩大，在吕梁山区的活动范围主要是与陕西接壤处，“山西自河曲、保德、兴、岚、临、永至蒲，津千五百余里，与秦中接壤河身最狭，渡河往

① 周景柱：《宁武府志 · 事考》，第 18 页。

② 康基田：《晋乘蒐略》，第 47 页。

③ 崔广哲：《嘉靖、隆庆年间的“石州之变”》，《贵州民族研究》，2019 年第 11 期，第 151 页。

④ 康基田：《晋乘蒐略》，第 2 页。

来倏忽无定”。[①] 最终，王嘉胤在山西阳城被左右所杀，该部转衰。

（2）李自成部农民军入晋战事

崇祯十七年（1644）正月，李自成在西安改国号大顺，年号永昌。二月初，李自成率兵东渡黄河，主力以蒲州为据点，向北向东持续作战，占据晋南、晋东南等处要地。位于黄河西岸的陕北别部策应进兵，渡河入吕梁山作战，该部由葭州渡河沿河攻击守渡官兵，由河曲至静乐，进逼太原，另分一支前往宁乡、临县两地聚众，合力攻下永宁州城，之后向东攻取汾州，与大顺军主力会合后，合攻太原。

李自成后又攻太原，明军困守两昼夜后太原城北攻破，巡抚蔡懋德死。之后李自成北上忻州，官民迎降，攻代州，在此李自成部遭遇明山西总兵周遇吉凭城固守，连战十余日，杀敌万余，积尸几乎与城墙平。因兵少食尽，退守宁武关，而李自成绕道雁门关，通过迂回方式从阳方口处包围宁武关。宁武关被攻克后，守卫大同、宣府、居庸关的明军望风披靡，献城而降。农民起义军北上大同，后直驱京师。

综上可知，吕梁山地区除去明朝初年短暂一段时期后，直到“土木堡之变”后明蒙之间的战事高发开始向战事热点区域转化。景泰至正德年间，尤其是成化、弘治年间，蒙古诸部连年侵扰不断，战事频发，吕梁山区频繁出现在朝廷战报当中。嘉靖时期，吕梁山区发生的石州之变将山西长城战事推向新的发展阶段。直到俺答封贡的达成，吕梁山区的战事才相对平息下来。[②] 等到明朝末年，爆发于陕西的大批农民起义军取道吕梁山区，战事持续至清初方才平靖，可见这一地区战争的胶着与剧烈。

三、战事沿线所涉交通道路节点与网络

无论是游牧民族南下劫掠，抑或是农民军抵抗大多依借吕梁山地区山川河谷的地理优势迂回、试探。攻守双方于长城防线一带进行一系列的攻守防御与突破迂回，对山川河谷的利用展现出当地交通网络在战争中的重要性。通过梳理蒙古入侵以及农民军进击时的行军路线，可大致还原出当时战争所涉区域的交通网络和重要节点。

1. 明蒙交战中涉及的交通道路

明万历时任宣、大、山西总督的方逢时在《边关机宜疏》中说：“三关俱通寇要区。东路自盘道梁、夹柳树、燕儿水、雕窝梁等堡进，直犯忻、代、太原等处。

① 康基田：《晋乘蒐略》，第 26 页。

② 谢鹏：《明蒙之间战争的时空分布研究》，硕士学位论文，陕西师范大学，2017 年，第 96 页。

西路自滑石涧、黄龙池、寺堨堡、水泉营等进，直犯镇西（岢岚）、兴、岚等处。中路阳方口、王野梁失守，少费迂回，可达东路关；莜麦川、野猪沟失守，少费迂回，可达西路关，此边形之大较也。东、中二路外有马邑、朔州，烽火相接，零骑难遽以潜入，大举或数年一至。”① 由此可知蒙古诸部南下主要有东、西两路行进路线。

第一条主线是“吕梁山山川大通道”。

该线路主要节点为偏关、宁武关防线，这条路线中分南北两路。北路是突破偏关防线后再分掠周围县城，常常从老营堡继续突破三岔、神池、五寨、八角堡等地，未必深入腹地。南路是从偏关防线突破后，河曲、兴县等处继续南下深入石州一带。

北路，蒙古诸部入侵偏关和宁武关防线后分掠周边县城、堡寨。第一条是以偏关防线为节点的通道。史书记载中有“北虏分道由滑石涧草垛毁墙入寇，又由平虏至老营破贾家、马站、韩坪、楼沟诸堡”“小王子等由红门口入掠韩坪、寺堨、马站、三岔、五寨攻大辛庄等村堡破之”“由水泉口犯偏关大掠八角、神池、五寨至岢岚，明年秋，俺答由丫角山至老营，别部由红门入，杀掠甚众及于保德”② 等。

由上述史料可以看到蒙古部队主要是从滑石涧、红门口、驴皮窑、水泉口及老营堡等入犯偏关，再由此大掠河曲、保德、神池、五寨、三岔、永兴、韩坪、马站、楼沟、寺堨、岢岚等地。或由陕西外边踏冰渡河直犯河曲、保德及兴县如“套部由黑峪口踏冰突犯兴县”，“北兵自黄甫川踏冰过河经石梯口突犯河曲、保德”。③

第二条是以宁武防线为节点的通道。通过“也先寇偏关，其别部由阳方口入寇，南掠忻州各处”，④“俺答犯宁武南掠宁化三马营，十月复入二马，三马二营，宁化堡再被掠”“俺答由王野梁入掠雕窝梁……遂南掠逼太原”⑤ 等记载可以看出此处蒙古部队是从阳方口、王野梁等关口突破宁武关防线后分掠宁化、岢岚、忻州等地。

南路分两条线路，第一条是在突破偏关防线南下至岢岚或踏冰渡河后继续南下大掠至岚县、兴县、临县最后到达石州地界，此路线大致应为“北部偏关防线、河曲—岢岚—岚县—石州”或“西部河防沿线（兴县等）—南下石州”。从（隆庆元年，1567）“由偏关西北驴皮窑入犯岢岚，逾鹿径至岚县。……贼遂长驱至兴县之南

① 山西旅游景区志丛书编委会编，《雁门关志》，第 194 页。

② 卢承业、马振文：《偏关志·志余》，第 67-68 页。

③ 康基田：《晋乘蒐略》，第 38、43 页。

④ 卢承业、马振文：《偏关志·志余》，第 64 页。

⑤ 周景柱：《宁武府志·事考》，第 14-15 页。

川，……九月，谙达（俺答）由临县之石门堧入石州”[①]以及“虏犯山西者，由岚县赤壁岭深入至石州”[②]中也可看出俺答兵是从岚、临两个方向进入石州的，并且石门堧和赤壁岭都是在山谷和河谷处，结合山川地形来看，俺答部是沿北川河南下侵扰石州城，后又沿南川河转战石楼、隰县等地。由“……寇分兵纵掠文水、交城、介休、灵石、平遥，遣人入汾内应，……攻汾八昼夜，不克，大掠十四日引去”[③]以及“俺答陷石州，杀知州王亮采、屠民，遂由向阳峡分掠孝义、介休、平遥、隰州等处，男女死者数万”[④]可知蒙古部队在攻陷石州后，经向阳峡向东分掠汾州、榆次、太谷、清源、祁县、平遥、灵石县各处。

第二条则是明军阻击俺答部所走之路。隆庆二年（1568）论石州被虏功罪时提及“……四营兵尾贼南下，吴（按：大同总兵孙吴）及山西总兵田世威等间出天门关……吴兵抵省城始援汾州”。[⑤]这里可以看到一部分明军是尾随俺答军从“岢岚—岚县—石州”这条路南下，另一路明军则是由岚县向东分兵至天门关后南下至太原省城。这两路前者是蒙古诸部沿西部吕梁山南下侵扰的一贯路线，后者则是明军调兵常用之路。偏关南路墩台（烽火台）向南、向西传接有两路重要烽火台，可向腹地的太原、汾州直接传烽：一路沿北川河，一路沿着吕梁山东缘诸县展开。这些线路烽火台一般是分布在城市北侧交通要道附近的丘陵坡地突出位置，视野开阔以便监察敌情。[⑥]

第二条主线是“吕梁山东缘忻定—太汾通道”。

该条线路主要节点是雁门关防线，突破后同样分南、北两路。北路是突破边关后分掠雁门关周边，南路是突破雁门关防线南下直驱太原后分掠汾、石一带。

“吕梁山东缘忻定—太汾通道”是以雁门关防线为节点。北路为蒙古部队突破雁门关防线后分掠代州的州城、繁峙、五台县等地。南路是俺答部经朔州、马邑、广武破雁门关防线进而进犯代州、忻州以及太原，基本上是在破雁门关防线后直驱太原，比如“入掠朔州抵广武，由太原南下沁汾，复从忻崞而北”，“嘉靖二十一年谙达（俺答）纠青吉台……由左卫吴家口入驻朔州，掠广武，南入太原”。[⑦]从“虏

---

① 康基田：《晋乘蒐略》，第 46 页。

②《明世宗实录》，嘉靖二十年九月辛亥条，第 5093 页。

③ 康基田：《晋乘蒐略》，第 46 页。

④ 孙和相：《汾州府志·事考》，乾隆三十六年刻本，第 30 页。

⑤《明穆宗实录》，隆庆二年二月癸未条，第 463 页。

⑥ 贾亿宝：《明代山西镇镇戍体制研究》，第 155 页。

⑦ 康基田：《晋乘蒐略》，第 56 页。

酋分道入犯，俺荅（俺答）阿不孩下石岭关，径趋太原”，[1] 俺答部突破雁门关防线后进入忻定盆地后，继续通过突破沟通忻定盆地与太原盆地的石岭关，进入太原盆地的进入太原盆地后转掠各处。（嘉靖二十一年，1542）“……（太原）城外无所掠，大肆焚烧……乃移营南走，转掠祁、清等县，驻帐县北三日。……转入太原城，屠戮四万余人，大掠十日。南掠平遥，复至太谷，攻破郭村堡。转至介休城下，破石屯、王里二堡。掠沁、潞而还，至永宁州城下，渡河北返”。[2] 俺答部在进入太原盆地之后先攻太原府城，后南下在榆次、太谷、清源、祁县、平遥、灵石、汾州城等县域内辗转攻掠。

沟通东西两条长城战事通道的是汾、石间的向阳峡。

太原盆地内部城池村落以勉强自保为主，而西部石州腹地设防薄弱，为蒙古劫掠财货，突破防线所利用。蒙古部众大掠太原周边之后，返回草原的道路选择之一是返回石州，再由石州域内渡河最后北返，记载中有“兹初由岢岚入石州渡河北返”，[3]“还趋石州故道，由菜园沟渡河，且行且掠，遣黄台吉寇偏头关，至十月八日出边”。[4] 在熟悉本地情况的间谍带领下，突破关键节点便十分利于蒙古骑兵大部队的回旋、作战，两条通道之间的战事促成了该区域交通网络的时空闭环。

2. 农民军入晋涉及的交通道路

从王嘉胤所率军队在山西的活动路径来看，可知农民军主要从陕西渡河入侵到山西域内，先后从河曲、隰县、临县、兴县、永宁州处渡河至山西域内，从河曲入境后转战保德；从兴县、临县入境后北上攻击岢岚后转战保德、河曲等地；从隰州入境后转战蒲县等地；从永宁州入境后转战汾石一带。

根据以上分析可以将农民军活动路径大致分为南、北两路，北路行进路线为“渡黄河—河曲—保德或岢岚”“渡黄河—临、兴—岢岚州、保德、河曲”，这一区域的交通路线可以看到是和蒙古南下侵扰时渡河侵入山西的路径是一致的；南路行进路线为“渡黄河—永和、永宁州—汾州或隰州”，也就是在晋西与晋中地区间辗转作战。其行军路线大致在上述“吕梁山西侧山路大通道”这条交通大动脉中。

李自成渡河入山西，攻取了汾州、太原，取道雁门关后攻破了宁武关。由此可知其在山西域内的行军路线大致分南、北两路，北路为“河曲—岢岚—静乐—太原”此路与上述明军阻击俺答军所走道路基本一致；南路为“渡黄河—永宁州—汾

---

① 《明世宗实录》，嘉靖二十年八月甲子条，第 5047 页。

② 康基田：《晋乘蒐略》，第 56 页。

③ 康基田：《晋乘蒐略》，第 56 页。

④ 康基田：《晋乘蒐略》，第 47 页。

州—太原—忻州—代州—雁门关—宁武关”，宁武关之战后北上大同直驱京师。其路线与上述“吕梁山东麓忻定—太汾交通走廊”这条交通大动脉基本吻合。

结语

蒙古南侵自北而南，农民军自西而东，明军也相应应对。战事绝大多数分布在“吕梁山川地通道”以及“吕梁山东麓忻定—太汾通道”周边。在吕梁山地区发生的这一系列长城战事背后隐藏着交通道路网络的利用表现。明朝中后期明蒙关系紧张，明蒙战争频繁发生，小王子部等蒙古部落南下犯边，雁门关以南百姓惨遭劫掠，每每贼寇经途，百姓人口剧减。在战事推动之下，明朝统治者调整行政区划，重整边防，修筑城池，推动了吕梁山区的持续开发。

齐之鸾与嘉靖十年宁夏修边争议

王仁芳*

摘要： 明嘉靖九年（1530）至十年（1531）间，齐之鸾积极协助三边总制王琼督修宁夏东、北、西三路长城，并分别作文以详述修边经过。《嘉靖宁夏新志》地方志仅收载了前两篇，西关门墙由于修边失败，其文未予载录。而齐之鸾《蓉川集》所收《朔方天堑西关门记》原文详细记载了此次修边原委与当时总制副使间的"墙堑之争"修边理念分歧，客观记述了齐之鸾主张筑墙而王琼坚持挖堑的不同意见，地方志撰者或因不明就里或为尊者讳等原因而将西关门墙因挖堑而失败废弃的责任完全归咎于齐之鸾实际上是有失公允的。

关键词： 宁夏 齐之鸾 嘉靖十年 修边争议

齐之鸾（1483—1534），字瑞卿，号蓉川，南直隶安庆府桐城县城太平坊（今安徽枞阳雨坛乡）人，明朝有名的直臣，为桐城历史上的首位翰林。齐之鸾学识渊博，文采斐然，著有《蓉川集》7卷，《奏疏》2卷，《南征纪行》和《入夏录》各若干卷，于桐城文学兴起有先导作用。明正德六年（1511）科举进士，先入翰林院为庶吉士，后授刑部给事中，直言敢谏，终因忤触权贵，降职出任崇德县丞，又先后改任长兴县令、青州同知。后转任南京刑部郎中。嘉靖八年（1529）四月升任陕西等处提刑按察司宁夏官粮提督庆阳等七卫屯种兵各盐法道佥事，嘉靖九年

*作者简介：王仁芳，绍兴市文物考古研究所副研究馆员。

（1530）以佥事“督储宁夏河西道”，十年（1531）二月，升陕西兵备盐法道副使，奉敕修边，积极参与督修宁夏东、北、西三路长城，“河东沟垒及平虏新墙皆所筹划”，因修边功绩，升副使，得以入夏镇祠，春秋享祀。十一月，三年期满后还朝，后任官河南、山东等地。嘉靖十三年（1534）六月卒于河南按察使任上。齐氏任职宁夏期间，作《入夏录》三卷，上、中两卷按入夏后创作时间先后收录诗歌 224 首，下卷收文 8 篇，主要收载了他在宁夏施政期间的奏对条陈，其中多篇与其修边活动有关。《入夏录》中对一些修边细节的描述他书无载，对一些修边史实的记载也与地方志等记载有异。

明嘉靖十年（1531）前后，宁夏镇在三边总制王琼规划主持及副使齐之鸾的督工负责下，开展了一次大规模的筑边活动，先后修筑了东关门、北关门、西关门三道边防工事。关于此次修边的经过，齐之鸾曾作《朔方天堑东关门记》《朔方天堑北关门记》《朔方天堑西关门记》三篇文章予以详述，《嘉靖宁夏新志》收载了前两篇，而西关门由于争议较大，后遭废弃，因此地方志对齐之鸾所著文章亦未予载录。清康熙二十年（1681）齐山悠然亭刻本齐之鸾《入夏录》收录该文，对了解当时宁夏筑边情况提供了珍贵资料。另外王琼的《北虏事迹》以及此后修订的《嘉靖宁夏新志》等史志资料对此次修边事迹也有记载。但是，关于这次修边的一些理念争议及功过评述，诸书所持观点及记述差异较大，有必要溯源澄清。

一、嘉靖十年前后宁夏修边史实

嘉靖八年（1529）五月，齐之鸾时年四十七岁，正值年富力强之际，被任命为陕西等处提刑按察司宁夏官粮提督庆阳等七卫屯种兵备盐法道佥事。他赴任途经陕西宁夏等地时，见沿途大旱饥馑，居民采篷子为食，上《陈言疾苦疏》反映灾情，责难君相，请求朝廷赈济灾民。当时王琼为三边总制，并不以此为意，对齐之鸾反映的一些灾情等情况做了解释，还以“朔方边墙尚欲托阁下，毕竟成其事，以建百世保障之绩而云”等语激励，言辞恳切地奉劝他“希稍忍屈抑以就远大，至嘱至嘱”。[①]

宁夏镇这次大规模修边，实际上从嘉靖九年（1530）就拉开了帷幕。经三边总制王琼奏准，当年“于花马池、定边营一带共四十五里有零，[②] 开挖深沟一道，深

① （明）齐之鸾：《蓉川集·入夏录》，书目文献出版社，2001 年，第 304 页。

② 据（明）马汝骥《定边营墙堑碑》所载数据测算，该段边墙实际长度为四十四里有零。

阔各二丈，底阔一丈五尺，里用壕土筑堤一道”。三边总制王琼、宁夏巡抚胡东皋、巡按御史朱观联名推荐齐之鸾负责督修宁夏域内边墙，当时这一段“地故沙碛，旋筑旋圮”，王琼亲调齐之鸾“督理花马池堑工，留彼二个月余”，齐之鸾指挥筑墙军民“掘沙丈余得土，錾泉引水百里外，八月城成，屹如铜垣，边民赖之”，顺利完成了花马池段边墙的修筑任务。巡按御史朱观亦夸赞“管粮佥事齐之鸾督浚沟池，帮筑堤岸，不避寒暑”。该项工程于当年五月兴工，由于修边地界分属宁夏、延绥两镇，因此分委宁夏佥事齐之鸾与延绥佥事张大用分头负责，这项工程可以看作嘉靖十年（1531）修边的预演与试验。王琼通过这次小规模修边活动，落实其修边理念，验证新边防御效果，同时总结修边具体施工经验，延揽擢拔修边人才。

嘉靖十年（1531）二月，因修边有功，王琼等人举荐齐之鸾升任陕西兵备盐法道副使，负责宁夏镇修边。从当年三月开始，到九月完工，修完了宁夏河东长城、北长城、西长城，并作朔方天堑东、西、北三关门记，详细记载了各边修筑经过。东关门工程于三月开工，西端起自红山堡之黑水沟，东南至定边之南山口，实际修边总长二百三十里，用工两万三千余人，所挖“堑深广皆二丈，堤垒高一丈，广三丈。沙土易圮处，则为墙，高者二丈余有差，而堑制视以深浅焉”。齐之鸾负责督修宁夏域内花马池西北至横城堡段，长一百六十六里，[①] 全程为堑制，“中间水远土燥，沙流石板去处，挖筑搬运，用力最难，寻采红柳、白茨束以代板，相度高陵深谷借以成势”。全线设置清水、兴武、安定及花马池长城关关门四处。毛卜剌堡设暗门一处。又根据防御紧要情况，三里、五里设置周庐、敌台若干所，每处设戍二十人。

北关门修边方位“东属之黄河，西属之贺兰山”，北距平虏城十里。修筑线路“由沙湖西至贺兰山之枣儿沟，凡三十五里，皆内筑墙，高厚各二丈，[②] 外浚堑，深广皆一丈五尺有奇”。“沙湖东至黄河，凡五里，……皆为墙，高厚一丈五尺，堑深广一丈。”据王琼“设险守边图说”，该项边防工事“自宁夏平虏城北五岔渠起，西至贺兰山枣儿沟，开堑三十四里，皆临边设险，谓之‘防胡大堑’也”。该工程亦于当年三月开工，九月竣工，用时七月余，用工六千五百余人。齐之鸾主持修筑该段防御工程，实际以筑墙为主，形制规模与延绥镇定边营段墙堑相当，并改设暗门为东西关门两座，外设关城，西端设临山堡，沿线置敌台四座，烽火台八座，各设戍二十人，构筑了较为完备的防御设施，可以说是当年宁夏镇筑边多为堑制的一种新尝试。

① 根据宁夏、延绥两镇数据测算，宁夏镇本次实际修边里程为一百八十六里。

② （明）齐之鸾：《蓉川集·入夏录》作“高厚各三丈”（第304页）。

关于西关门墙，根据齐之鸾《入夏录》所收《朔方天堑西关门记》记载，该项工程修筑于嘉靖十年（1531）秋八月，在东、北长城接近竣工时始兴工修筑，“起自赤木，延亘玉泉之三塔墩，凡五十里。议集屯丁六千人，厚其犒饩，令都指挥陈爵统而作之。于是甃缺墉成，削坚壁立，凿深錾缭，虽未及沙湖城之壮伟，亦足以划断胡虏跃马之路矣。关门三，曰：赤木，曰：灵武，曰：玉泉，可方轨并骑出，以便我之樵苏哨系，凡三十五日而工告成”。当时修筑这道长城时考虑到士兵久役疲惫，加之马上天冷地冻，时间仓促，因此采取了相对便捷省力的挖堑方式，这也是遵循王琼所一贯主张的修边策略。

二、嘉靖十年前后宁夏修边争议

根据《北虏事迹》，王琼为这次修边制定了“修边凡例”，对修边标准予以明示，颁发修边各部属遵照执行。“花马池一路并平虏城，堑俱深二丈，口阔二丈，底阔一丈八尺。堑内筑垒，高一丈，底阔三丈，收顶一丈二尺[①]。拦马墙高五尺。筑墙必高广皆二丈，垛墙高五尺。定边营每一里，其余每五里，盖铺房一座，拨军巡守。”关于东关门墙，根据其图说规划所绘制的“设险守边图说”，“定边营南山口起，西北至横城旧墙止，共长二百二十八里，内筑墙一十八里，开堑二百一十里”，图说标示定边营位置两侧为墙垣，其余地段均为堑制，并在花马池城外规划暗门一处。

据《嘉靖宁夏新志》：“东关门，在花马池城北六十步。即尚书王琼弃长城所筑之沟垒也。延长五十四里，墩铺五十座。”[②] 张雨《边政考》亦有类似记载，前后所载里程何以有如此差异？其实是这段长城在此后进行了大规模的续修改建，王琼所挖壕堑大部分被改建为垒墙，修筑方式及防御重心已经由挖壕摆边转变为夯筑墙垣、临墙设防了。据赵时春《重修边墙记》，王琼之后，唐龙历经四年“博采群献，惟良是是。凡厥边保，悉恢故制。宁夏夹河西，逦亘数百里，颓垣垫洫，于崇于浚。嘉靖十四年（1535）秋，功乃告竣”，主要是加高利用王琼垒墙，形成了新的边防工事“深沟高垒”。自此，宁夏河东地区长城防御工事形态从壕堑为主转变为墙垣为主了。但由于河东地区风沙肆虐，兴武营段新修墙垣“土沙相半，不堪

① （明）马汝骥《定边营墙堑碑》载“凡墙高二丈，底厚如之，顶一丈二尺”，“堑内堤高一丈，底厚三丈，顶一丈五尺”，与此数据有别。

② （明）胡汝砺纂修：《嘉靖宁夏新志》，宁夏人民出版社，1982年，第247页。

保障”。嘉靖十六年（1537），刘天和还沿该段“边墙内外挑挖壕堑各一道，袤长五十三里，深一丈五尺，阔一丈八尺，人斯有恃”以加强防御。《嘉靖宁夏新志》成书于嘉靖十九年（1540）前后，其中深沟高垒、东关门墙并称分叙，前者指新修墙垣，后者特指王琼所挖河东壕堑未被叠压替代的残留部分。

关于北关门修边里程，史志记载有三十五里、四十里、五十里数种说法，都不为错。三十五里为正式边墙长度，四十里增加了沙湖以东至黄河边五里附墙，所谓五十里应该是计算了中间沙湖水域宽度。据《嘉靖宁夏新志》记载，北关门最初修筑位置起自“贺兰王玘口，北去平虏城四十余里。命既下，工号费繁，役不能举，改就筑今之地。为城，为堑，视其地势所宜”。[①] 可知此段长城修筑亦有曲折，不但修筑线路做了改动，修筑方式与齐之鸾所述也有差异。王玘口可能为打硙口之误，今平罗县白虎洞沟口南贺兰山东麓发现有一道人工壕堑遗迹，未能详究是否就是嘉靖十年（1531）最初修筑的北关门旧迹。

关于西关门修筑情况，史料前后记载差异最大，争议最多。根据齐之鸾《朔方天堑西关门记》，该项工程“起自赤木，延亘玉泉之三塔墩，凡五十里。议集屯丁六千人”，“于是甃缺墉成，削坚壁立，錾湥堑缭”，“凡三十五日而工告成”。而据《嘉靖宁夏新志》述及西关门修筑情况，“北自赤木口，南抵大坝堡，八十余里”，“奏役屯丁万人”，“逾六月而成之”，[②] 线路走向、长度、役使人数、工程用时等与齐之鸾所记均有出入。王琼《设险守备图说》亦标示此段“崖堑长八十四里”，起讫位置从贺兰山山嘴墩东南延伸至大坝堡黄河岸，这也是齐之鸾第二次考察后上报路径。最初齐之鸾从唐徕坝口沿前巡抚王珣所设靖虏渠考察线路至山嘴墩，线路长一百三十七里，后感觉此线路迂曲绕行且沿途缺水，遂重新勘定线路上报王琼。实际上齐之鸾当年仅督修完成赤木口至玉泉营段，并于赤木口、灵武口、玉泉营设关门三处，方便边内军民出边放哨打柴。玉泉营至大坝堡四十里，可能为此后嘉靖十一年（1532）齐之鸾督工续修，两者相加，与第二次上报王琼数据基本一致。因此《嘉靖宁夏新志》中所记载的工期、修边费用及役用人数，也应该是两次工程合并统计。

嘉靖十一年（1532）杨志学任宁夏巡抚，沿贺兰山创筑威远、平胡、靖虏三堡以驻兵防御，西关门墙在创修后不久即告放弃。关于其废弃的原因，当时的史料也有记载，“成未月余，风扬沙塞，数日悉平……随挑随淤，人不堪其困苦。巡抚都御史杨志学奏弃之”。嘉靖十九年（1540）杨守礼在距此西约四千米的贺兰山脚下

① （明）胡汝砺纂修：《嘉靖宁夏新志》，第 89 页。

② （明）胡汝砺纂修：《嘉靖宁夏新志》，第 85 页。

重筑赤木口三关，筑墙防御，防线前移，等于彻底废弃了位于山前洪积扇上的这道壕堑防御工事。根据《嘉靖宁夏新志》记载，在听说到要修筑这道边墙提议时“父老以为不可，将士以为不可”，齐之鸾一意孤行“坚不可回”，则将这道边墙创设及失败的原因都归咎于齐之鸾，因此《嘉靖宁夏新志》中对齐之鸾《朔方天堑西关门记》也未予载录。幸好后人编纂的《入夏录》中收载有这篇文章，使我们有幸一窥事情究竟。齐之鸾在文中明确表示，这道防御工事，王琼主张挖堑，而他则力主筑墙，即：“北东二役，晋溪公主堑，予必主城，迨城成而晋溪公喜动颜色也。胡今堑之，不复争乎？”改墙为堑，实际上主要责任在王琼，并非齐之鸾“一意孤行”，虽然他也讲了很多不得已的客观理由，为王琼开脱，也指明了即便王琼也认为墙优于堑，并且预测到壕堑防御效果必不如城墙，并且主张后续继续跟进完善，以达到预期的防御效果。

三、修边功绩评价争议

有关嘉靖十年（1531）宁夏镇所修的东、西、北三道边墙中，争议最大的当数西关门。此段壕堑是利用贺兰山堑洪积扇戈壁砂地就地取材而建，地表多为砂石土质，因而所设壕墙稳固性差，坍塌损毁严重，加之贺兰山前地带地势开阔、冬春季节风沙肆虐，因此此地挖壕设堑绝非上策，最终废弃也是迫不得已。究其原因，最主要的是选址不当，加之修边策略有问题，在风沙弥漫的贺兰山前挖壕设堑，完全低估了大自然的力量，并且没有很好地听取当地将士、父老的意见，因此导致了最终的失败。力主挖壕设堑的是总制王琼，而且这一条修边线路虽然是齐之鸾设定，也是得到王琼批准的，因此如果说追究失败责任，也是王琼首责，《嘉靖宁夏新志》将这道长城防线废弃的责任完全怪罪于齐之鸾，则明显是有失公允的。所谓“制府亦以为不可”，则是“为尊者讳”，替王琼开脱。齐之鸾官小言微，且已经于嘉靖十三年（1534）病逝，无法发声自辩。同时，《嘉靖宁夏新志》是管律受时任宁夏巡抚杨守礼之托主持修撰，书中对当时杨守礼另选新址、主持修建新赤木关一事大书特书，大加褒奖，而对此前旧工事有所贬抑，不便指出放弃旧边壕堑的责任实际上在杨志学、杨守礼等人，只好尽数推责于齐之鸾。齐之鸾对宁夏修边亲力亲为，功勋卓著，巡抚胡东皋“疏其才能劳勋，举以自代。王公、朱公、方公俱力荐之”，但最终朝廷并未采纳，此中必有不同意见。此后嘉靖十一年（1532）上任的巡抚杨志学果断放弃了西关门墙，没有继续维护续修，也是在部分否定齐之鸾的修边政绩策略，想必齐之鸾当年离开宁夏时心中也是五味杂陈，颇有不甘。

实际上，这也与王琼同年离任、而后任三边总制唐龙边防理念与筑边策略的转变有关。王琼守边，主张调集重兵布置于边防一线，遣精兵数万，置于一线，扬威塞上，谓之“摆边”，倚重人防而非具体工事，可谓是救一时之急，而非长久之策。唐龙临边，面临赈济救灾与边防稳固两方面任务。嘉靖十一年（1532），“陕西大饥。吉囊拥众临边，延绥告警。诏进龙兵部尚书，总制三边军务兼理振济，赍帑金三十万以行”。唐龙赴任后首先了解了当时的墙堑之争，也看到了墙堑防御效果，此后他果断改堑为墙，以工代赈，前后持续四年，有了时间和经费保障，自然可以便宜行事，从长计议，逐年开工，不断续修完善河东长城，收到了很好的效果。当然，此后刘天和总制任内，在兴武营一带、沿河边墙等处也挖设壕堑，可以看作是对唐龙壕墙的补充和完善，但整体上由堑改墙的修筑方式大方略再未改变。王琼激劝齐之鸾，仅用一年时间就修完了宁夏东、西、北三面边墙，由于时间紧、任务重，而且主要是缺少经费，因此当时主要采取了堑制。

在修筑东长城时，齐之鸾及督修诸将最初皆主张筑墙，“晋溪公切责诸将，筑墙非宜，复改为堤，惋叹自咎”。此后齐之鸾途经毛卜剌堡休憩，朱题“邃老殷鉴”，以当年杨一清筑墙愿望未实现标榜警示并题诗留念，表达遗憾之意。在修筑平虏城北长城时，最初也坚持王琼挖壕设堑方略，筑大堤深垒之上，但因“土苦崩圮，今改筑为墙”，齐之鸾认为“虚堑危堤土不根”，遂“命丁夫如东路，改堤为墙，喜成重险”后，“城成而晋溪公喜动颜色也，小臣犬马之心始安矣”，可见王琼也不是没有意识到墙优于堑，王琼认为挖堑可“大省劳费”，“比之筑墙工省数倍，而为利无群”。相对于筑墙，挖堑省工、省时、花费少，同时工程易成。这一点也从齐之鸾所撰写的《登横城北眺杨邃庵所筑边墙》一首七言律诗中可以得到印证：“新墉山立界华夷，元老忠谋世莫知。流俗眩真人异见，宏规罢役岁兴师。万夫版筑忧公帑，千里生灵借寇资。试问迩来胡出没，何缘不自横城窥？”全篇体现了作者对杨一清筑边方略及功绩的认可和筑边大业功败垂成的惋惜之情。

嘉靖七年（1528）以来，由于北方边地灾害频仍，国虚民弱，各方面不愿、也无力实施大规模的筑墙力役。在齐之鸾初次拜谒王琼时，王琼提出了“欲改筑横城以东至榆林边墙”的想法，并命其“略为经费其始末”，齐之鸾提出了“每岁请出内帑银十余万两，命守臣戍卒筑之。计三年用银三十万两”的修边方略及费用预算。这个预算及修边方式，在当时必然是不可能实现的。

王琼以戴罪之身，于古稀之年远赴边地，宦海沉浮几十年。前有余子俊、杨一清等人因修边获罪的经历教训，自己刚又因阁部之争几乎被政敌“论死”。官场险恶，他自然明悉，不似齐之鸾的意气风发与亢直秉性，考虑问题自然要周到稳妥些。已经坐稳帝位的嘉靖皇帝搞权力平衡，赦免了王琼的死罪，让他临边任事，已是莫大恩宠。能在两年之内，修边数百里，仅花费白银数万两，遭人非难，已实属不易。因旧边离城太远，不利防守，他果断放弃河东墙，改筑新边，以及在北边修筑北长城，加强平虏城的守御，都是非常有卓识远见的。至于以河东新边修成后“弃旧边不守”或北长城“弃地几十里”为由，指责诋毁王琼修边功绩，除了当时的一些言臣书生不赴边地，不了解具体边防形势下的苛责空谈，更多的可能是当时险恶的政治环境下朋党之间相互斗争倾轧的借口罢了。

结语

嘉靖十年（1531）的修边活动，有如此大的争议和影响，一方面与当时的修边规模及对后世修边活动的影响牵连有关，另一方面也反映了当时重人与重物的防御理念及具体的墙堑之争修边策略不同所导致的认识差异与斗争，此次修边后数年间风评急剧转变，也是这种理念转变的体现。这里面有客观的基于边防实践下的政策转变、墙堑防御效果因素考量，同时也是边防形势发展下修边防御认识理念的深化和检讨，更与当时朝野党争的政治斗争息息相关。

附：齐之鸾《朔方天堑西关门记》

总制军务太子太保、兵部尚书，晋溪王公琼，初与之鸾经略斯土，其言曰：“岁在戊子正月，贼自五岔河踏冰渡，沿野鸡台西登于岸，反出镇远关内假道以为西侵之径。前镇帅杭雄中其饵，偾军贺兰，士马物故无算。今庚寅五月，贼从西海来，乃傍灵武高东入，以归巢穴。后镇帅赵瑛惮其众，坚壁平羌，贼杀掠人若畜各千余，宿留数日以去。此元兵如夏之道也，夏其危哉。兹议北堑沙湖，以中据河山之险，足以御一面矣。而镇之坤隅独缺，非万全计也，子其图之。”之鸾乃亲往相度，南从唐来坝口，循前巡抚都御史王珣所凿靖贼故渠，以北迺山嘴墩，凡百三十七里，可以浚筑为险，以复于公。公疏其说于朝，诏以为可。既而之鸾自意，宜必有径近，可省费而易成。乃入山披蒙茸，陟巉岩，宋苏轼《后赤壁赋》：“履巉岩，披蒙茸。”下绝坂，揽形胜，求水泉，往来三日，则得赤木山口，距大坝堡城之西北址仅八十余里耳。山口有石数里，亦可累以为城焉。因建议战士方皆就北东二役，此宜籍屯丁为之。更复于公，并告我巡抚右佥都御使胡公东皋。皆曰：甚善！甚善！或者不察，驳以多石，而土人狃于久安，多和之者。公为之停役。辛卯岁秋八月，公从鸣沙渡河，自来营度，约胡公暨镇守左监承刘公玉胥往会，商以或者之见。公曰："古獯鬻皆居此邦之西，苏武牧羝处与贼所失祁连、焉支诸山，旧当安在？矧西海贼如未然之火，已星星积薪下矣，孰谓此不足备也？且设险贵于要害耳，戎夏之间安得尽为黄白壤以便吾役哉。"二公咸以为然，乃竟从之鸾相。起自赤木，延亘玉泉之三塔墩，凡五十里。议集屯丁六千人，厚其犒饩，令都指挥陈爵统而作之。于是甓缺墉成，削坚壁立，凿深鏊缭，虽未及沙湖城之壮伟，亦足以划断胡虏跃马之路矣。关门三，曰：赤木，曰：灵武，曰：玉泉，可方轨并骑出，以便我之樵苏哨系，凡三十五日而工告成。号召黔愚，经纪缺乏，焦劳绥辑之，寓胡公之料理周详矣。之鸾但受成监督耳。或谓之鸾曰：北东二役，晋溪公主堑，子必主城，迨城成而晋溪公喜动颜色也。胡今堑之，不复争乎？徐应之曰：夏人劳矣。役不可久矣，履霜而土将凝矣，《无衣》之叹，典矣。公帑竭矣，得堑而饩羊已存，何城之敢复望也。然前说竟不可易，数年之后且必见之何也。贼以北东二城厚完而不可入，将东苹之榆林，闻榆林戒严，而亦议城阻矣，将西苹之贺兰之后，今兹堑所未环之，堡必有受其毒者，是地安得不终城，而大坝之险可不终续乎哉？此后君子之责也，书以记之。嘉靖辛卯十月朔日记。

长城多学科建设

镁含量对传统石灰早期强度的影响研究 *

王一璇 曹瑞东 段 睿 任毅敏 逯 焱 **

长城是中华民族的瑰宝。在中国，明长城共有 8851.8km。石灰是长城重要的黏结材料，主要成分为氢氧化钙及碳酸钙，但也有学者发现在某些长城灰中有镁元素。① 当石灰中镁含量超过 5% 时，被称为镁质石灰。② 镁质石灰与钙质石灰间生产工艺具有明显差异：钙质石灰源于高钙石灰岩，镁质石灰则基于白云石灰岩或白云岩；高钙石灰岩在 900~1100℃下生成气硬性高钙生石灰（CaO），而白云石灰岩在 730~790℃就分解出氧化镁（MgO）和碳酸钙（$CaCO_3$），烧成温度较低；钙质生石灰快速消解并固化，镁质生石灰中 MgO 消解缓慢，同时伴随着固化反应。

关于镁质石灰国内外有部分研究，Arizzi 等人指出镁质石灰比钙质石灰表现

* 基金项目：山西省高等学校人文社会科学重点研究基地（长城文化生态研究院）项目（编号：SDCC2023010）；山西大学本科生创新培训项目（编号：X202310108403）；山西省高等学校科技创新项目（编号：2023L014）。

** 作者简介：王一璇，山西大学电力与建筑学院本科生；曹瑞东，山西大学电力与建筑学院副教授；段睿，山西大学电力与建筑学院本科生；任毅敏，山西大学考古文博学院教授；逯焱，山西大学电力与建筑学院硕士研究生。

① 单思寒等：《北京延庆和怀柔明代长城灰浆微结构剖析对比研究》，《硅酸盐通报》，2022 年第 9 期，第 3047-3058 页。王怡婕等：《镁质石灰建造的明蓟镇砖石长城保护问题初探》，《世界建筑》，2022 年第 9 期，第 80-85 页。

② 《生石灰：JC/T479—2013》，中国建材工业出版社，2013 年。《建筑消石灰：JC/T481—2013》，中国建材工业出版社，2013 年。《石灰术语：JC/T619—1996》，国家建筑材料工业局标准化研究所，1996 年。

出更明显的韧性，[①]Chever 提出镁质石灰具有吸水性弱、孔隙率低、密度大等特点，[②]Jennifer 的研究表明镁质石灰相比于钙质石灰具有较低的透气性及更优秀的抗冻融性能。[③] 戴仕炳等专家学者对多地明蓟镇砖石长城灰浆进行了研究，发现其传统石灰样品多数为镁质石灰，[④] 齐国栋通过比较明长城建筑灰浆与大庄科段现代修补灰浆揭示了古代灰浆的性能演变规律，[⑤] 周月娥整理了国内镁质石灰的相关研究，并针对国内关于镁质石灰的空白提出了许多建议。[⑥]

尽管国内外在传统石灰的研究领域已取得一些成果，[⑦] 但多数研究的焦点仍聚焦于钙质石灰及其改性上，镁含量对石灰宏观性能影响及微观机理并不十分明确。而国际上在对历史砂浆的保护和修复中，镁质石灰占据的地位日渐突显，[⑧] 镁含量作为镁质石灰化学成分的重要组成部分，其对石灰的物理和化学性质都有着显著的影响。本研究旨在深入探讨镁含量对石灰早期强度的影响，以期揭示镁在石灰硬化过程中的具体作用机制，为镁质石灰的优化和应用提供新的思路和方法。

---

① Arizzi A, Cultrone G. The difference in behaviour between calcific and dolomitic lime mortars set under dry conditions: The relationship between textural and physical–mechanical properties. Cement and Concrete Research, 2012, 42(6): 818-826.

② Chever L, Pavía S, Howard R. Physical properties of magnesian lime mortars. Materials and Structures, 2010, 43(1/2): 283-296.

③ Jennifer Schork. Dolomitic Lime in the US. Journal of Architectural Conservation, 2012, 18(3): 7-25.

④ 戴仕炳等：《明蓟镇砖石长城镁质石灰发现及思考》，《中国建筑学会建筑史学分会年会暨学术研讨会 2022 论文集：发展中的建筑史研究与遗产保护》，2022 年，第 531-534 页。

⑤ 齐国栋等：《明长城大庄科段古灰浆成分分析及性能演变》，《硅酸盐学报》，2022 年第 8 期，第 2163-2172 页。

⑥ 周月娥等：《我国传统镁质石灰初步研究》，《文物保护与考古科学》，2021 第 1 期，第 43-50 页。

⑦ 张云升：《中国古代灰浆材料科学化研究》，东南大学出版社，2015 年。李乃胜：《中国早期人工建筑材料》，文物出版社，2016 年。张典等：《古建筑修缮中粉化石灰的占比对灰浆性能的影响》，《材料导报》，2023 年第 10 期，第 133-138 页。魏国锋等：《石灰种类对传统糯米灰浆性能的影响》，《建筑材料学报》，2015 年第 5 期，第 873-878 页。杨华山等《中国传统糯米－石灰砂浆的原材料和结构》，《混凝土》，2015 年第 1 期，第 131-135，139 页。赵鹏等：《桐油－石灰传统灰浆的性能与作用机理》，《硅酸盐学报》，2013 年第 8 期，第 1105-1110 页。

⑧ Tanja D, Shibing D. Types of lime binders in mortars used for the construction of the Ming Great Wall of China and their importance for the development of a conservation strategy. Built Heritage, 2022, 6(1): 55-75. Dheilly R M, Bouguerra A, Beaudoin B, et al. Hydromagnesite development in magnesian lime mortars. Materials Science and Engineering A, 1999, 268(1/2): 127-131.

一、实验

（一）试验材料

试件以氢氧化钙和氢氧化镁作为胶凝材料，氢氧化钙采用工业级，应符合表 1 统一标准，氢氧化镁采用分析纯试剂，纯度不低于 98.0%，生产商为天津市大茂化学试剂厂。骨料选用标准砂，拌和用水为纯净自来水。

表 1　工业氢氧化钙要求

氢氧化钙 $[Ca(OH)_2]w/\%$ ≤	酸不溶物 $w/\%$ ≤	干燥减量 $w/\%$ ≤	（0.075 mm 试验筛筛余物）$w/\%$ ≤
90.0	1.0	2.0	5

（二）试件设计与制作

试件的水胶比采用 0.8，胶砂比取 0.5，具体配合比设计如表 2 所示，依据《水泥胶砂强度检验方法》（GB/T17671—2021）进行制备，160mm×40mm×40mm 的砂浆试件用于抗压强度测试及抗折强度测试，其余测试均采用 10mm×10mm×10mm 的净浆试件，净浆试件配合比如表 3 所示。

试验主要考虑氢氧化镁的含量对石灰早期强度的影响，共设计了 4 组配合比，氢氧化镁的含量分别为 0%、10%、20%、30%，砂浆试件编号命名为 M0、M1、M2、M3，净浆编号为 ML0、ML1、ML2、ML3。试件按设计配合比进行拌制，经搅拌、成型及脱模后，放入标准养护箱［（20±2）℃、RH>95%］中养护，分别在 3d、7d、14d、28d 进行测试。

表 2　砂浆试件配合比

	$Ca(OH)_2$/g	$Mg(OH)_2$/g	水 /g	砂 /g
M0	500	0	400	1000
M1	450	50	400	1000
M2	400	100	400	1000
M3	350	150	400	1000

表 3　净浆试件配合比

	$Ca(OH)_2$/g	$Mg(OH)_2$/g	水 /g
ML0	50	0	40
ML1	45	5	40
ML2	40	10	40
ML3	35	15	40

（三）试验设计

1. 砂浆流动性测试

根据《水泥胶砂流动度测定方法》（GB/T2419—2005）确定砂浆的流动度。按表 2 制备石灰砂浆后，将其分两层装入模内，第一层装至截圆锥模高的三分之二处，用小刀在相互垂直两个方向各划 5 次，用捣棒由边缘至中心均匀捣压 15 次；随后，装第二层胶砂，装至高出截锥圆模约 20mm，用小刀在相互垂直两个方向各划 5 次，再用捣棒由边缘至中心均匀捣压 10 次。捣压后胶砂应略高于试模，捣压深度，第一层捣至胶砂高度的二分之一，第二层捣实不超过已捣实底层表面。

捣压完毕取下模套，用刮平刀将高出截圆锥模的胶砂刮平，刮平后将截圆锥模垂直向上轻轻提起，启动电机，跳台以每秒一次的频率开始跳动，在 25±1s 内完成 25 次跳动。

跳动完毕，用刻度尺测量水泥胶砂底部扩散的直径与相对垂直的二直径的平均值为该水泥在该水量时的胶砂流动度，以 mm 表示。

2. 力学性能试验

试件抗折抗压采用型号为 UTM4204 的电子试验机进行加载，可施加最大荷载为 5kN，精度为 0.01N，全程采用位移控制，加载速率为 5mm/min。

3.SEM 扫描电镜测试

试件的微观结构测试采用了扫描电子显微镜进行测试。测试前将样品喷金镀膜处理，测试装置如图 1 所示。将样品台放进样品室后，设置测试电压为 5kV，调整合适的参数以获得所需的图像质量。扫描电子显微镜的主要原理是以高能电子束作为光源，与被测物质发生作用，产生二次电子、背反射电子、吸收电子等信息，接收器根据接收到的不同物理信号的强度、分布，将数字化处理成像，通过光电倍增管和光电转换器后将图像显示在屏幕上，从而得到清晰的试件表面形貌、颗粒尺寸等图像。

4. 压汞法测试

本实验使用 AutoPore Ⅳ 9520 全自动压汞仪来测定试件中的过渡气孔，宏观气孔的孔径及其分布。打磨样品后，将样品放入仪器中，去除样品中的空气，在 25℃的室温下将汞压入被测物体的毛细孔中，增大压力，当外压力大到足以克服毛细管力时，汞进入孔隙，测量不同外压下进入孔中汞的量即可知相应孔大小的孔体积。测试装置如图 1 所示。

5.X射线衍射分析

测试前，把石灰样品研磨到粒径45μm左右的粉末状，采用DX-2700X射线衍射仪，工作状态40kV，50mA。速度为2°/min，扫描范围10.0°~80.0°，步长为0.02。测试装置如图1所示。

图1　SEM扫描电镜（右下）AutoPore Ⅳ 9520全自动压汞仪（左）DX-2700X射线衍射仪（右上）

二、结果与讨论

（一）氢氧化镁对石灰流动性的影响

如图2所示，随着氢氧化镁含量的增加，砂浆的流动性越来越大。其中氢氧化镁的含量达到10%时，石灰砂浆的流动度可以达到15.2cm，与M0相比有明显提升，当氢氧化镁的含量达到20%时，石灰砂浆的流动度达到15.95cm，再继续增大氢氧化镁的含量，石灰砂浆的流动度增长较小，基本持平。添加适量的氢氧化镁可以显著改善石灰砂浆的流动性。相关文献表明，随着镁含量的增加，砂浆的毛细吸力随之降低，使灰砂浆具有更好的流体性能。[①]

① Chever L, Pavía S ,Howard R .Physical properties of magnesian lime mortars. Materials and Structures, 2010, 43(1/2): 283-296.

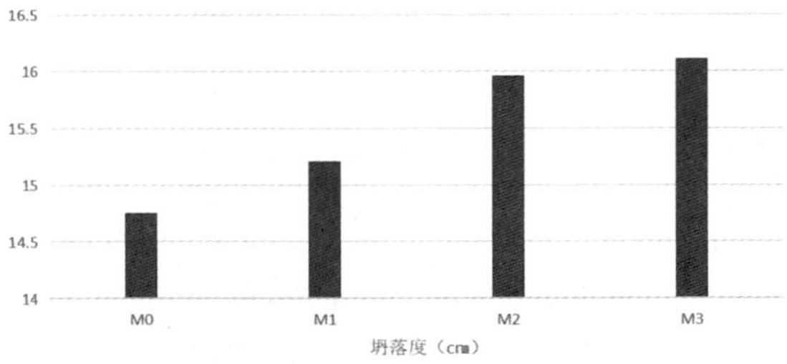

图 2　不同氢氧化镁含量下砂浆的流动性

（二）氢氧化镁含量对石灰力学性能的影响

在标准养护 3d、7d、14d、28d 后对石灰试件进行力学强度试验，测得各组试件抗折强度及抗压强度如图 3 所示。由图 3 可知，在石灰试件的制备过程中，氢氧化镁的掺入对试件的抗折强度和抗压强度均产生了显著的影响。

图 3（a）为不同氢氧化镁含量下石灰试件的抗折强度柱状图。随着养护龄期的增长，不同掺量试件的抗折强度呈上升趋势，对比不同镁含量对试件抗折强度的提升幅度，3d 时，随着氢氧化镁的增加，抗折强度减小，超过 3d 后，随着氢氧化镁的增加，试件抗折强度增加。

这一现象表明，早期增加氢氧化镁，会对试件的抗折强度起消极作用；而后期氢氧化镁对试件的抗折强度起积极作用。

图 3（b）为不同氢氧化镁含量下石灰试件的抗压强度柱状图。从图中可以看出，随着养护时间的变长，各试件的抗压强度在不断增大；而同龄期，随着氢氧化镁的增加，抗压强度先增大后减小。

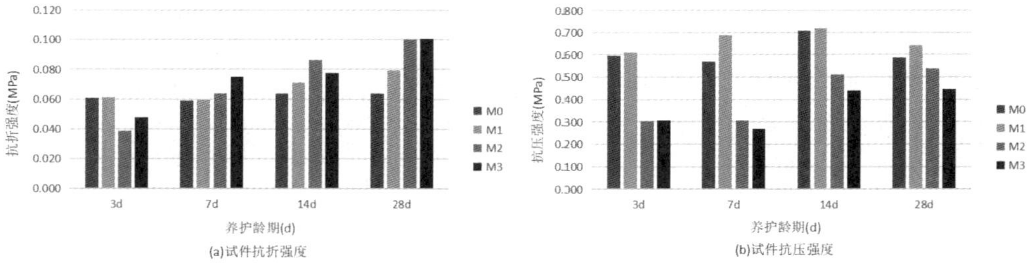

图 3　不同氢氧化镁含量下石灰力学性能变化

当镁含量较低时，镁离子能够顺利地融入石灰的结构中，与钙离子共同形成更为稳定的晶体结构，因此硬度得以持续增长。然而，随着镁离子浓度的不断增大，镁离子在结构中的分布逐渐变得不均匀，形成了过多的镁离子聚集区域。这些聚集区域不仅削弱了原本钙离子间的连接，还导致了石灰晶体结构的局部扭曲和变形。因此，高镁含量的试件强度最初低于低镁含量的试件。而其抗折能力强，可能是形成了类似纤维的晶体，导致了其抗折能力与抗压能力的显著不同。[①]

（三）SEM 观测

将 28d 龄期的 ML0 与 ML2 进行 SEM 测试，相关图片如图 4 所示。

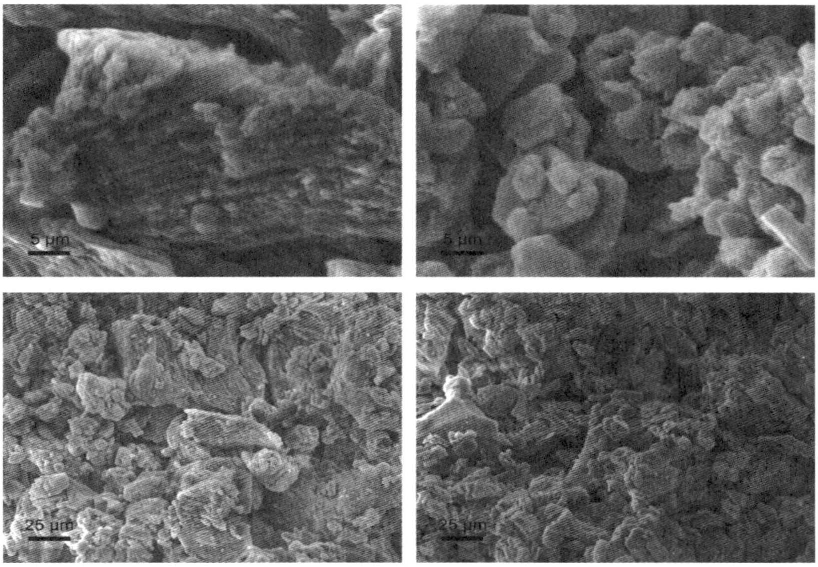

图 4　28d 时 ML0 组（左）及 ML2 组（右）的微观形貌

如图 4 所示，ML0 组表现为不规整的块状体，表面存在许多条纹状细小沟壑且团聚着许多小颗粒，这是氢氧化钙的典型表面形貌，[②] 而其表面团聚的那些比较平整、棱角比较分明的小颗粒是生成的碳酸钙。ML2 组的表面更加平整光滑，整体由分布较为均匀的较小微粒组成，可以看到碳酸钙和片状的氢氧化镁微粒[③] 以及大量块状未碳化的 $Ca(OH)_2$，但其整体形状不规则，且在局部区域出现较大空隙。

图 4 所示的试件中，氢氧化钙和碳酸钙的分布呈现出一定的规律性：氢氧化钙广泛地分布在试件中，形成了支撑性的骨架结构，而碳酸钙则主要出现在微裂缝和孔洞附近。这种分布模式可能与试件在固化过程中的化学反应紧密相关：氢氧化钙

---

① Silva, Santos A. Dolomitic lime: the past and present. Ambiente Construído, 2018, 18(4): 63-73.

② Navártilová E, Tihlaríková E, Nedela V, et al. Effect of the preparation of lime putties on their properties. Scientific Reports, 2017, 7: 17260.

③ 王美佳等：《氢氧化镁的制备及机理研究进展》，《金属矿山》，2024 年第 4 期，第 150-159 页。

与空气中的二氧化碳发生反应生成碳酸钙。碳酸钙的生成及其在试件中的分布受到微裂缝和孔洞等微结构的影响，这些结构为二氧化碳的扩散和反应提供了通道和空间。同时，生成的碳酸钙有效地填充了灰浆中的孔隙，从而细化了灰浆的孔隙结构。

（四）XRD 分析

28d 时，ML0 和 ML2 的 XRD 图谱如图 5 所示。X 射线衍射分析揭示了 ML0 及 ML2 组试件在碳化过程中的连续性，具体化学反应机制为：$Ca(OH)_2+CO_2=CaCO_3\downarrow+H_2O$，氢氧化钙与二氧化碳气体间相互作用，产生碳酸钙沉淀和水。但相同条件下，并未观察到氢氧化镁与二氧化碳发生类似的反应：$Mg(OH)_2+CO_2=MgCO_3\downarrow+H_2O$。这是因为氢氧化镁的化学稳定性及其低溶解度的特性，导致其与二氧化碳的反应极为缓慢。而氢氧化钙与二氧化碳接触时能够迅速发生碳酸化反应，短时间内生成大量的碳酸钙，因此，在试件的早期阶段，氢氧化钙的存在显著增强了其强度性能。①

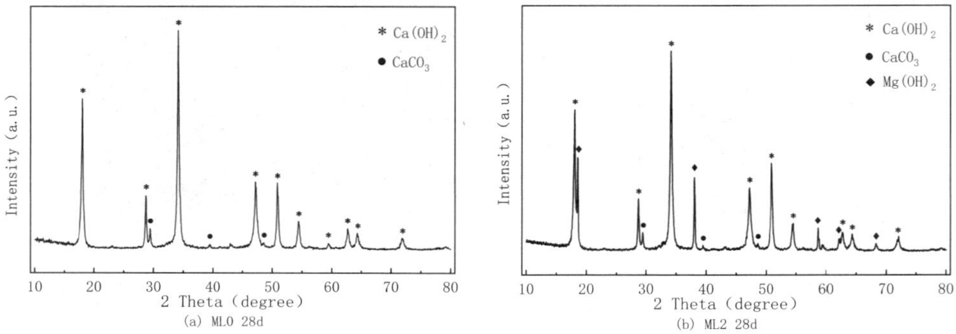

图 5 28d 时，ML0 和 ML2 的 XRD 图谱

（五）孔结构分析

对于气硬性石灰而言，其孔隙率和比表面积会随着碳化反应的进行而降低。②本实验通过压汞法（MIP）研究了不同镁含量下试件的孔隙结构特征，见表 4。

① Botha A, Strydom C A. DTA and FT-IR analysis of the rehydration of basic magnesium carbonate. Journal of Thermal Analysis & Calorimetry, 2003, 71(3): 987-96.

② Aggelakopoulou E, Bakolas A, Moropoulou A. Lime putty versus hydrated lime powder: Physicochemical and mechanical characteristics of lime based mortars. Construction and Building Materials, 2019, 225, 633-641. Arandigoyen M, Bicer-Simsir B, Alvarez J, et al. Variation of microstructure with carbonation in lime and blended pastes. Applied Surface Science, 2005, 252(20): 7562-7571.

表 4　试件孔隙结构参数

样本	总孔体积 /(mL · g^{-1})	总孔面积 /(m^2 · g^{-1})	平均孔径 /nm	中孔孔径 /nm	孔隙率 /%
ML0 28d	635.18	15.832	160.49	912.16	45.672
ML2 28d	580.01	12.463	186.15	766.80	48.166

试件的孔径分布和总孔体积如图 6 所示。虽然两组试件的孔隙都分布集中在 1 μ m 左右的范围，但 ML0 组较 ML2 组的孔隙更大。进一步深入探究，发现 ML0 组试件的孔径分布曲线呈现出较为宽泛的峰形，表明此时孔隙尺寸分布范围较广，既有较细小的微孔，也存在一定数量的较大孔。而 ML2 组试件的孔径分布曲线的峰值较低，且向更小的孔径方向偏移，这说明镁的加入填补了较大的孔隙，在反应过程中起到了填充和桥接作用，使得孔隙分布更加均匀且趋于细小。

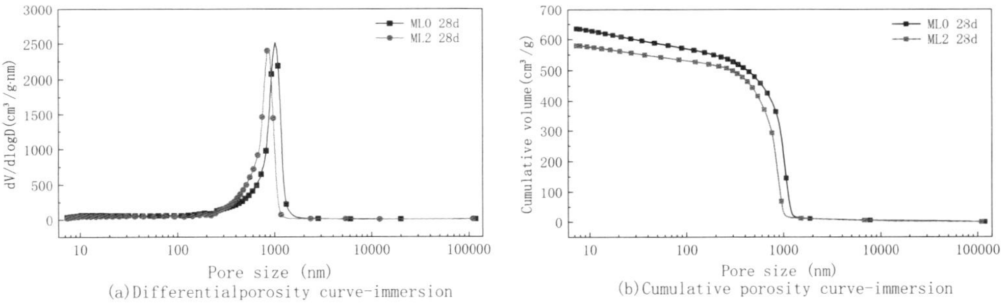

图 6　试件孔隙结构特征图

结论

本文对石灰砂浆进行了流动性、力学性能及多种微观实验，主要结论如下：

（1）氢氧化镁的增加显著减小了石灰砂浆的毛细管吸力，从而增强了石灰砂浆的流动性能。

（2）宏观力学方面，镁含量增加对于抗压抗折的变化规律影响大不相同。随着养护龄期的增长，不同掺量试件的抗折强度呈上升趋势，同龄期的试件抗折强度，随着镁含量的增加，强度基本上越来越大；抗压强度也随着龄期增大而增大，但同龄期下，随着镁含量的增加，抗压强度先增大后减小。

（3）微观测试说明，适量镁离子能够与石灰中的其他离子发生相互作用，形成稳定的化合物。这些化合物能够填充在石灰的晶体间隙中，增强石灰的密实性和强度。随着镁含量的提升，石灰中的镁离子逐步取代了部分钙离子，形成了新的晶体相。这些新形成的晶体相不仅改变了石灰的晶体结构，还对其物理和化学性质产生了影响。镁的适量增加可以填补较大的孔隙，在反应过程中起到了填充和桥接作用，使得孔隙分布更加均匀且趋于细小。

驻防维艰：清代中后期宁夏满营的生计困境及其应对措施 *

李 杰 **

摘要： 清朝初年朝廷在经略西北的战略背景下设立宁夏满营驻防。清代中后期由于国家财政困难和区域社会变动等因素的影响，宁夏满营驻防面临粮饷不继的困境。对此朝廷和宁夏满营积极应对。在财政金融领域主要采取各省协响和发商生息的举措，但协响不到、发商银两赔没之事时有发生，存在极大的不确定性。在探索过程中，马厂开垦招租，以科租补饷逐渐成为一项稳定的经济来源。基于此成功经验，清末旗丁归农时兴修水利、开垦马厂成为安置驻防官兵的首选。但由于环境影响导致渠道淤塞难以发挥应有效用，加之驻防兵不事农业已久，归农目标并未实现。民国初年在宁夏护军使马福祥的强制命令下解散，归农一事不了了之。直到新中国成立后落实民族政策，才最终得到妥善、彻底解决。清代宁夏满营的生计问题兼具特殊性与普遍性，该案例能够进一步丰富、深化学界对清朝驻防军队生计和西北地区“满营模式”的认知。

关键词： 宁夏满营 驻防八旗 生计困境 旗丁归农 满营模式

八旗是清朝的一项根本制度，“不仅是清朝军队的核心部分，也是满族军政合

---

* 基金项目：山西省高等学校人文社会科学重点研究基地（长城文化生态研究院）项目（编号：SDCC 2023012）。

** 作者简介：李杰，山西大学中国社会史研究中心博士研究生。

一的社会组织和管理机构”，[①] 长期以来是清史研究中的一项重要课题。其中，“清代历史上，八旗生计问题非常引人注目，它几乎贯穿了清朝一代”。[②] 早在20世纪50年代，傅乐焕先生在《关于清代满族的几个问题》[③] 中就有关于八旗兵饷、生计等问题的讨论。此后学界从整体、宏观层面对八旗制度与八旗生计之间的关系、人口数量、生计问题产生的原因和后果以及应对措施等方面进行了研究。[④] 在清朝兵制中，八旗又分为禁旅八旗和驻防八旗。[⑤] 近些年来随着研究的深入，驻防八旗逐渐成为学术热点。其中既有关于驻防八旗生计问题整体性的研究，[⑥] 也有各地驻防八旗个案的讨论，如关于荆州、广州、福州、青州、伊犁等地驻防八旗生计的研究。[⑦] 从相关成果的题目和发表时间来看，“眼光向下”的个案式研究已成为近些年来深化八旗生计等专题研究的一条重要路径。

清代在各省要地共设置14个驻防将军，宁夏即其中之一，并与满营同驻满城，由此便可见宁夏地方与宁夏满营在清代尤其是前中期军事政治格局中的重要地

① 刘小萌：《清朝史中的八旗研究》，《清史研究》，2010年第2期，第1页。

② 李乔：《八旗生计问题述略》，《历史档案》，1985年第1期，第91页。

③ 傅乐焕：《关于清代满族的几个问题》，收录于氏著：《辽史丛考》，中华书局，1984年。

④ 相关代表性研究成果有：李乔《八旗生计问题述略》，《历史档案》，1985年第1期；李尚英《论“八旗生计”问题产生的原因及其后果》，《中国社会科学院研究生院学报》，1986年6期；严爱景《有关八旗生计措施》，《中央民族大学学报》，1996年第6期；韦庆远《论“八旗生计”》，《社会科学辑刊》，1990年第5期；周远廉《八旗制度和“八旗生计”》，《第三届国际满学研讨会论文集》，2002年；贾艳丽《清末旗人的民间自救》，《首都师范大学学报》，2008年第2期；贾艳丽《清末旗人军事改革与八旗生计》，《满族研究》，2009年第3期；范传南《乾隆朝八旗汉军出旗标准刍议》，《历史教学》，2010年第3期；魏影《清代八旗生计问题探析》，《哈尔滨工业大学学报》，2011年第2期；刘小萌《清代八旗人口的变化及其影响》，《清史研究》，2021年第4期。

⑤ 参见吕思勉：《中国通史》（下），北京理工大学出版社，2021年，第761页。

⑥ 任桂淳：《清朝八旗驻防兴衰史》，生活·读书·新知三联书店出版社，1993年；定宜庄：《清代八旗驻防研究》，辽宁民族出版社，1999年；潘洪钢：《清代八旗驻防族群的社会变迁》，人民出版社，2019年。

⑦ 关于各地驻防八旗的研究主要有：吴燕飞、杨凌云《福州驻防八旗生活保障初探》，《长江大学学报》，2012年第1期；张晨曦《论清代荆州八旗驻防》，《长江大学学报》，2014年第4期；徐雪坤《清代青州驻防八旗生计问题研究》，《山东理工大学学报》，2016年第1期；梁冲《广州驻防八旗生计问题探析》，《西昌学院学报》，2017年第2期；王刚《清代直省驻防旗地经营述论》，《中国经济史研究》，2017年第3期；荣欣《民国初年荆州驻防八旗生计初探》，《满族研究》，2022年第1期。

位。基于此，现有研究多关注宁夏满营在清朝经略边疆中的战略地位及驻防概况，① 其生计问题仅在部分论著中简略涉及，② 与青州、广州等地驻防研究相比还存在较大差距。我们在充分认识宁夏满营“对开拓祖国大西北和维护国家统一有较突出的贡献”③ 的同时，对其背后的“驻防维艰”问题亦不能忽视。换言之，宁夏满营在面临生计困境之时，尚“对西北地区的稳定起到了十分重要的作用，到清末时亦是如此”，④ 在两者对比之下更能够凸显其贡献的价值与意义。

驻防八旗的特殊之处在于他既与朝廷紧密相连，又与驻防地关系匪浅，“中央”与“地方”的色彩在其身上均有鲜明体现。故对其生计问题的认识，既应与朝廷政策等宏观因素相联系，又应放置在区域社会的历史中加以理解，从而使得相关问题的讨论能够“落地”。在综合运用档案、实录、方志等资料的基础上，本文试图回答宁夏满营面临怎样的生计困境，采取了哪些措施，成效如何等问题。对上述问题的回答，能够勾连起地方开发、区域社会变迁、省际关系、农业水环境等诸多方面，亦带有区域社会史研究的色彩。如此，才能够对宁夏满营形成多面的认识，这不仅是对宁夏区域历史的有益补充，也有助于补齐清代驻防八旗生计问题各地个案研究的“拼图”，从而推动我们对清代驻防八旗生计问题的全面、系统的认识。

一、“雄边之保障”：清代宁夏满营的建置概况

明清时期，宁夏在国家军事格局中的地位尤为重要，是经略西北的重要支点。明代在北地边陲设置九镇，“皆分统卫所关堡，环列兵戎，纲维布置”，⑤ 其中固原镇与宁夏镇大部位于今宁夏域内。正统后，河套成为蒙古游牧之地，“宁夏与山后虏

---

① 滕绍箴：《论清代宁夏八旗驻防及其历史贡献》，《北方文物》，1997 年第 4 期；李自然：《试谈宁夏八旗驻防的特点》，《满族研究》，2005 年第 4 期；锋晖：《甘肃八旗驻防的历史变迁及战略地位》，《宁夏社会科学》，2018 年第 1 期；邓涛：《藩部经略与直省支撑——宁夏地区在清朝边疆经略中的地位和作用》，《宁夏社会科学》，2020 年第 6 期。

② 吴忠礼：《未名斋存稿》（上），宁夏人民出版社，2020 年；范宗兴等著：《方志与宁夏》，宁夏人民出版社，2008 年；陈育宁主编：《塞北江南旧有名：宁夏历史十五题》，宁夏人民出版社，2003 年。

③ 滕绍箴：《论清代宁夏八旗驻防及其历史贡献》，第 77 页。

④ 邓涛：《藩部经略与直省支撑——宁夏地区在清朝边疆经略中的地位和作用》，第 184 页。

⑤《明史·地理一》，中华书局，1974 年，第 882 页。

为邻，贺兰山其界也”，[1]宁夏镇的军事价值进一步提升。明清鼎革后“满蒙一家”，[2]宁夏成为次边防地区。但其北接蒙古，西通河西走廊，位于直省和藩部、农耕区与游牧区的交界地带，“诚用武之要会，雄边之保障也”，[3]故顺治三年（1646）设宁夏抚标左右二营，此后陆续在中卫、灵州、花马池、洪广、玉泉营等紧要处设营驻兵。至康熙十五年（1676），设宁夏驻防。[4]康熙在用兵准噶尔的战争中，宁夏成为清军重要的军事基地，在《圣祖仁皇帝亲征平定朔漠方略》中可以看到宁夏兵士征调极为频繁。虽然军事压力减缓后即“撤回宁夏驻防兵”，[5]但之后康熙与大臣说道“宁夏地方紧要，宜设官兵驻防，可遣官往彼建造营房”，[6]已有在宁夏设置长期驻防的考量。

雍正时期再次用兵西北，宁夏满营驻防逐渐正式化、制度化。雍正二年（1724）三月，年羹尧上奏认为一旦哈密有战事，从内地征调满洲兵未免路途遥远，耗时过长而难以发挥作用，故建议“宁夏贺兰山之外，离哈密不甚遥远，宜于宁夏令满洲兵驻防，其驻兵若干，及官员数目，俟西宁事完，臣亲加审视，详细定议，再行奏闻”。[7]当年十月，年羹尧再次上奏，对相关事宜进行了详细安排，奏曰：

> 抚远大将军年羹尧疏，宁夏驻扎满洲兵之处，应设将军一员、副都统二员、满洲协领四员、蒙古协领二员。每旗满洲佐领各二员、蒙古佐领各一员。每佐领下防御各一员、骁骑校各一员。八旗共派驻防兵二千二百名，又八旗应添步兵一千二百名。左右两翼添放防御各一员，令其管辖步兵，看守城池仓库。于马甲内择其汉杖好者，令为前锋。再宁夏既驻满洲兵，应设理事同知一员。[8]

雍正允准，并任命苏丹为宁夏将军。[9]当年十一月即下旨安排相关兵员于次年四月内每两日启程一起，共八起，在京领二十日口粮，至大同再领二十日口粮，

---

① 沈德符：《万历野获编·言事》，中华书局，1959年，第510页。

② 滕绍箴：《满族发展史初编》，天津古籍出版社，1990年，第292页。

③ 乾隆《宁夏府志·地理》，宁夏人民出版社，1992年，第71页。

④ 鄂尔泰：《八旗通志·兵制三》，东北师范大学出版社，1985年，第534页。

⑤ 温达等奉敕：《圣祖仁皇帝亲征平定朔漠方略》，钦定四库全书本，第3页a。

⑥《圣祖仁皇帝实录》，康熙三十四年七月辛酉，嘉庆十五年武英殿刻本，第9页a。

⑦ 纪大椿等编：《〈清实录〉新疆资料辑录》（1），新疆大学出版社，2017年，第380页。

⑧ 齐木德道尔吉等编：《清朝世宗朝实录蒙古史史料抄》，内蒙古大学出版社，2009年，第60页。

⑨《清史稿·世宗本纪》，中华书局，1977年，第313页。

“由杀虎口过鄂尔多斯进横城口前往”。[1]朝廷为保证安全，特派理藩院章京二人在鄂尔多斯东西交界处驻扎保护。又因宁夏路远，“其驿站旧例一百里为一站，今应改八十里为一站”，[2]并且所发路费也颇为宽裕，旨谕“兵丁往口外走，收拾账房锣鼓等物，须得费用宽裕。马甲每人着加银三十两，步甲每人着加银十五两赏给”。[3]驻防后拨给炮四十位，由年羹尧负责办理。由此可见，雍正对设置宁夏满营驻防极为重视，而这与朝廷对西北战事的重视直接相关。[4]自此宁夏满营驻防正式固定下来。

除军事派遣外，为缓解京旗人口压力，西北各地的满营还成为北京旗人的重要安置地。“现在京中八旗户口繁盛，生计不无拮据。经朕特沛恩施，另赏鳏寡孤独钱粮，以资生理。其派往西安、凉州、庄浪、宁夏兵丁，俱照所派之额在京挑补”，[5]此举既减轻北京的人口压力，又有益于边境戍防，可谓一举两得。乾隆时期，在讨论移置凉州、庄浪满兵时，意见不一，有人主张移于汉中、成都、宁夏等地，或分派各省，最后因“宁夏又系富庶之区，应将庄浪满兵即移宁夏，似为近便”。[6]宁夏以府库之盈、地利之便又成为接收西北贫瘠之域满兵的重要地点，成为西北地区满人的一个重要聚居区。宁夏在接纳之外，亦有军事性质的对外输出，即“屡次抽补新疆”。[7]乾隆时期在新疆相继建立满城，其中乌鲁木齐巩宁城、古城孚远城的驻防八旗中便有来自宁夏满营的官兵。[8]在不影响军事战略布局的前提下，兼顾解决京中旗人的生计问题，是清代前中期该处满营驻防的显著特点。

清代八旗驻防，实行“满汉分城，民兵不扰”，[9]满城是驻防官兵及其家眷的基本生活区。宁夏有满城两座，旧满城在府城外东北，在乾隆三年（1738）的地震中废弃。乾隆五年（1740），“移建府城西十五里，平湖桥东南”，[10]筑城所占民地皆按户给价，“其原额正赋应请豁免，以河滨淤地拨补”，[11]并于六年后起科。新城周长

---

① 齐木德道尔吉等编：《清朝世宗朝实录蒙古史史料抄》，第 61 页。

② 齐木德道尔吉等编：《清朝世宗朝实录蒙古史史料抄》，第 61 页。

③ 齐木德道尔吉等编：《清朝世宗朝实录蒙古史史料抄》，第 61 页。

④ 参见邓涛：《清前期长城以南沿边驻防八旗与边疆的关系》，《历史档案》，2022 年第 4 期，第 88 页。

⑤ 吴忠礼、杨新才主编：《清实录宁夏资料辑录》，乾隆三十七年十二月丙戌，宁夏人民出版社，1986 年，第 281 页。

⑥ 吴忠礼、杨新才主编：《清实录宁夏资料辑录》，乾隆十一年十二月己丑，第 196 页。

⑦ 乾隆《宁夏府志 · 职官》，第 365 页。

⑧ 参见锋晖：《甘肃八旗驻防的历史变迁及战略地位》，《宁夏社会科学》，2018 年第 1 期，第 198 页。

⑨ 章学诚：《文史通义》，中华书局，1985 年，第 894 页。

⑩ 乾隆《宁夏府志 · 建置》，第 125-126 页。

⑪ 吴忠礼、杨新才主编：《清实录宁夏资料辑录》，雍正二年十一月己巳，第 109 页。

七里五分，由宁夏道阿炳安承修，共花费帑银十五万六千五百二十三两。此外，八旗以骑射为本，“凡驻防营皆置马厂”。[①] 宁夏满营饲养马匹较多，旧志载“实马四千五百九十六匹”，[②] 马厂主要分布在平罗水草丰茂之地。《宁夏满营驻防事宜》记载其拥有四个马厂，其中平罗县五香、六中二堡，地 11340 余亩，通仗、清水二堡，地 6480 亩，通义堡 17280 亩，通成堡 3100 亩，共计 38200 亩。[③] 按例每年四月初一出厂，十月初一进厂。马厂是旗营的重要地产，虽然最初是为养马所设，但后来逐渐成为宁夏满营一项重要的经济来源，其重要性在历史变迁中逐渐显现。

据乾隆《宁夏府志》记载，宁夏满营实额兵三千四百七十二名，[④] 加上家属，人数应在万人左右。乾隆时期每年的供养花费具体为：

> 每岁共支官员俸银六千七百三十八两三钱五分一厘，兵饷银七万二千一百九十二两，官兵本色粮一万九千八百五十石五斗七升四合，折色粮银五万八千一百五十五两四钱二分六厘，马料豆二万六千三百四石，草二十二万二千零四十五束，又草料折色银四万六千八百七十七两九钱五分。以上除本色粮草外，每岁共支银一十八万七千二百四十三两七钱二分七厘。[⑤]

粮饷亦是一笔不小的数目。至道光末年，宁夏满营及其家人共计 1525 户，13411 人。[⑥] 同治陕甘动乱之后“旗丁凋敝太甚”，[⑦] 同治六年（1867）十月经宁夏将军丰绅清查，实兵 1704 名。[⑧] 光绪十九年（1893），宁夏将军钟泰奏称“现在官员以及马步甲兵人数共只二千三百一十余名”。[⑨]1959 年宁夏回族自治区银川市满族社会历史调查组的数据显示“自乾隆至清朝末年，经过无数次的阵亡和因饥寒而死

---

① 《清史稿 · 食货一》，第 3499 页。

② 乾隆《宁夏府志 · 兵防》，第 362 页。

③ 张冠鲁：《宁夏博物馆藏孤本〈宁夏满营驻防事宜〉史料研究》，《文物天地》，2023 年第 8 期，第 52 页。

④ 乾隆《宁夏府志 · 兵防》，第 362 页。

⑤ 乾隆《宁夏府志 · 兵防》，第 363-364 页。

⑥ 参见陈跃：《清代陕甘地区八旗驻防研究》，宁夏博物馆藏手抄本，转引自白文煜主编《民族融合与发展：纪念八旗制度创建 400 周年学术研讨会论文集》，辽宁民族出版社，2016 年，第 110 页。

⑦ 宁夏将军克蒙额奏：《奏为宁夏满营幼丁渐多生齿日繁增请援案拔补空缺马甲事》，光绪四年七月初十日，档号：04-01-30-0146-005，中国第一历史档案馆藏。

⑧ 宁夏将军克蒙额奏：《奏为宁夏满营幼丁渐多生齿日繁增请援案拔补空缺马甲事》，光绪四年七月初十日，档号：04-01-30-0146-005，中国第一历史档案馆藏。

⑨ 《奏为甘省遵筹宁夏满营军火事》，档号：04-01-03-0192-024，中国第一历史档案馆藏。

亡，到辛亥革命期间，银川市的满族才余下 500 余户，共有官兵和眷属 4752 人”。[①] 虽然人数在不断减少，但其生活仍处在困窘之中，[②] 这证明人口多少并非生计好坏的决定因素。“八旗皆以国力豢养之”，[③] 国家力量发挥着关键作用，如何保障满营的基本生活是地方政府乃至中央政府面临的一项重要问题。

二、“日形困敝”：清代中后期宁夏满营的生计困境

清代中后期相当数量的满营、旗人生活陷入困境，宁夏满营亦不例外。在平时与战时，军饷、兵粮皆时有不敷，甚至不能按时发放，对其职能发挥与日常生活都造成严重影响。

（一）兵粮不敷

水利是宁夏农业生产的命脉所在，其中尤以汉、唐二渠为重，宁夏满营的岁需兵马粮料亦在两渠所在的宁夏县、宁朔县仓储粮内供支。在朝廷重视西北的情形下，雍正一朝对宁夏水利渠道进行了大规模修治。至乾隆朝，“宁夏富庶甲于秦陇，连岁丰收，府城积谷至三十余万”，[④] 即使再添兵额，亦“供应可充”。[⑤] 乾隆朝之后，宁夏大规模的官方修治水利活动鲜见。在水利不兴以及自然灾害等多种因素的影响下，当地对满营的供养亦愈发困难。在道光六年（1826）十月的谕旨中可以看到，“宁夏满营应需道光七年兵粮共六万五千二百四十余石”，[⑥] 但两县旧储无几，难以供应。道光九年（1829）时，即使将宁夏县、宁朔县的储粮尽数拨给，仍然不够。[⑦] 道光三十年（1850），陕甘总督琦善奏称“宁夏驻防满营应需明岁兵粮不敷估支”。[⑧] “道光年间，从存世的 56 件该时期档案可以看出，有 18 件题为宁夏满营兵

---

①《民族问题五种丛书》辽宁省编辑委员会编：《满族社会历史调查》，民族出版社，2009 年，第 147 页。

② 在对驻防兵贫困化的分析中，一般认为人口的增长是其中重要原因。但在宁夏满营的案例中我们可以看到其人口在不断减少，但困苦依旧。

③《清史稿·食货一》，第 3493 页。

④ 吴忠礼、杨新才主编：《清实录宁夏资料辑录》，乾隆十一年十二月己丑，第 195 页。

⑤ 吴忠礼、杨新才主编：《清实录宁夏资料辑录》，乾隆十一年十二月己丑，第 195 页。

⑥ 吴忠礼、杨新才主编：《清实录宁夏资料辑录》，道光六年十月己巳，第 490 页。

⑦ 参见吴忠礼、杨新才主编：《清实录宁夏资料辑录》，道光九年十一月丁酉，第 501 页。

⑧ 吴忠礼、杨新才主编：《清实录宁夏资料辑录》，道光三十年十一月癸卯，第 548 页。

粮不敷需加赠采买方面的档案”，[①] 可见即使在承平时期，宁夏地方供给满营兵粮亦存在困难情况。

及至同治动乱时期，“宁夏素号腴区，近亦凋敝殊甚”，[②] 满营的生活更加困难。“满城旗户饷需不继，每月饿毙者至二百余名之多，殊堪悯恻”，[③] 即使是官员之家，每日也仅能食一餐，严重影响满营的战力，“满城有兵无饷，难言战守”，[④]“惟官兵穷饿，力有难支”。[⑤] 为此朝廷曾饬令阿拉善亲王运粮，但他藉词推诿“任意延迟，不知缓急”，[⑥] 谕令运送小麦三千石，但仅运至二百一十石。战争时期粮饷难以保障，使得宁夏满营的人口出现较大幅度的减少。战乱亦对宁夏农业生产、社会经济造成极大破坏，“各州县值兵燹之余，耕垦骤难复额，征粮搜括维艰”，[⑦] 并直接改变了该地供养满营的模式。宁夏满营支奉粟米、马匹草料等项“向在宁夏府属各州县征收粮内估拨。旧例以粟米及小麦两项分别供支”，[⑧] 但在“同治六、七年以后，该州县辄以四色搭放，官兵自行粜换米石，实属不敷食用”，[⑨] 并且马匹的草料亦不能全数供给。虽然朝廷谕旨“各州县应拨宁夏满营俸米，关系兵食，自应量加体恤”。[⑩] 但由于“各该州县均按征收色样搭配供支，若概需粟米、小麦，势必不敷指拨”。[⑪] 由于“时局所限，不能不从权办理”，[⑫] 经过各方酌议，解决方案为官员俸禄发放上色小麦、粟米，若米麦不足则以上色豌豆替代，但不准发放下色青豆，减少购买马匹

① 张玉梅：《清宫藏宁夏满营档案整理及其价值》，《西夏研究》，2019 年第 2 期，第 88 页。

② 左宗棠著，刘泱泱等点校：《左宗棠全集 · 书信三 · 答善厚斋将军》（光绪四年，1624 号），岳麓书社，2009 年，第 396 页。

③ 吴忠礼、杨新才主编：《清实录宁夏资料辑录》，同治二年十一月丁卯，第 625 页。

④ 吴忠礼、杨新才主编：《清实录宁夏资料辑录》，同治二年十一月壬戌，第 625 页。

⑤ 吴忠礼、杨新才主编：《清实录宁夏资料辑录》，同治三年正月庚戌，第 639 页。

⑥ 吴忠礼、杨新才主编：《清实录宁夏资料辑录》，同治三年三月庚午，第 653 页。

⑦ 左宗棠著，刘泱泱等点校：《左宗棠全集 · 奏稿六 · 查明宁夏满营岁需粮草应酌情办理折》（光绪三年，2286 号），第 709 页。

⑧ 朱寿朋著，张静庐等点校：《光绪朝东华录》，光绪二年丙子，中华书局，1960 年，第 343 页。

⑨ 朱寿朋著，张静庐等点校：《光绪朝东华录》，光绪二年丙子，第 343 页。

⑩ 朱寿朋著，张静庐等点校：《光绪朝东华录》，光绪二年丙子，第 343 页。

⑪ 左宗棠著，刘泱泱等点校：《左宗棠全集 · 奏稿六 · 查明宁夏满营岁需粮草应酌情办理折》（光绪三年，2286 号），第 709 页。

⑫ 左宗棠著，刘泱泱等点校：《左宗棠全集 · 奏稿六 · 查明宁夏满营岁需粮草应酌情办理折》（光绪三年，2286 号），第 710 页。

数量，“似此变通办理，庶各属征收尚无妨碍，而兵丁食用亦资敷衍”。[①]

值得注意的是，清末宁夏鸦片大量种植挤占耕地，[②]也对各县供应满营粮草产生较大影响。旧例“宁夏满营官兵俸粟米石料草等项，承平时系由宁夏、宁朔二县按月供支。如该县征粮不敷，系由灵州、中卫、平罗三州县提拨协济。如仍不敷，始由司库筹拨银两采买供支”。[③]其中宁夏、中卫、宁朔等县恰是鸦片大量种植之地。关于各地种植情形具体为：

> 宁夏种植罂粟地方，以河东为上，每亩可出烟土七八十两，上年各属奸民偷种，中卫幅员较广，更觉其多；宁灵厅、灵州次之；河西碱地，每亩只可出烟土三四十两，以夏、朔、平罗三县相较，宁夏县为多，宁朔、平罗次之，惟花马池土地不宜，尚无种植。[④]

故左宗棠在《甘肃司道详复宁夏各属偷种罂粟由》中写道“查宁夏一郡，夙称腴地，产粮极广。上年邻境苦旱成灾，竟至无粮供采，即罂粟占种地亩之明证”。[⑤]可见鸦片种植影响粮食产量，继而对供支满营粟米产生消极影响。

（二）饷银拖欠与克扣

在兵粮之外，甘肃藩库的饷银亦时常不能如期发放。咸丰八年（1858）五月，朝廷在答复《托云保奏宁夏官兵困苦情形、请饬陕甘总督迅发饷银一折》中写道：

> 宁夏满洲饷银向由甘肃藩库按季支领，自饷银折减后不能如期领到，官兵枵腹堪虞。其支马干银两，自上年夏季起，至今分文未支，更形拮据。虽经该将军借款接济，而库款久悬，亦须归楚。所有陕甘省欠发宁夏满洲营本年春季并现届夏季饷银、米折、马干银两，及上年夏、秋、冬三季马干等项，著乐斌

---

① 左宗棠著，刘泱泱等点校：《左宗棠全集·奏稿六·查明宁夏满营岁需粮草应酌情办理折》（光绪三年，2286 号），第 709 页。

② 左宗棠著，刘泱泱等点校：《左宗棠全集·批札·甘肃司道详复宁夏各属偷种罂粟由》（光绪四年，735 号），第 445 页。

③ 左宗棠著，刘泱泱等点校：《左宗棠全集·奏稿六·查明宁夏满营岁需粮草应酌情办理折》（光绪三年，2286 号），第 708 页。

④ 左宗棠著，刘泱泱等点校：《左宗棠全集·批札·甘肃司道详复宁夏各属偷种罂粟由》（光绪四年，735 号），第 445 页。

⑤ 左宗棠著，刘泱泱等点校：《左宗棠全集·批札·甘肃司道详复宁夏各属偷种罂粟由》（光绪四年，735 号），第 445 页。

即照折减章程一并迅速支发，毋稍迟延。①

为保障满营官兵的日常生活，谕旨最后再次强调“嗣后官兵俸饷、米折、马干等项，务当按季支发，毋许拖欠，以恤兵力”。② 虽然朝廷三令五申，但拖欠之事仍旧。以致即使是身为官员的宁夏满营领催、前锋在补放骁骑校时还需“例借银三十两津贴路费。该员等职微力薄，往返长途，每形支绌”。③ 满营中参加文武会试者由满营库存银借给四十两，乡试者借给十两，但需两年内还清。在甘肃藩库难以负担时，清廷采用各省协饷的办法，“甘肃地处穷边，额兵甲于直省，岁须各省协饷甚巨，近年拨解维艰”。④ 而各省协饷因自身困难等原因不能按时拨放也是普遍情况。道光咸丰时期，宁夏满营的粮与饷已然不能充足供应。

宁夏满营的普通兵士还面临上级官员的各种盘剥。特依顺在道光十九年（1839）九月的奏疏中写道“查宁夏八旗官兵俸饷，系由藩库支领库平，而以市平发放，积存平余银两正可藉充公用”，⑤ 通过不同标准进行“套利”克扣兵饷。咸丰五年（1855），议准饷银每两按时价折八钱五分，“仍缓发二成，先发一成。兹据奏称，所发饷银实数只得一半，犹有短欠迟支，不能按季，士卒枵腹”。⑥ 此外，陕甘兵饷发放还曾使用以钱票折支的办法。具体流程为各营兵饷先在司库领取按照市价折发的官铺钱票，然后再将钱票换成银两，“一出一入，每银一两，不过得七八钱之数，徒有流通官票之名，市侩居奇，兵丁若苦”。⑦ 在粮饷时有不继和被克扣的情形下，满营兵士还有“私帮、私借二款”⑧ 以保障“该营帮差公项”。⑨ 该项盘剥使得兵士更加苦累。这种现象并非仅在宁夏满营存在，在当时其他八旗驻防地区也普遍存在，如“宁古塔官兵，近年差务繁多，所有帮贴银两，向由俸饷内摊扣，每形苦累，且恐办理不善，致启滥扣之弊”。⑩ 朝廷也意识到这种摊派对兵士基本生活的影

① 吴忠礼、杨新才主编：《清实录宁夏资料辑录》，咸丰八年五月癸未，第 572 页。
② 吴忠礼、杨新才主编：《清实录宁夏资料辑录》，咸丰八年五月癸未，第 572 页。
③ 佚名撰，王钟翰点校：《清史列传·大臣传续编三》，中华书局，1987 年，第 3018 页。
④ 关于协饷问题将在下一部分将展开论述。
⑤ 佚名撰，王钟翰点校：《清史列传·大臣传续编三》，第 3018 页。
⑥ 吴忠礼、杨新才主编：《清实录宁夏资料辑录》，咸丰十年七月乙未，第 577 页。
⑦ 吴忠礼、杨新才主编：《清实录宁夏资料辑录》，咸丰九年十一月丁亥，第 575 页。
⑧ 吴忠礼、杨新才主编：《清实录宁夏资料辑录》，道光八年七月丁未，第 496 页。
⑨ 吴忠礼、杨新才主编：《清实录宁夏资料辑录》，道光八年七月丁未，第 496 页。
⑩ 赵之恒等主编：《大清十朝圣训》之《清宣宗圣训》《清文宗圣训》，北京燕山出版社，1998 年，第 7466 页。

响，故多次下旨“饬禁”私帮、私借，但并不能完全消除上层对底层士兵的盘剥。

除对个人生活影响之外，缺少资金还导致宁夏满营的基础设施建设、武器装备更新等受到极大影响和限制。其一修建兵营、城垣的资金十分短缺。如光绪七年（1881）“宁夏满营请修城垣、衙署、兵房。仅拨银三万两。不敷甚巨，势难兼顾，拟先尽兵房衙署酌量修建”。[①] 其二武器老旧，“宁夏满营向无新式枪炮”。[②] 因“旗营无款可筹”，[③] 不能及时更换，只能由陕甘总督或者山西巡抚等“免费”酌量拨筹以资应用。但所拨武器往往“并非新式军火，皆系撤营收存旧器，其中间有不堪适用者”。[④] 由于“甘肃藩库款项支绌无款筹办”，[⑤] 宁夏满营的基础设施和武器装备均受到严重限制。

宁夏满营的生计困境是多方面原因造成的，其中既有国家财政供养不力的影响，也有地方社会变动的影响。国家财政的紧缺和统筹能力的弱化是以宁夏满营为代表的清末各地驻防官兵生活困苦的基本原因。而宁夏地方社会的动乱，鸦片种植冲击原有的农业种植结构导致兵粮不足，上层通过“标准套利”克扣饷银等更是雪上加霜。与清初在“国家战略”下的优渥待遇相比可谓是“日形困弊”，粮饷不足成为清代中后期宁夏满营生计的基本特点。

三、治标之举：协饷与发商生息

为应对其困弊情形，在财政金融领域朝廷和宁夏满营主要采取了各省协饷和发商生息的举措。

（一）协饷

由于战乱影响，宁夏社会经济受到严重破坏，“宁夏地方久经兵燹，民间元气未复，各州县征收骤难如额，实属共见共闻”，[⑥] 本地支纳显然不能满足宁夏满营生存、戍边的需求。同治之前，宁夏满营的饷银由甘肃藩库支付，动乱之后则由各省

---

① 朱寿朋著，张静庐等点校：《光绪朝东华录》，光绪七年辛巳，第 1226 页。

② 朱寿朋著，张静庐等点校：《光绪朝东华录》，光绪十五年己丑，第 2591 页。

③ 朱寿朋著，张静庐等点校：《光绪朝东华录》，光绪十五年己丑，第 2591 页。

④ 朱寿朋著，张静庐等点校：《光绪朝东华录》，光绪十六年庚寅，第 2766 页。

⑤ 朱寿朋著，张静庐等点校：《光绪朝东华录》，光绪十六年庚寅，第 2766 页。

⑥ 左宗棠著，刘泱泱等点校：《左宗棠全集·奏稿六·查明宁夏满营岁需粮草应酌情办理折》（光绪三年，2286 号），第 710 页。

协饷，其中山西贡献匪浅，以致光绪时期有“宁夏满营兵饷全赖山西匀拨以资接济”①之说。山西协饷的流程为“按季径赴山西河东领解，毋庸由甘肃藩库转领，以期迅速。俟甘省军务肃清，再按旧章办理”，②旧例则是由山西转交甘肃藩库后再下发宁夏满营。这对山西来说亦是一项不菲支出，在各地财政都吃紧的情况下，山西亦时常拖欠。

光绪初年由于丁戊奇荒的影响，山西受灾严重，但朝廷仍多次谕令其及时拨解。光绪元年（1875）八月的谕旨中写道：

> 山西省每年应拨宁夏满营兵饷银十万两，上年两次仅解过银三万两，本年尚未报解。该营官兵困苦，望饷甚殷，著鲍源深即饬河东道每月筹拨银五千两，并饬藩司每季拨银一万两，合成十万两之数，毋再延欠。③

光绪三年（1877），朝廷再下严旨“着曾国荃督饬藩司、河东道迅将本年欠解宁夏兵饷无论何款赶紧通融匀拨，即交该处提饷委员速解回营，俾资散放”，④其中“无论何款”“赶紧”等措辞极为紧迫、严厉，并且强调“明年兵饷并著源源报解，毋稍延缓”。⑤但巧妇难为无米之炊，朝廷严旨亦难有效用。

山西巡抚曾国荃鉴于山西困境，多次上奏朝廷请求暂缓协饷。光绪三年（1877）十二月十六日其奏疏中写道：

> 窃查晋省本年荒旱异常，被灾者八十余厅州县，应完下忙钱粮照例分别蠲缓。其未报灾者止十余处，皆系省北州县，下忙钱粮为数无多，统核出入不敷甚巨，所有京、协、固本各饷实在无从筹解。⑥

但户部在商议后令其年内不论多寡必需上缴若干，并且宁夏满营的兵饷仍需筹办。曾国荃十二月二十二日继续上奏，“因思军兴以来，晋省奉拨协济各路及各省饷项，无不竭力筹解，先后核计不下二千万两。地方之凋敝，司库之空虚，未始

---

① 吴忠礼、杨新才主编：《清实录宁夏资料辑录》，光绪三年十二月戊申，第1152页。

② 吴忠礼、杨新才主编：《清实录宁夏资料辑录》，同治四年十月壬子，第850页。

③ 吴忠礼、杨新才主编：《清实录宁夏资料辑录》，光绪元年八月己巳，第1144页。

④ 吴忠礼、杨新才主编：《清实录宁夏资料辑录》，光绪三年十二月戊申，第1152页。

⑤ 吴忠礼、杨新才主编：《清实录宁夏资料辑录》，光绪三年十二月戊申，第1152页。

⑥ 曾国荃撰，梁小进主编：《曾国荃集·奏疏·光绪三年·再恳缓解京协各饷疏》，岳麓书社，2008年，第246页。

不由于此”，[①] 认为山西遭遇罕见荒年，应由各省接济而非晋省再向外供支。光绪四年（1878）三月二十八日，面对“其应解宁夏等处兵饷等款十余万两及固本饷三万两，仍令遵照前奏，分别缓急多寡设法匀解，不得贻误”[②] 的谕令，曾国荃继续上奏争取，他承认“宁夏兵饷等银又系指拨晋省要款”，[③] 但大灾之下“委实筹措无款”。[④] 十二月初二日，曾国荃再次上奏朝廷“俯念司库出入不敷甚巨，窘竭异常”，[⑤] 请求将协饷予以延缓。在此期间，虽然朝廷谕令山西办理宁夏等地饷银，但在不断拖延下并未实际进行。故光绪四年（1878）二月初一左宗棠在致谭文卿的书信中写道“晋省复以饥馑频仍，奏准京协各款一律停解”。[⑥] 虽然宁夏满营“兵丁困苦，需饷甚殷”，[⑦] 但山西在大灾之下力难供应亦在情理之中，不能过分苛求。

由于协饷不能到位，至光绪四年（1878）二月初一宁夏满营已停饷九月之久，在此“窘迫情形莫可名状”[⑧] 下，左宗棠甚至动用私人关系致信陕西巡抚谭钟麟，信中写道“厚斋将军计无复之，只得奏请由贵省每年筹拨银二万两，暂济眉急，俟三年后饷力稍纾，仍复旧制，实属万不得已之举。想阁下伟抱公忠，眷怀大局，当不惜借升斗以润涸辙也”，[⑨] 在规制之外希望通过情谊道德感化的方式使其暂时供支饷银。在左宗棠这种非正式的途径中，亦可窥见宁夏满营生存之困苦与各省协饷之艰难。

（二）发商生息

在争取“外在”财力帮助之外，宁夏满营试图通过发商生息的方式来缓解困境。发商生息是清代在兴办学校、军队建设、灾荒救济等领域普遍实行的一种经济手段。早在嘉庆十二年（1807）四月，“宁夏满营兵丁因生齿日繁颇形拮据”，[⑩] 宁夏将军兴奎奏祈朝廷准许动用马价银发商生息以资供养，朝廷允准。史载：

---

① 曾国荃撰，梁小进主编：《曾国荃集·奏疏·光绪三年·请饬部指拨协饷疏》，第 252 页。

② 曾国荃撰，梁小进主编：《曾国荃集·奏疏·光绪四年·请展缓京协各饷解期疏》，第 280 页。

③ 曾国荃撰，梁小进主编：《曾国荃集·奏疏·光绪四年·请展缓京协各饷解期疏》，第 280 页。

④ 曾国荃撰，梁小进主编：《曾国荃集·奏疏·光绪四年·请展缓京协各饷解期疏》，第 281 页。

⑤ 曾国荃撰，梁小进主编：《曾国荃集·奏疏·光绪四年·请展缓固本京饷及各路协饷疏》，第 354-355 页。

⑥ 左宗棠著，刘泱泱等点校：《左宗棠全集·书信三·与谭文卿》（光绪四年，1626 号），第 398 页。

⑦ 吴忠礼、杨新才主编：《清实录宁夏资料辑录》，光绪三年十二月戊申，第 1152 页。

⑧ 左宗棠著，刘泱泱等点校：《左宗棠全集·书信三·与谭文卿》（光绪四年，1626 号），第 398 页。

⑨ 左宗棠著，刘泱泱等点校：《左宗棠全集·书信三·与谭文卿》（光绪四年，1626 号），第 398 页。

⑩ 吴忠礼、杨新才主编：《清实录宁夏资料辑录》，嘉庆十二年四月庚辰，第 442 页。

在于满营库贮马价银内动拨银一万五千两，并于库存养赡孤寡等项节年积剩银内动拨银五千两，交陕甘总督饬令地方官分给商民一分生息。所得利银，择其实在人口众多之闲散弓马娴熟者，每名每月赏银五钱，其余银两，按年归还马价，如此通融接济，庶使养赡有资，于生计、操防均有裨益。①

从中我们可以看到，其本金来自满营库存银两，在发商生息之后逐年归还本金，而用所得利息贴补驻防军士。道光八年（1828）七月，朝廷谕旨“于通益库现存马价银内，提借银二万两。交宁夏府发商按年一分生息，每年可得息银二千两，以五百两归还原款，以一千五百两加帮差务，俾免苦累”。②道光十三年（1833）五月，“另贷营库银一万两发商生息，养赡孤寡”。③在以上谕旨中可看到，每次发商数额在一万两以上，利率多在一分；并非所有满营官兵都可获得补贴，也并非所有利银都用来直接贴补生活，部分利钱还用来帮办公务。

发商生息盈利较快，在一定程度上缓解了宁夏满营官兵的生活困境，在青州满营、绥远军营、宁古塔军营等亦曾运用，具有一定的普遍性。但是收益与风险并存，该活动也存在较大风险。风险之一是款额较大，至少需要一万两。如道光十九年（1839）九月宁夏满营库存历年积银三千五百八十余两，需要“俟积至一万两，再行请交宁夏府发商生息”。④再者，发商生息要把官方本金交予商人，而商业活动本身即是一个充满不确定的活动，若商人的经营活动失败，不仅利钱无收，官方本钱亦赔没无几。同治十一年（1872），宁夏便发生商人经营失败、息款无从追缴的典型案例。史载：

宁夏满营通益库发商生息银五万五千两，前因借发兵饷及采买军粮，除提用外实存无著本银三万七千八百三十余两，既据该署将军等奏称当商产绝人亡，无从追缴，其提借各项亦因饷项支绌势难扣款归还，自属实在情形。所有此项通益库发商生息银五万五千两，著加恩准予豁免，以示体恤。⑤

一次赔没五万余两，可谓宁夏满营的巨大损失，该法之风险性便可见一斑。虽然“清代中后期，随着财政紧缺，生息银两制从中央政府向地方各级政府普及泛

① 吴忠礼、杨新才主编：《清实录宁夏资料辑录》，嘉庆十二年四月庚辰，第442页。

② 吴忠礼、杨新才主编：《清实录宁夏资料辑录》，道光八年七月丁未，第496页。

③ 吴忠礼、杨新才主编：《清实录宁夏资料辑录》，道光十三年五月己卯，第442页。

④ 佚名撰，王钟翰点校：《清史列传·大臣传续编三》，第3018页。

⑤ 吴忠礼、杨新才主编：《清实录宁夏资料辑录》，同治十一年六月辛巳，第1118页。

化，成为地方财政支出的来源之一”，[①] 但从《清实录》等相关记载来看，宁夏满营的发商生息并非常规措施，每次需在上奏朝廷允准后方可试行，更类似临时应急之举。

在甘肃藩库难以承担宁夏满营饷银之时，通过各省协饷的办法来维持驻防官兵的生计成为一项重要举措。但是各地因种种原因时有拖欠，甚至不了了之。协饷省份财力几何，朝廷统筹能力如何，都会影响协饷效果。至于发商生息，即使利率高达一分，每年收益也不过千余两，虽有缓解之用，但不宜过高评价。其作为一种蕴含风险性的商业活动，一旦赔没，可谓雪上加霜。从中我们可以看到，协饷与发商生息这两种财政、经济手段均存在不确定性，只能是暂时缓解的一种治标之举，并不能完全、有效地保障宁夏满营驻防兵士的基本生活。

四、寻求根本解决：开垦马厂、兴修水利与旗丁归农

在财政、经济手段之外，开发所属土地，成为宁夏满营的一项重要经济来源。前期主要是招民代垦，以科租补饷；后期则计划通过马厂土地安置驻防官兵，通过自耕实现归农目标，存在由代耕到自耕的发展趋势。

（一）马厂“招民垦种”与民间水利建设

1. 民垦以资八旗生计

马厂开垦升科与宁夏满营饲养的马匹数量减少有着密切关系。雍正时期，宁夏满营兵每名拴马四匹，之后由于战损、饲养成本高[②] 等原因，马匹数量逐渐减少，乾隆四十一年（1776）二月准傅良所奏，“照西安、凉州例，（宁夏满营）每兵实拴马一匹”，[③] 此后马厂多有闲置，故在保留平罗马厂外，“其宁夏厂地丈勘定界，听民认垦”。[④] 乾隆四十三年（1778），“只留马二千匹”，[⑤] 空余马厂经宁夏将军会同陕甘总督上奏，招民开垦输租，史载：

---

① 陈文慧、燕红忠：《清代的发商生息及其影响——基于土默特清代历史档案的区域分析》，《中国社会经济史研究》，2018 年第 2 期，第 39 页。

② 根据乾隆《宁夏府志》的记载，“马一匹，春冬月支料一石二斗，草六十束；秋夏月支豆九斗，草三十束”。参见乾隆《宁夏府志 · 兵防》，第 363 页。

③ 吴忠礼、杨新才主编：《清实录宁夏资料辑录》，乾隆四十一年二月庚申，第 288 页。

④ 吴忠礼、杨新才主编：《清实录宁夏资料辑录》，乾隆四十一年二月庚申，第 288 页。

⑤ 乾隆《宁夏府志 · 职官》，第 364 页。

宁夏县所属李祥等六堡共丈出地七百七顷七十六亩八分，内熟地三百一十五顷四亩，每亩定租银三分、五分不等，共收租银一千四百四十八两四钱六分；荒地三百九十一顷七十二亩八分。俟招民垦种，照例起租。平罗县所属通义等一十三堡共丈出地一千一十三顷八十亩八分，内熟地一百六十一顷六十四亩，每亩定租银五分，共收租银八百五两七钱；荒地三百一顷八十四亩，俟招民垦种，照例起租，酌留马厂地五百五十顷八十三亩八分。①

所收地租在满营“养赡鳏寡孤独、红白事之需”②外，每岁尚“余一千二百二十二两零”。③乾隆之后又多次开垦马厂收租以敷宁夏满营用度，成为宁夏满营获得经济收入的重要来源之一。

自乾隆四十一年（1776）起，开垦马厂的主要是通义、清水、通福、通澄、五香、六中（以上在城南）、渠阳（城东）、永屏（县城北八十里）等堡的民众。这些堡在当时“皆新户里名”，④所谓新户是指“新渠、宝丰二县废，地入平罗者，曰新户”。⑤官方对耕种马厂者给予一定优待，“马厂田例，如额田每亩征钱一百文，马厂田则征钱五十文”。⑥准许堡民耕种马厂地，对面临生计之困的满营和堡民来说是互相受益之举。

所谓“凡驻防营皆置马厂，其牧庄旁余，靡不放垦”，⑦马厂开垦升科是当时各满营为应对生存困境的普遍做法。西安鄠县的马厂早在乾隆十六年（1751）即“奉文开垦前项督标马厂地亩，逐年征收银两，解营公用”；⑧至乾隆四十年（1775），因西安驻防移驻新疆并出征大小金川等地，马匹数量减少，马厂存在较多闲旷，故“题准以半牧马、半民垦种，亦如余地租数，亩银一钱，由县征，解司移送将军”，⑨用来“给八旗养瞻穷民及兵丁庆吊”。⑩新疆乌鲁木齐马厂，在将闲置厂地招民开垦升科后，又“将古城、济木萨、玛纳斯等处孳生马厂归并巴里坤厂内，腾出地亩

① 乾隆《宁夏府志·职官》，第364-365页。

② 道光《平罗记略·赋役》，道光九年刻本，第9页b。

③ 吴忠礼、杨新才主编：《清实录宁夏资料辑录》，乾隆四十四年四月戊午，第297页。

④ 乾隆《宁夏府志·建置》，第143页。

⑤ 乾隆《宁夏府志·建置》，第143页。

⑥ 民国《朔方道志·水利志下》，1926年铅印本，第3页a。

⑦《清史稿·食货一》，第3499页。

⑧ 民国《鄠县志·田赋》，1933年铅印本，第36页b。

⑨ 光绪《武功县续志·赋役》，光绪十四年刻本，第7页b。

⑩ 光绪《武功县续志·赋役》，第7页b。

一并开垦升科，以充兵饷”。[①] 湖北荆州的旗营马厂，同治元年（1862）开垦“地二万二千一百三十一亩一厘九毫，每年征租银三千五百四十三两零”，[②] 用来支付兵饷，余额则存于旗库。安徽万顷湖牧场，因驻防户口渐多，故在宣统三年（1911）放田八万余亩，其中留有旗丁田二万亩，“亦招民佃，岁输穀麦，是为官佃”。[③] 荆州马厂地租的具体征收流程为“由荆州府会同理事同知督率各该县征解，荆州府转解将军衙门”。[④] 据《道光平罗记略》记载，厂租银两由府库支放满营，[⑤] 马厂的地租由县府统一进行征收，再转解将军衙门。

2. 民间自生水利

清代宁夏满营马厂除贺兰山下以外，其他的主要分布在“宁夏、平罗两县黄河沿一带”，[⑥] 其整体范围为“东至黄河，西至废昌润渠，南至宁夏县通吉堡界，北至渠口堡界”。[⑦] 通过比照清代宁夏渠道图可以发现，在通义、通吉堡等地有比较密集的渠道，多是从惠农渠引出，是其支渠。根据岳云霄对马厂边界的复原可知，[⑧] 厂地开垦之后民间水利随之建设起来。据民国《朔方道志》记载，“清光绪中叶，民人由通义堡惠农渠东开口溉马厂及河滩地，名马厂地渠，长十余里”。[⑨] 通义堡位于平罗县城南六、七里，可见该渠灌溉的是平罗满营马厂。此外还有永祥闸渠、黄杨沟稍渠等灌溉马厂田地。[⑩] 按宁夏地方惯例，支渠由附近民众自行开凿挑浚，并非官方安排。

在此模式下，满营官兵并不从事农业生产，而是募民耕作交租。耕种马厂的民众与驻防满营之间隐约形成一种租佃关系，故有的地方称之为官佃。与潘威在研究伊犁基础上提炼出的“满营模式”有一定相似性，但需要修正的一点是在国家水利之外亦存在民间水利。从相关记载来看，马厂地租主要有实物和货币两种，各地情况不尽相同，如江宁旗营的万顷湖牧场是纳谷麦，宁夏满营则是缴纳货币。总之，

① 昆冈、李鸿章等修：《钦定大清会典事例》，光绪朝版本，第 4462 页。
② 昆冈、李鸿章等修：《钦定大清会典事例》，光绪朝版本，第 4462 页。
③《清史稿·食货一》，第 3499 页。
④ 昆冈、李鸿章等修：《钦定大清会典事例》，光绪朝版本，第 4462 页。
⑤ 道光《平罗记略·赋役》，第 9 页 a、b。
⑥ 吴忠礼、杨新才主编：《清实录宁夏资料辑录》，乾隆四十一年二月庚申，第 288 页。
⑦ 道光《平罗记略·赋役》，第 7 页 b。
⑧ 参见岳云霄：《清至民国时期宁夏平原的水利开发与环境变迁》，博士学位论文，复旦大学，2013 年，第 184 页。
⑨ 民国《朔方道志·水利志上》，第 28 页 a。
⑩ 民国《朔方道志·水利志上》，第 28 页 a、b。

清初在驻防营地设立马厂本为军用，主要用来牧养军马，清代中后期伴随满营的贫困化，马厂开垦升科成为缓解满营兵士生活困境、公务资金短缺的重要途径，并被认为是“经久良图”。[①]

（二）“旗丁归农”与湛恩渠的修建

基于马厂开垦的成功经验，清末在寻求解决满营生计的根本途径时，开发马厂以使旗兵归农成为宁夏满营高层官员的最佳选择。而这既是朝廷“旗丁归农”的大政方针使然，亦是地方历史实践经验的促成。

光绪三十三年（1907）朝廷颁发《旗丁改筹生计谕》，是指导解决包括各地满营驻防在内全国八旗生计的纲领性文件。其中写道：

> 我朝以武功定天下，从前各省分设驻防，原为绥靖疆域起见，迨承平既久，习为游惰，坐耗口粮，而生齿滋繁，衣食艰窘，徒恃累代豢养之恩，不习四民谋生之业，亟应另筹生计，俾各自食其力。著各省督抚，会同各将军都统等，查明驻防旗丁数目，先尽该驻防原有马厂、庄田各产业，妥拟章程，分划区域，计口授地，责令耕种。[②]

此前各地放垦马厂并没有形成一定规制，甚至有的地区因“开垦地亩，日久恐侵厂地，实于牧政大有关碍，自应仍行封禁”，[③]放垦存在相当大的阻力。此时上谕中则正式把马厂地分配给驻防兵耕种视为解决生计的重要途径，旗丁归农后则“受治州县，与齐民不异”。[④]《清史稿》中对此亦有记载，但其在谕后却写道“未及实施”，[⑤]显然与史实不符，如宁夏确已付诸实践。光绪三十三年（1907）八月，宁夏将军台布、都统志锐接到谕旨后即积极办理。通过实地踏勘，他们认为满城西北的马厂土地肥沃、面积广大，适合满营官兵归农之用。光绪三十四年（1908）九月，决定由宁夏知府赵惟熙负责具体筹办，并设立专门的机构“垦局”处理相关事务。

因宁夏土地碱性大、雨量过少，[⑥]“况地大半尽属沙碱，必得河水乃润，必得浊

① 昆冈、李鸿章等修：《钦定大清会典事例》，光绪朝版本，第 4462 页。

② 朱寿朋著，张静庐等点校：《光绪朝东华录》，光绪三十三年丁未，第 5740 页。

③ 南开大学历史系编：《清实录经济资料辑要·畜牧》，中华书局，1959 年，第 157 页。

④《清史稿·食货一》，第 3497 页。

⑤《清史稿·食货一》，第 3497 页。

⑥ 参见李自德等编：《抗战时期的宁夏档案史料汇编下》，重庆出版社，2015 年，第 506 页。

泥乃沃”,[1] 故垦荒必先开渠。由于修渠款项为朝廷特赏,“识水泽之丰盈,与圣泽同其汪濊,”[2] 故所修水渠命名为湛恩渠,取“深受皇恩”之意。唐徕渠是该地之大干渠,湛恩渠便是借助该渠引水,其水利工程分为正渠工、新渠工、支渠工、沟工、闸工、洞工、桥工等,《清史稿》中对此均有简要阐释:

> 宁夏满营开垦马厂荒地,先治唐渠,以裕潴停之地。挑浚百二十余里,曰正渠;自靖益堡开支口,引水西北行四十余里而入之沟,曰新渠;沿渠列小口四十,挟水以归诸田,曰支渠。唐渠以西,沦为泽国,非沟以宣之不为功。自杏子湖起,穿沟二百八十余里,建大小石闸、木闸四十二,石桥、木桥三十三,经始上年九月,至本年八月告成,名曰湛恩渠,约成腴田二十万亩。[3]

在台布、志锐的奏疏中,对湛恩渠的规模细节等进行了更为详细的说明,“渠深自五尺逮於七尺,塀高自六尺逮於八尺。水面与底互乘,宽三丈而强合。全渠计之可容水七京九兆九亿二万立方尺,足敷二十万亩平田灌溉之用”。[4] 预想中湛恩渠的规模和效益还是相当客观的。

修建湛恩渠始于光绪三十四年(1908)九月,完工于宣统元年(1909)八月底,历时一年有余,“跨地过四百里而用款仅及十八万五千三十三两五钱四分”。[5] 动用人员“凡役、官、弁、绅,董百数十人,工头散夫至万余人”。[6] 修渠过程十分艰苦,导致“殒其生者满员二、汉员一、绅董夫役乃至数十”。[7] 在修建过程中也难免与当地民众产生利益冲突,在台布、志锐请求朝廷褒奖的人员中,“管带宁夏镇標续备中旗马队花翎甘肃灵武营参将侯明俊,驻扎平罗一带,凡旗营马队于百里

---

① 魏源:《皇朝经世文编·工政》,岳麓书社,2004 年,第 378 页。

②《报宁夏满营开垦马厂荒地现在渠工告成请撤局改屯并请奖在事出力人员事》,宣统元年十月二十四日,档号:04-01-23-0226-012,中国第一历史档案馆藏。

③《清史稿·河渠四》,第 3857 页。

④《报宁夏满营开垦马厂荒地现在渠工告成请撤局改屯并请奖在事出力人员事》,宣统元年十月二十四日,档号:04-01-23-0226-012,中国第一历史档案馆藏。

⑤《报宁夏满营开垦马厂荒地现在渠工告成请撤局改屯并请奖在事出力人员事》,宣统元年十月二十四日,档号:04-01-23-0226-012,中国第一历史档案馆藏。

⑥《报宁夏满营开垦马厂荒地现在渠工告成请撤局改屯并请奖在事出力人员事》,宣统元年十月二十四日,档号:04-01-23-0226-012,中国第一历史档案馆藏。

⑦《报宁夏满营开垦马厂荒地现在渠工告成请撤局改屯并请奖在事出力人员事》,宣统元年十月二十四日,档号:04-01-23-0226-012,中国第一历史档案馆藏。

外不等兼顾之处皆派该参将带队弹压，并无薪水，颇称得力，应请赏加副将衔”，[①] 军队弹压也是湛恩渠在短时间内得以完成的重要保证。湛恩渠修建完成后，裁撤垦局、销毁关防以节约资金，并用修渠余款作为满营进行农业生产之本金。史载：

> 即由营员督率兵丁自行耕垦，俾渐习其事，则人力健而地利亦兴，并请将所余之款一万四千九百六十六两四钱六分，即留作芦舍、牛具、籽种诸用，现在已在赵家圈地方筑造庄园，预购牝马、牸牛百三十头，先办屯田，以从事于种植、畜牧诸实业。[②]

在修渠余款之外，还计划“旗、民各半之。民领则纳价为旗兵垦本”，[③] 从而积累归农资金。湛恩渠的建设投入不菲，归农计划也比较完善，可见台布、志锐等人在“旗丁归农”的国策下是想彻底解决宁夏满营驻防兵士的生计问题，但实践结果却不尽如人意。

（三）不了了之：民国初年自行解散

在辛亥革命中，宁夏将军连升、副都统绰哈泰通电赞襄共和，故满营得以保留。[④] 但由于满营官兵不习农业，所分土地往往雇人耕种，仍旧沿袭旧有模式，清末“旗丁归农”的目标并未有效实现。马厂农垦难以满足其生活，仍需政府拨发饷银。1912 年 11 月 13 日，宁夏副都统绰哈泰向财政部上报说“宁夏满营饷项久断，请饬部拨发二、三万元领回散放”。[⑤]1913 年 11 月 25 日，宁复将军常连、副都统绰哈泰联合向袁世凯发文称“宁防旗丁断饷日久，生命危迫，特委任佐领全恩、防御诚勋恭谒，呈请饬拨宁防兵饷银四、五万两，以解倒悬”。[⑥] 虽政权鼎革，但满营生活之困苦依旧。

至 1915 年，宁夏护军使马福祥命令宁夏满营 2200 余名官兵自行解散，并要交出全部武器弹药和马匹。关于解散补贴，规定“不分官、兵，骑兵每人发生活费白

① 《报宁夏满营开垦马厂荒地现在渠工告成请撤局改屯并请奖在事出力人员事》，宣统元年十月二十四日，档号：04-01-23-0226-012，中国第一历史档案馆藏。

② 《报宁夏满营开垦马厂荒地现在渠工告成请撤局改屯并请奖在事出力人员事》，宣统元年十月二十四日，档号：04-01-23-0226-012，中国第一历史档案馆藏。

③ 《清史稿 · 食货一》，第 3499 页。

④ 《民族问题五种丛书》，辽宁省编辑委员会编：《满族社会历史调查》，第 147 页。

⑤ 骆宝善、刘路生主编：《袁世凯全集》，河南大学出版社，2013 年，第 65 页。

⑥ 周秋光编：《熊希龄集》，湖南出版社，1996 年，第 745 页。

银 50 两，步兵每人 25 两”，[①] 官兵家属尚有 2400 余人，“除少数孤寡酌给救济费外，绝大多数分文未给”，[②] 令满营官兵及其家属一同到湛恩渠一带自行垦荒谋生。“旗人长期以来仰靠粮饷维生，依赖朝廷豢养，过惯了舒适安乐的日子。现在要求他们自食其力，对其而言，实为一大难题，且在心理上亦难以接受”，[③] 此后二三百户又迁回满城，“多靠耍手艺、卖食品或经营果园维持生计”，[④] 部分人口甚至辗转流离他乡。因满营垦荒成效无几，故在 20 世纪 30 年代初期，国民政府设想移犯垦边时，湛恩渠曾是重点考虑对象。1931 年 7 月 18 日的《申报》曾报道“司法行政部指定宁夏省湛恩渠为移犯垦殖试办区域，该渠共有官荒四五万亩，已令宁夏高等法院院长王芝庭先就唐徕渠支渠湛恩渠等处试办”，[⑤] 但最终因经费问题而未实现。

清末民初在解决满营兵士生计的规划中，湛恩渠被“寄予厚望”，但实践效果不甚理想。由于湛恩渠“系借用唐徕渠水，致源小流缓，仅灌溉万亩”，[⑥] 远未达到预期二十万亩的目标。再者由于其所经靖益堡、宝闸、于祥等处有沙漠，“上游各处飞沙为患，急曲甚多，使渠日益淤滞，已垦熟田，已渐荒废。未垦者更无论矣”。[⑦]1935 年宁夏省政府建设厅绘制的《宁夏全省渠流一览图》中有任家寨子“自此以下全被沙压”[⑧] 的标注，并可清楚看到渠道附近的沙漠分布情况。1936 年的《宁夏省水利专刊》中对整湛恩渠的整体判断为“今已等于废渠矣”。[⑨] 及至 1939 年，宁夏当局“于原渠口下 5 里处另开新口，并将渠身宽劈深挖之，遂更名为新开渠，从此水流通畅，垦辟田亩，日见增加”，[⑩] 才稍有缓解。

在天灾、战乱以及强制搬迁等各种因素的影响下，1926 年底原满营官兵及家属人口已不足 2000 人，至 1935 年，则仅剩 1000 人左右。[⑪] 总之在清末民国时期，宁夏满营的安置问题始终没有得到妥善解决，呈现出一种“不了了之”的状态。直到新中国成立后落实民族政策，“居住乡村的满人已在土改中分得了土地、房屋、农

① 宁夏通志编纂委员会编：《宁夏通志》，方志出版社，2010 年，第 184 页。

② 宁夏区政协文史资料委员会编：《宁夏文史资料》第 1 辑，宁夏人民出版社，1988 年，第 195 页。

③ 刘世珣：《清末旗人经济生计的齐民化》，《台湾师大历史学报》，2013 年第 49 期。

④ 宁夏通志编纂委员会编：《宁夏通志》，第 184 页。

⑤《申报》，1931 年 7 月 18 日第 4 版。

⑥ 胡希平等：《宁夏省荒地区域调查报告》，农林部垦务局编印，1942 年，第 12-13 页。

⑦ 胡希平等：《宁夏省荒地区域调查报告》，第 13 页。

⑧ 宁夏省政府建设厅绘制：《宁夏全省渠流一览图》，1935 年。

⑨ 宁夏省建设厅：《宁夏省水利专刊》之《各渠考述・唐来渠》，宁夏省建设厅印，1936 年，第 1 页。

⑩ 黄河水利科学研究院编：《黄河引黄灌溉大事记》，黄河水利出版社，2013 年，第 107 页。

⑪ 银川城区志编纂委员会编：《银川城区志》，宁夏人民出版社，2002 年，第 905 页。

具和牲畜，多数失业人民，得到了职业，生活日渐改善。还有部分进步青年参加了革命工作”,[①] 人口也开始增长。[②] 在 1982 年第三次全国人口普查时，宁夏满族 7000 多人，其中原满营所在地银川市满族人口就有 3925 人之多。[③] 至此这一历史问题才算得到彻底解决。

结语

雍正时期，宁夏满营在朝廷经略西北的战略背景下得以正式设置，最初朝廷对其优待有加。至乾隆时期，随着京畿八旗闲散人口日多，生计无着，以宁夏为代表的西北各地满营成为朝廷缓解京旗人口压力的重要安置地。宁夏因有“塞北江南”富庶之名，朝廷还令其接受了甘肃庄浪、凉州的部分军队。近些年来的研究显示，明清时期宁夏颇受“江南”盛名之累，此又为该说之重要佐证。所谓“甘肃地处穷边，额兵甲于直省”，[④] 宁夏满营是西北地区一处规模较大的满营驻防地。宁夏府的属县宁夏县、宁朔县等需要供给兵马粮草，饷银则由甘肃藩库拨发。乾隆时期在本色粮草之外，每年还需支付银近十九万两，对宁夏府、甘肃藩库来说都是一笔不小的开支。清代中后期，由于朝廷西北战略的弱化，以及战乱、灾荒、国家不再主导大规模的水利修治等原因，宁夏满营面临严峻的生存困境。同治动乱之后，困境更甚。甘肃藩库的饷银经常难以按期发放；宁夏、宁朔等地的鸦片种植挤占耕地，地方亦难以按照原有标准分粟米和小麦两项供给，只得以“四色”搭放，甚至马匹的料草亦供应不足。上层官员还用不同的银两标准进行“套利”，通过“帮差”等各种名目盘剥驻防兵士。在生活困境之外，作为军事驻防性质的宁夏满营，由于资金短缺，还面临难以维修满城，武器数量不足和落后等问题。宁夏满营不论是在基本生活，还是在军事职能等方面，都存在诸多严峻问题。

为解决上述问题，朝廷及宁夏满营高层采取了诸多措施。在财政金融领域，主要采取协饷和发商生息的办法。其中山西在协饷方面扮演着关键角色。光绪初年，由于丁戊奇荒的影响，山西自顾不暇难以承担，其余省份协饷不到位的情况也是常态，这亦是清末朝廷与地方督抚关系疏离的一种体现。在发商生息方面，宁夏满营

① 《民族问题五种丛书》，辽宁省编辑委员会编：《满族社会历史调查》，第 167 页。

② 在本地满族人口自然增长之外，在援建宁夏的人员中还有部分满族人，属于新迁入人员。参见戴亮主编：《历史银川》，宁夏人民出版社，2014 年，第 190-191 页。

③ 戴亮主编：《历史银川》，第 191 页。

④ 吴忠礼、杨新才主编：《清实录宁夏资料辑录》，咸丰十年七月乙未，第 577 页。

早在嘉庆时期就实践过，以利息补贴驻防兵士，具有一定的缓解作用。但发商生息作为一种蕴含“不确定性”的商业活动，存在赔没风险，且每次本金均在万两以上，一旦损失可谓雪上加霜。以上两种措施，虽有缓解之用，但存在极大不确定性，并不能完全有效地解决其生计困境。满营驻防占有大量的肥沃之地作为马厂，而马匹数量减少之后，大量空余的马厂成为其寻求“自力”之道，缓解生存困境的重要途径。早在乾隆时期，宁夏满营即将部分马厂开垦招租升科，由县府统一征收后再解送将军衙门发放。此后不同时期都有开垦厂地之举，成为宁夏满营一项比较稳定的收入，这也是当时各地满营的普遍做法。因其稳定性和历史实践的成功经验，光绪三十三年（1907）在朝廷旗丁归农的政策下，台布、志锐等人即把修建水利、开垦马厂分发驻防官兵耕种作为从根本上解决生计问题和落实政策的首选办法。其中，修建湛恩渠是马厂垦荒的关键，虽然投入不菲、规模不小，但由于渠道设计和环境等问题，并未发挥应有功效。民国初年在马福祥的强力措施下，宁夏满营自行解散，修渠垦荒之事最终“不了了之”。

各地驻防军队的生计是清朝军事史和西北社会史关注的重要学术问题之一。宁夏满营设立之初，尚处在清朝蓬勃进取的上升阶段；清代中后期宁夏满营面临生存困境，清王朝也处在内忧外患之中，宁夏满营的生存状态亦是清王朝国家势态的折射与体现。尤其是“近代以后，清朝面临着更为复杂的外敌入侵状况，在历次对外战争中，八旗驻防均成为清朝作战的主要武装之一”，① 但多难以匹敌。其中不仅有武器的差距，更有生计、军需等制度性的困境。对满营生计的探讨，不仅有助于丰富我们对清代八旗驻防问题的认识，对理解近代以来的战争史、政治史等亦有助益。在西北社会史研究方面，潘威基于新疆满营驻防经验提炼出“满营模式”。他认为代耕、国家安排水利、实发饷银是其三大显著特点。② 我们在宁夏的历史实践中可以看到，两者既有一定的类同，也存在显著的差异。首先是代耕，宁夏马厂实行招租可视为代耕，但在清末存在向自垦的发展趋势，虽然未能成功但该趋势客观存在。其二，在以湛恩渠为代表的国家水利之外，马厂在民垦之后即有民间自生水利。其三，实发饷银对宁夏满营而言在清中后期并非常态，并且“满营之所以在农田水利事务上积极性不高，与其饷银制度密切相关”③ 亦不完全准确，即使饷银不继，其对农田水利事务的积极性仍旧不高。在相同点之外，宁夏经验补充了以招租

① 潘洪钢：《论清代八旗驻防的布局、目的与作用》，《吉林师范大学学报》，2024 年第 1 期，第 12 页。

② 参见潘威：《清代民国时期伊犁锡伯旗屯水利社会的形成与瓦解》，《西域研究》，2020 年第 3 期，第 95-96 页。

③ 潘威：《清代民国时期伊犁锡伯旗屯水利社会的形成与瓦解》，第 96 页。

代耕、自生水利、科租补饷等为特点的一条新的逻辑模式，是对“满营模式”的有益补充。从中亦可看到清代西北地区满营的生计模式有其复杂性的一面，相关研究仍有待进一步深化。

长城国家文化公园文旅融合发展相关思考

董耀会*

摘要： 长城国家文化公园的建设是一项旨在保护和传承长城这一中华民族重要象征和精神标志的重大文化工程。本文探讨了长城国家文化公园建设的文旅融合发展问题，强调了弘扬中华文化、推动社会经济发展的重要性。文章着眼于研学旅行、演艺、非遗项目等方面，分析了长城沿线文旅融合发展现状，并结合自身经历，有针对性地提出了相应的建议和对策。研学旅行被视为教育改革的举措，应由政府主导，社会组织参与，建立监督评价机制。演艺活动需明确市场规模，注重游客体验。非遗项目则应加强解说能力建设，创新呈现方式，融入旅游产业链。长城文旅融合需以文带旅、以旅促文，提高公众了解程度，促进旅游流量提高和产业发展，实现文化遗产的合理保护与有效利用，推动长城国家文化公园建设，凝聚磅礴力量。

关键词： 长城国家文化公园 文旅融合 研学旅行 演艺 非物质文化遗产

就长城国家文化公园建设的初衷与本质来讲，应该将弘扬中华优秀传统文化置于首位，其作为教育创新的一种方式，是主要的建设目标。此外，长城国家文化公园建设还体现为推动长城区域社会经济发展，这在文旅融合领域表现得尤为突出，

---

* 作者简介：董耀会，中国长城文化研究中心主任、中国长城学会原常务副会长。

发展旅游成为重要任务。长城国家文化公园建设的文旅融合从内容与形式上看，更多地强调的是一种服务模式。

以文化传播为目标，以旅游业态为载体，通过旅游使社会教育功能与旅游属性的行为紧密相连，达到文化遗产文化资源的价值实现。这是长城国家文化公园建设的国家规划体系的基础，也是设立文旅融合专项规划的原因。

长城文旅融合需做到以文带旅、以旅促文，并实现有效利用。长城作为令人尊崇的世界遗产，不能因其重要性就将其高高搁置。长城的利用需在保护的前提下，尊重并满足市场需求，长城文化遗产与市场的融合是一个生态构建的过程。2024 年 6 月 17 日至 8 月 19 日，我们和《河北日报》组织了“跟着董耀会再走长城”活动，考察了长城沿线 60 多个地方的文旅融合发展情况。本文将从促进研学旅行健康发展、长城文旅融合发展需要开拓演艺、非遗项目文旅价值的体现路径等方面，探讨如何推进长城国家文化公园文旅融合发展。

一、促进研学旅行健康发展

长城研学旅行蓬勃发展是大方向，长城研学旅行会成为长城沿线地区旅游发展的大热点，这是肯定的。任何新事物发展时，都可能伴随出现一些市场混乱的现象，长城研学也不例外。对此，社会应给予充分而广泛的关注，规范长城研学旅行，保障其有序、高质量发展。

随着长城国家文化公园建设的深入，长城文化越来越受到社会广泛关注。长城研学作为兼具教育和旅游双重功能的活动，契合国家素质教育发展的需要，也符合社会旅游发展的需求。教育和旅游走向多样化是总体发展趋势，长城研学旅行若能做好项目设计，就能受到学校、家长、媒体和社会的关注，会有越来越多的学生参与长城研学，并喜欢上这种寓教于乐的新型教育方式。

（一）长城研学是促进教育改革的举措

既然长城研学是促进教育改革的举措，政府主管教育的行政部门就应承担主体责任。目前，将长城研学视为开拓教育改革和发展的内容，还仍处于探讨和呼吁阶段。社会机构开展长城研学，为学校提供了理论联系实际的新方向。当下，长城研学作为校内教学与走出校园参与社会实践相结合的教学路径，已经有了越来越多的尝试。

长城研学能让孩子们走近长城，提高他们的基本素质、社会适应能力和综合素养，但这一点尚未形成社会共识。长城研学是真正平等的启发式教育活动。通过长城研学，让师生增强文化自信，了解长城历史和文化，让师生更加深入地理解长城文化遗产。将学习与体验相结合，使学生在轻松愉快的研学过程中感受长城悠久的历史、灿烂的文化、精湛的艺术，进而培养孩子们对国家和民族的热爱。

学生参加研学活动是成长的过程，通过长城研学，学生能充分锻炼自己的社交能力、独立生活能力和团队协作能力。长城研学的教育价值，首先在于弥补课堂教学的不足。学生走出校园，走向长城，要注重实现校内外教育的自然衔接。拓展学生的知识面、提高学习效果是重要内容，增强体验价值则是长城研学需要关注的要点。孩子们既然走出校园参与研学，就要通过深度参与、亲身体验，让丰富的长城历史文化学习从理论走向实际。长城研学要使学生认识到长城的文化价值，孩子们参与长城研学的同时，也在潜移默化中了解中华优秀传统文化，有助于中华优秀传统文化进一步的传承和发扬。

长城沿线的学校是长城研学的参与主体，政府和社会组织是主要推动力量。政府教育管理部门应在政策引导和行业发展方面发挥作用，社会组织和相关机构要设计符合市场需求的产品。只有在政府和社会共同推动下，长城研学才能得以较快发展。政策的制定和市场的培育，消费者的认识和行业实践者的认识虽存在不同诉求，但双方结合是共同需要。

政府有关部门和非政府组织要建立长城研学监督与评价机制，以保障长城研学的良性可持续发展。长城研学活动是一项长期的教育工作，通过监督和评价可以做到以督促导、以导促进的目的。对长城研学满意度的调查，旨在通过课程评价、过程和结果评价、服务安排评价来提升长城研学服务质量。建立全面且体系完善的长城研学旅行全过程质量评价反馈机制，不仅需要对研学课程、研学路线、研学项目、研学产品进行评价，还需及时反馈给长城研学组织者。对长城研学实践成果的评价进行研究时，不能忽视研学过程中的每个环节，每项服务都必须落实到位。此外，政策导向非常重要，特别是在长城研学发展的启动阶段。推动和促进长城研学，将课堂教育和社会实践结合起来，让学生在研学中获得校园外的学习体验，可弥补学校课程教育的不足。

（二）长城研学是文旅融合发展的实践形式

长城研学首先注重的是社会价值，研学活动满足了家长和学生的教育需求，又在客观上推动了教育和旅游的深度融合。我们需注意，长城研学还具有重要的经济价值。长城研学活动本身就属于消费行为，能够直接创造经济收益。活动中的用车、用餐、景区门票以及学习读书等方面，都会给相关产业带来直接或间接的经济效益。

随着人们生活水平的提高，对新型教育方式的需求会大幅增加。长城研学如果做得好，就能够成为带动地方经济发展的新引擎。研学旅行依据地方特色文化资源开发特色产品，可带动相关地区旅游业的发展，促进地方经济增长。特别是在一个地方开展全国性的长城研学，不但能推动相关教育培训、课程开发等产业的进步，还能够带动当地交通、住宿、餐饮、商业等旅游服务行业的发展。

如果我们将长城研学视为经营活动，就需要研究市场需求。要设计出消费者有购买和参与意愿的长城研学产品，满足消费者的购买需求。若要使家长选择购买长城研学产品，产品首先要能满足家长对教育方式创新的需求。家长期望通过走出学校的研学活动这一新型教育方式，培养和提升孩子的综合能力。

随着研学市场的发展，竞争也会随之加剧。近年来，各地的研学机构数量急剧增加。教育机构、培训机构、旅行社等相关主体纷纷涉足研学市场。研学行业持续升温，市场规模不断扩大，必然会导致市场竞争进一步加剧。为迅速抢占市场，一些机构的产品会存在粗制滥造的问题。

清华大学建筑学院文旅研究中心和八达岭长城管理处推出的八达岭长城少年使者研学项目成效显著。这是一个收费 68 ～ 280 元不等的项目，孩子们可以在长城上通过研学体验度过 2 ～ 3 个小时。单从此项目的市场需求来看，其成功原因在于符合家长购买该项目的心理预期。家长对长城少年使者研学项目的认知，大多来自已经参加过这个项目家长的自媒体宣传。这种信息来源虽不全面，但避免了有的研学经营机构夸大宣传误导消费者的情况。个别组织研学活动的机构有通过虚假宣传获利的动机，而学生家长的传播因其真实性既感动了自己，也打动了他人。

从八达岭长城少年使者研学项目的实际研学效果来看，凡是缺乏创新性和特色性的项目都难以持续。产品创新不足会导致同质化现象严重，表现为内容单一、粗浅，缺乏吸引力。长城研学要注重文化特色，文化内涵不足的研学项目在线路、体验内容和形式上大同小异。项目设计要有效利用地域文化资源形成特色，结合地域文化资源开发特色项目，构建清晰的知识体系和教学目标。

为推动长城研学发展，要挖掘长城历史文化资源，将其转化为项目着眼点。长城研学是教育和旅游融合的新业态，相关机构和市场主体要以创新精神开拓研学的新内容和新形式。只有推出满足市场需要的产品，才能促进长城研学相关产业链的发展。长城研学活动成本低，使不同家庭背景的学生都能参与进来。所有孩子都能参加，这一点很重要。

（三）长城研学应注重培养学生知识、能力和素质

长城研学重视知识、能力和素质三方面的协同发展满足了素质教育的需要，长城研学调动了学生的学习兴趣，也激发了孩子们探索长城历史文化知识的渴望。课程设置拓宽了知识视野，提升了学生的综合素质。孩子们通过长城研学活动增加见闻和感悟，培养深厚的人文底蕴和爱国精神。

长城研学能够让学生在轻松愉快的学习氛围中获取知识。边玩边学的方式激发了学习者的兴趣，使他们发挥主观能动性，从而达到寓教于乐的效果。长城研学活动都是采用团队形式组织，研学过程既可提高参加者独立生活的能力，也可以培养他们的团队协作精神。

就长城研学本身而言，其课程设置尚不能满足社会对学生知识、能力和素质三方面培养的需求。长城研学的重要目标之一是弥补学校教育实践的不足，但若课程设置不能满足素质教育要求，家长购买的积极性就会受到影响。只有把长城研学做好，才能达到促进学生全面发展的目标，若研学流于形式而忽视内容，则达不到研学的目的。长城研学在社会性方面存在系统性不足的问题，研学时间通常较短，课程设置也较为零散，难以形成系统的知识教学体系，从而影响教学效果。

目前，中小学生的抗压能力和社交能力相对较弱。要实现人的全面发展，这些方面必须有显著提升，而长城研学可以推动这方面的进步。倡导学生全面发展，德智体美劳等方面需均衡发展，不能只停留在口号上。我们在秦皇岛开展的长城文化进校园研学活动，既注重课堂启发式教学，又重视到长城进行体验式学习。学校依据不同年龄阶段学生的特性，设定了明确的长城研学目标，通过系统且有效的长城研学课程，激发学生参与社会实践的热情，借助学生喜爱的学习方式，提升学生动手实践与解决问题的能力。

长城研学要克服商业化倾向严重的问题。个别从事研学的机构，为了追求经济利益最大化，过度注重“游”而忽略了“学”，甚至没有安排“研”的内容。长城研学必须重视课程内容，否则就会出现“只玩不学”的情况。若没有根据不同年龄阶段学生特点进行分层教学的课程设计，就难以做好长城研学。长城研学课程也不能过于简易，否则就无法激发学生参与研学的学习兴趣与探究欲望。

（四）建立全国长城研学联盟

全国长城研学联盟是整合全国长城研学资源的核心平台，能够汇集各类长城研学产品和资源，成为长城研学成果展示与经验交流的重要阵地。参与该联盟的机构

能够借助行业交流推动自身发展，共同助力长城研学的良性进步。联盟还能通过强化国际交流与合作，助力联盟参与机构增强国际联系及国际化发展能力。

联盟能够开展全国长城研学人才培育工作，以联盟平台为基石，构建人才培养与专家评价双重机制。既能够对长城研学机构及从业人员进行培训，又可以对其实施考核，由联盟的专家团队对相关机构及人员予以评估，促使长城研学迈向专业化与标准化。长城研学联盟应制定相应标准，规范长城研学活动，通过加强宣传引导，积极推广长城研学，引导各地选择合规机构及优质的长城研学产品。

长城研学能否成功，关键在于地方政府职能能否充分发挥。地方政府是长城研学的具体推动者，确切地说，是首要推动者。政府需制定本地区长城研学发展规划，明晰发展思路与目标任务；大力扶持本地研学机构，引导市场主体依据地方特色开发长城研学产品与线路；强化对长城研学市场的监管，构建符合长城研学实际的管理制度。

构建长城研学联盟，需充分发挥相关非政府组织的作用。全国长城研学联盟是长城研学的联络桥梁，应成为全国长城研学的纽带。发挥平台作用，既能够有效规范长城研学发展秩序，又能够开展质量评价、组织行业培训与交流活动，提升全国长城研学运作水平，提高从业机构及人员的专业服务水平，营造良好的长城研学氛围。联盟要建立长城研学信用档案，以联合体名义发布年度报告，推动全国长城研学信用体系建设。

联盟对于提升长城研学机构的综合能力意义重大，机构是长城研学活动的实施主体，提升其综合服务能力是做好此项工作的基础。加强长城研学活动的品质把控，必须确保长城研学产品和服务的质量。开展长城研学活动要严格遵循国家及各级政府部门的相关法规政策，秉持规范经营的理念开展工作。要强化长城研学产品设计，开发出具有特色与创新的长城研学产品及线路。

联盟要强化长城研学品牌建设，争取社会认同。长城研学需要探讨是否设置准入门槛以及设置何种门槛。若进入成本低，各类机构或个人都可轻易进入市场，极易导致市场在未发展成熟时质量就参差不齐。应设定长城研学统一的服务标准，制定明确的操作规范，这样才能对长城研学产品和服务质量进行规范与约束。任何行业都存在安全风险评估和应急预案，长城研学在这方面也需逐步完善，要有明确要求、具体的问题控制以及违背相关服务标准的追责机制。

建立全国长城研学联盟，仅依靠研学机构或教育管理部门是无法实现的，缺少多部门联动协调机制，这件事就难以做好。长城研学要实现高质量发展，就需要建设全国长城研学联盟这样的平台。长城研学高质量发展离不开多方协同合作，因为这是一个跨领域、跨学科的社会实践，具有较强的综合性与协同性，需要形成多元协同创新机制。长城研学联盟需要政府有关部门提供政策支持、开展专业人才培训、建立长城研学项目评价体系等。

长城研学健康发展的问题不容小觑。毋庸置疑，长城研学作为新生事物，在发展过程中存在诸多问题，其中最为突出的是各地政府重视程度不足。近年来，中央高度重视研学，国家教育、文化和旅游等部门相继发布支持政策，研学已被纳入中小学生素质教育和课程体系，学校也被要求将研学旅行纳入教学计划，研学在素质教育中的重要地位已然确定，然而，目前地方政府出台的扶持研学政策较少。随着政府相关机构认识的提升，出台更多支持政策，研学的社会需求必然会持续增长。

二、长城文旅融合发展需要开拓演艺

当下发展旅游需要开拓演艺，然而许多地方对需求市场的规模并不明晰。任何演艺活动都离不开观众，旅游景区演艺项目的观众主要来自游客。一个地方演艺项目的成功与否与该地的游客规模成正相关，不但要有充足的游客量，而且游客过夜比例也需较高，如此演艺项目才能具备市场基础，才有可能实现盈利。

当地游客的实际接待量，涵盖全年游客总量、游客过夜量。研究游客类别构成也很重要，观光旅游和休闲度假旅游对演艺项目的体验需求不同。游客总量指的是实际人流量，而非人次数，更不能将几个景区接待量累计相加，这种重复性统计毫无实际意义。

（一）发展文旅演艺需要从实际出发

在投入大型演艺项目时，需充分考虑投入与经营前景。制约长城地区大型演艺发展的另一个重要因素是周边近距离客源市场匮乏以及本地居民人口相对较少。能够转化为夜间项目的机会客源不足以支撑演出，过夜游客量少及周边客源不足，都是大型演艺项目难以开展的原因。例如，秦皇岛旅游淡旺季差异非常明显，淡季和平季远远长于旺季，旺季 3 ～ 5 个月，在这样的地方即便要开展大型演艺项目，投资与场地规模都不宜过大。

文旅演艺项目的创作和演出成本较高，在创作和演出的人员安排上也要综合权衡成本。邀请名气大的主创人员成本自然高，而选择影响力小的团队，成本相对较低，但演出效果能否保证？能否经受住市场考验？文旅演艺项目不仅要考虑创作水平，还需考量运营能力。缺乏运营能力的团队，其创演的节目很难获得较高的收益保障。没有收益的话，演几场就难以为继，项目投资也就付诸东流。

（二）文旅演艺要以游客为中心

游客的欣赏习惯和旅游诉求是什么？旅游产品的定位、创意、策划虽已是老生常谈，但真正优质且能经得住市场考验的演艺创作与表演项目却寥寥无几。如果能做好，地方政府部门、旅游投资企业和创演团队三方就能实现多赢，若只是演艺方受益，这事肯定做不好。

文旅演艺项目已是较为成熟的业态，有许多成功案例可供借鉴。借鉴外地成功的演艺项目时，要对标基本条件相似的地方，特别是游客流量、过夜游客比例要相近，否则情况不同，结果会大相径庭。市场调研不能走形式，要根据客观情况理性估算投入规模，预测投资回收周期。各地都想开展文旅演艺项目，投资小的也动辄千万级，多的更是上亿或数十亿。从运营收益角度看，这样的项目很难把控亏损情况。如果对本地实际客流量、过夜游客流量掌握不准确，所谓测算出的购票观剧者数量也是主观臆测，最终必然失败。

文旅演艺项目旨在提升旅游目的地旅游地标的吸引力，能否提升及如何提升是关键。旅游演艺项目内容应具备艺术性、创新性，它与某些地方为旅游产业大会打造的实景演艺有所不同。外行看热闹，内行看门道。我不懂演艺，只能看个热闹，不懂演出的艺术水准。但我知道这类活动性演出，活动过后很可能就不再演出了。

自 2004 年桂林阳朔推出大型实景演出《印象·刘三姐》起，中国旅游实景演出成为旅游演艺的重要组成部分。如今，旅游演艺已成为旅游行业的一个特定概念。2015 年，国家有关部门专门颁布了《旅游演艺服务与管理规范》，该规范将旅游演艺产品定义为“在旅游景区及相关空间内，以室内场景、室外自然或模拟的山水景观为演出场所，为游客提供的具有一定观赏性和娱乐性的各类演艺产品”。由此可见，旅游演艺因旅游而兴。旅游演艺以地域文化或民俗风情为内容，以歌舞及声、光、电等技术手段为主要表现形式，旨在满足游客感受和体验的需求。所以，旅游演艺必须实现文化与旅游相结合，通过旅游演艺项目，为旅游者提供别样的旅游体验。旅游演艺作为旅游感受的重要活动，首先要有吸引人的故事，要能在情感上与游客互动，在文化上与游客共鸣。

目前，长城沿线的旅游演艺活动总体上尚处于起步阶段，演出内容与形式质量良莠不齐。许多演出内容不够丰富，故事结构也不合理。一些旅游演艺产品缺乏地域特色，创意匮乏。大部分地方的旅游演艺仍停留在歌舞、戏剧、戏曲等传统品类，演艺形式未能很好地融入旅游，更无法打造出爆款旅游演艺产品。

当然，旅游演艺产品既是旅游项目也是艺术作品，只有追求具有艺术性的产品，才能实现艺术与旅游相向而行的目标。山海关大型室内史诗演出《长城》在这方面做得较好。这台演出由秦皇岛第一秀长城演艺文化传媒有限公司出品，中国山水实景演出创始团队——山水盛典文化产业股份有限公司负责创作、制作，中国山水实景演出创始人、山水盛典董事长梅帅元担任总导演，边发吉担任总顾问，笔者担任总策划，张福利担任出品人。《长城》采用创新的环绕式多重影像系统，营造出秦皇岛宏大壮阔的“山海之怀，长城之魂”，以精湛的舞剧形式，深沉、细腻地表达了“爱情故事”和“家国情怀”。该剧凭借“复活”“出征”“离乡”“筑城”“天下”“光明”六幕叙事，阐释家国追求、民族大义，呈现战争的壮怀激烈以及和平的来之不易，从而展现出“江山永固、长城不老”的演出主题。

三、非遗项目文旅价值的体现路径

长城保护之所以强调整体性保护，是因为长城整体体现了长城价值。做好长城保护利用，核心是将长城文化遗产融入社会发展的整体文化和旅游系统，既要强调保护传承，又要强调服务社会。这也就是我们常说的，构建“长城+”或“+长城”的发展格局。

“长城+非遗”或“非遗+长城”是体现非遗旅游价值的重要内容。如何借助这一价值推动乡村振兴发展，仍是一个重大问题。国家重视非遗保护，是因为非遗系统难以依靠自身资源价值转化为社会资源，这是做好保护工作的重要内容。若没有国家的支持，非遗很难有生存下去的信心。

（一）政府对非遗文旅项目的支持

非遗文旅活动需要政府创造条件并提供支持。非遗传承人也需要提高传承能力，成为能工巧匠，活化非遗品牌。否则，仅靠政府鼓励，难以达成开展文化旅游活动的目的。这两者互为表里、相互作用。

近些年，各级政府比较重视非遗的保护和利用。国家级文化生态保护区的设立，便是对非遗重视的体现。文化和旅游部提出设立特定区域并制定了《国家级文化生态保护区管理办法》，规定如下：以保护非物质文化遗产为核心，对历史文化积淀丰厚、存续状态良好，具有重要价值和鲜明特色的文化形态进行整体性保护。国家级文化生态保护区建设要重视当地居民权益，注重非遗为当地旅游发展赋能，要让当地群众通过增收享受到保护文化生态的好处。《国家级文化生态保护区管理办法》强调坚持保护优先、整体保护、见人见物见生活的理念，既要保护非物质文化遗产，也要保护该地方非物质文化遗产产生的人文环境和自然环境。

保护非物质文化遗产也要转变思想观念。这种转变的主要表现是不能仅强调保护，还要注重利用。对此，联合国教科文组织强调：非物质文化遗产可能产生的商业活动以及与非物质文化遗产相关的文化产品和服务贸易，可提高人们对这类遗产重要性的认识，并为其从业者带来收益，有助于社区提高生活水平、推动地方经济发展、增强社会凝聚力。然而，我们对此的认识还不够深刻，做法也难以适应社会发展的需要。

（二）长城非遗要加强解说能力建设

长城非遗的文旅融合发展过程中，还要加强解说能力建设。若非遗旅游项目缺乏良好的解说系统，游客就无法看见、看进、看清、看懂。要充分挖掘非遗资源的旅游价值潜力。

目前，很多地方的非遗项目仅以传承人形式进行非遗表演，这样做是远远不够的，这种孤立性的展示难以形成旅游吸引力。要通过主题化的方式，将长城遗产线路串联起来，以线路形成游径，吸引游客进入消费市场。

燕山大学中国长城文化研究与传播中心在为山海关中国长城博物馆的长城非物质文化遗产展示提供咨询时，将非遗六大类之一的口头文学以及作为其载体的语言、美术、书法、音乐、舞蹈、戏剧、曲艺和杂技、传统技艺、医药和历法、礼仪、节庆等民俗都做了展示和体验安排，其他非物质文化遗产也都有与长城相联系的内容。

所有的非遗项目都具有文化价值，但并非所有的非遗项目都具有旅游价值。所以，将非遗主题化融入旅游产业链时，需要根据市场需求进行遴选。饮食方面的餐饮非遗是非遗项目中体量最大的部分，而这部分内容又是发展非遗文旅融合的重要内容。特别是北方长城沿线各种以面为原材料的非遗饮食文化，做好了就能既好吃又有文化内涵。在这个方面，品格传承和品牌打造是关键，同时也要注重品质管控和品位提升。

非遗产品是非遗参与文旅的重要内容。在一些发展得好的地方，以非遗技艺创作出来的旅游文创作品成为游客喜欢的特色产品。这些产品既传承了非遗技艺，又融入了创新发展内容，才会得到游客喜爱。比如扎染、蜡染的技艺属于传统文化范畴，但其布料、图案却增添了时尚、国潮的元素。

积极推动长城文旅融合模式创新发展，需要总结长城沿线文化旅游融合发展项目开展较好的地方及其宝贵经验。既要总结各地文旅部门的积极作为，也要总结市场主体的大力推动，而后者更具进一步推广的现实意义。

（三）非遗服务文旅要有年轻化的创新

随着市场主体的年轻化，非遗需在呈现方式、营销手段、参与玩法、产品线路以及学习对象的年轻化等方面加大力度。只有“触网”才能拓展空间，用好社交媒体，才能让非遗走得更远，实现线上线下互动、高频低频转化，才可让非遗价值的实现拥有更大可能性。

非遗服务长城文旅，从宏观层面讲，是服务世界各国的人了解长城；从微观层面讲，是推动每一个地方的长城旅游发展。长城是每一个人的长城，通过非遗让人们感受到长城就在老百姓身边。准确地说，长城沿线老百姓的生活本身就应该是长城文化遗产的一部分。长城文化的可参与性与可体验性属于长城文化遗产活化的内容，倘若仅停留在研究层面，仅强调政府的积极引导，是很难切实开展的。

非遗是传统文化的外在表现形式，承载着深厚的文化基因和民族记忆。长城沿线拥有数量众多、内涵丰富的非遗，然而非遗结合时代要求实现创新却有很大难度。这是因为非遗要与现代市场结合，非遗活化若要形成新的产业链就必须进入市场，如果不能被市场接受，其产业链就无法形成。非遗价值增值的过程，是非遗产业链形成经济价值的过程。非遗的活化以及非遗创造性转化、创新性发展，都存在如何满足市场需要、消费者需要的问题。

（四）让非遗在市场中活化文化价值体验

非遗的文化价值内涵不言而喻，而实现非遗活化价值增值所讲的不只是文化价值。推动非遗实现创造性转化、创新性发展，不断增强非遗的生命力，就需要挖掘非遗中的中国文化基因，阐释其当代作用，找到走向市场应用的路径。让非遗在市场中活化，即通过创造活动将其文化价值转化为核心产品与衍生产品的价值创造。

目前，对于非遗在文化、经济和社会方面的多元价值应如何实现，还缺乏深层次的思考。非遗应该怎么做、需要怎么做，并没有确切的结论。非遗产品活化肩负着非遗传承的使命，保留非遗原汁原味的特点是必要的，通过发掘其文化价值来实现其经济价值和社会价值，这也是非遗活化的关键。既要抓好非遗核心产品，也要做好衍生产品的价值创造。非遗衍生产品的扩大再生产承担着文化传播任务，也是当代转化的文创化过程。非遗融入当代生活，就是要与当代人产生关联，这样才能通过市场化实现经济价值与文化价值的传播。

对于一个地方而言，要找到非遗文化鲜活的根，也就是非遗文化价值活化的核心内涵。非遗是特定人文地理环境的产物，也是时代背景的产物。要让非遗文化能够刻画一个地方的生产、生活方式，能够定位历史文化传统。各个区域的非遗如何确立本区域的文化身份？如何成为一个地区的识别标志？一个非遗产品与人的联系是什么？特别是与当代人的联系是什么？根本任务是将文化形式丰富多彩的非遗与文化内涵寓意深刻的非遗做好结合。要明晰这一做法与过程，在理论上还需构建基于故事和内容背景的形象。

这方面北京延庆石峡村的石光长城做得就比较好。这家坐落于石峡关长城脚下的民宿，年接待游客量近 8 万人，已改建院落 16 处，含 10 处住宿院落和 6 处公共区域，包括妫水人家餐厅、石光咖啡、石光长城文化书店、长城露天影院、村史博物馆、长城学堂等。其特色是在公共区域设有非遗手工艺、汉服体验、古堡祈福、露天电影、精品下午茶等多种项目活动。在民宿运营中融入长城文化、非遗文化、民俗文化，提供吃住行游购娱一体化服务，能够为亲子家庭、情侣等旅游人群提供休闲度假及生活体验，也是商务会议、中小型团队拓展的好选择。

石峡村建立的村史博物馆，也是一座非遗手工艺体验馆，人们在馆内可以了解长城文化、村史文化、民俗文化，同时石光长城组织上百位手工艺匠人，能够提供数百种传统手工艺制作指导，让更多人体验中国手工艺的魅力。非遗手工艺制作体验包括布老虎、捏面人、编中国结、香皂、剪纸、葫芦画、衍纸画、毛猴、灯笼、糖画等多种项目。非遗手工艺老师现场指导，项目易学易会，制作成品可作为纪念品带走，还能够为团建、亲子、会议等团队提供团体手工艺活动。

石光长城的餐饮项目非常有特色。“长城石烹宴”荣获北京市“游客心中最喜爱的京郊美食”最佳人气奖等奖项，并连续五年蝉联延庆区乡村特色美食大赛金奖；主菜“贺氏酱猪脸”曾被中央电视台、北京电视台等多家媒体报道。2020 年，“贺氏酱猪脸”被列入北京市延庆区非物质文化遗产名录。

此外，石光长城通过民宿与线上平台，帮助石峡地区村民销售传统工艺制作的海棠干、黄芩茶等农产品，年销售额达 100 万元以上。目前石光长城民宿已经辐射带动 18 户村民注册民俗户，有效推动了长城文化带沿线民宿集群品牌的建设。

非遗旅游项目能否成功，要看其是否能够丰富人们的日常文化生活，满足游客的旅游需求。提升旅游体验是吸引游客的关键。只是简单地将非遗搬出来，属于相对落后的旅游产品，势必不能满足游客的需求，游客增长乏力是必然的。

总之，文旅融合的发展趋势，以及文化对旅游发展的促进作用不断增强的趋势有目共睹。长城文旅融合需要强大的市场需求作为发展支撑，从而使长城文化传承与旅游利用之间形成稳定的良性循环机制。长城文旅融合发展需要区域协同，通过重点挖掘长城文化、持续推出相关主题活动来吸引消费者。

长城文化的活态展示和体验互动，是长城文旅融合的主要内容。长城文化在旅游方面的生命力，体现在长城旅游所呈现的长城文化的丰富性和可参与性上。只有妥善地解决长城文化和旅游融合过程中的参与性问题，长城文旅融合才能真正实现。长城国家文化公园建设要实现高质量的文旅融合发展不能只是口号，需要从政策导向、基础设施建设、加强管理和品牌塑造等方面加以重视。

长城国家文化公园建设中的激励相容性问题*

——对河北 B 村案例的观察

李 越**

摘要：随着长城国家文化公园建设的推进，国家与地方激励相容性问题日益凸显，形成文化项目建设中的“基层困境”。河北 B 村长城国家文化公园项目建设过程表明：国家通过长城国家文化公园“项目进村”（项目落地）对地方经济与文化建设形成制度同构效应，确立了宏观层面上的国家与地方激励相容；项目建设引发的村庄规划及文化环境变化与长城国家文化公园建设目标的有效整合，重建了以自然和文化资源禀赋为基础、以村庄文化旅游经济为中心的当代长城村落治理机制与行动逻辑。正是在这一框架下，作为地方行动主体的 B 村与代表国家的上级政府形成方向和利益一致的行动共同体。但与此同时，“短期项目制”的非理性和官员的避责意识，导致国家与地方行动主体激励不相容，阻碍文化项目建设，成为长城国家文化公园建设过程中的技术性阻力。本文提出，坚持推进国家重大文化项目建设，助力优质文化资源直达基层的同时，还要从顶层科学设计基层的“长期行政发包制”以克服文化项目的短期非理性冲动；强化对基层官员政绩考核的同时，还必须配套设计针对技术官僚的容错机制。

* 基金项目：文化和旅游部 2023 年度部级社科研究项目“建好用好国家文化公园的实践路径研究”（编号：23DY17）。

** 作者简介：李越，武汉大学国家文化发展研究院博士研究生。

关键词： 长城国家文化公园 激励机制 制度同构 乡村治理

一、相关文献回顾与问题的提出

（一）“项目治国”与乡村治理中的理性张力

“项目治国”是财政资金以“专项”或“政策项目”形式分配基层，[①] 进而实现国家自上而下技术治理的一种方式。政府通过招商引资方式将财政专项（或政策项目）“包装”进去——形成公权力背书的具体招商引资项目。这里的“包装”具有两重含义，一重是资金与政策的“项目化”，二重是资金与政策的准“市场化”——利益相关方（既有基层政府、社会团体，还有各类企业）围绕项目展开竞争。随着社会主义市场经济体制逐渐完善，项目的有效周期[②] 与官员任期逐渐同步，乡镇、县区政府与市场主体一同“打造”政绩的趋势愈发明显。短期招商引资项目成为地方政府施政的重要抓手，推动了“地方政府公司化”。[③] 作为一种配套机制，项目会从政府中派生出为之服务的“专班”，有限的行政资源集中用于一项工作，行政任务分解到人，提升了招商引资效率，其非理性结果在于政府围绕各种“专班”不可避免要“运动型治理”，[④] 随之而来的“专班”膨胀、成本增加与随意设立的合法性受到质疑。[⑤]

由于干部出于短期政绩或个人经济收益而非地方百姓长期利益的干事导向，政府安排的建设项目，并不能打消地方百姓内心深处对“黄宗羲定律”[⑥] 的担忧。所谓“黄宗羲定律”，是指中国历史上税制改革中的“并税费增”积弊。黄宗羲称之

---

① 周飞舟：《财政资金的专项化及其问题——兼论“项目治国”》，《社会》，2012 年第 1 期，第 1-37 页。

② 地方招商引资项目有三个周期：意向投资周期、实际投资周期与产品（服务）生命周期。项目的有效周期，是指项目开工（资金到位）到真正开始运营这段时间，涵盖实际投资周期与产品（服务）生命周期的前段重叠部分。一些项目在意向投资周期内，由于资金迟迟不能到位导致项目无法开工，这类项目有地方为美化政绩而向百姓与上级领导“画大饼”的嫌疑，因此是无效率的。

③ 赵树凯：《地方政府公司化：体制优势还是劣势？》，《文化纵横》，2012 年第 2 期，第 73-80 页。

④ 周雪光：《运动型治理机制：中国国家治理的制度逻辑再思考》，《开放时代》，2012 年第 9 期，第 105-125 页。

⑤ 刘柯、谢新水：《工作专班：应对临时性任务的政府组织形式创新》，《中国行政管理》，2023 年第 4 期，第 63-70 页。

⑥ 秦晖：《并税式改革与“黄宗羲定律”》，《农村合作经济经营管理》，2002 年第 3 期，第 6-7 页。

为“积累莫返之害”“杨炎[①]之利于一时者少，而害于后世者大矣”。[②]此论被后世学者引申为改革走向其初衷的反面。当项目不断被推倒“重来”时，它不但不能引导地方百姓致富增收，反而可能增加政府坏账与地方负债，直接导致基层负担周期性循环与“越减越负”。[③]

作为“项目治国”的重要微观场域，乡村治理引发学者对项目制乡村治理模式的探讨。20世纪80年代至90年代初期，国家曾尝试在工业部门之外放开计划外项目，大力发展乡村工业。但是农村“小工业”与“小作坊”无法克服规模瓶颈与体制阈限。一些研究试图解释中国乡村实践中的理性边际效能递减现象：例如基于中国乡村“熟人社会”的“含情脉脉”文化传统与西方社会的“经济理性”展开学理对话，[④]村民有时互助，有时单干，有时合作；进一步揭示出乡村治理中“村社理性”与“个体理性”分离基础上的有限统一。[⑤]这种辩证对立统合于“村社小共体—集体公社—家户小农—专业合作社”乡村治理逻辑的“分合”循环之中。乡村治理理性的“村社—个体”两分法，仅考虑到农业自然周期与家庭成员生命周期，并没有揭示出农户面临“农作小循环”与“资本大循环”时的理性差异。

按照村庄获取项目方式的不同，学者进一步将村庄细分为“接受型”“争取型”与“捆绑型”三种类型。[⑥]我国取消农业税后，项目制乡村治理具有“悬浮式给予”特征，[⑦]治理的非理性主要表现为资源分配“撒胡椒面”或“大水漫灌”。同时，“项目进村”方式也更加细化，上级（中央、省、市）很多涉农项目背后是财政专项转移支付，项目落地就是钱落地。这以基层［乡（镇）、村］提供符合规定比例的配套资金为前提。基层为了筹集配套资金，通过举债、资金空转等方式形成的集体债

① 杨炎（727—781），唐德宗年间宰相，主政期间取消租庸调及各项杂税，推行两税法。

②（明）黄宗羲撰，段志强译注：《明夷待访录·田制三》，中华书局，2011年，第105页。

③ 张园园、李萌欣：《基层负担周期性发生的生成逻辑及其治理——以“黄宗羲定律”为观察视角》，《社会主义研究》，2020年第6期，第151-159页。

④ 温铁军、董筱丹：《村社理性：破解“三农”与“三治”困境的一个新视角》，《中共中央党校学报》，2010年第4期，第20-23页。

⑤ 段雨、胡亮：《乡村振兴背景下村社理性与个体理性何以共存？——基于川西S村的调查与分析》，《天府新论》，2023年第5期，第87-96页。

⑥ 李祖佩：《项目进村与乡村治理重构——一项基于村庄本位的考察》，《中国农村观察》，2013年第4期，第2-13页。

⑦ 王春城、王帅：《政策何以塑造政治：从精准扶贫到乡村振兴的乡村政治变迁》，《中国农村观察》，2024年第4期，第2-23页。

务最终仍会落到村民头上，[①]成为"黄宗羲定律"的一种当代乡建版本。精准扶贫时期，项目制乡村治理呈现"精准给予"特征，整村动员方式在一定程度上降低了治理非理性（资源分配过于平均或过于集中），但是金融资本与物质资源对乡村过度控制的现象依然较为严重。有研究提出，以乡村条件为基础，契合实践需求来矫正"项目进村"（项目落地）过程中的偏差；[②]通过生产型治理来发挥"合约机制"与科层制的协同效应，进而实现村庄治理机制重构。[③]另一方面，外来资本与资源过度干预乡村的问题正在导致乡村治理共同体"解体"。相关研究提出在乡村振兴时期，以关系网络、社会信任、互惠规范等"社会资本"重建乡村治理共同体的初步设想，[④]但是对社会资本的定性论述较为笼统，尚不足以提供有效的理论支撑。

在国家"脱贫攻坚""美丽乡村建设""乡村振兴"等工作和战略加持下，基层汲取资源的渠道逐渐多元化。由于乡镇可支配资源上收，乡镇政府不得不发挥"化缘者"角色。弱势乡镇向上级县区"跑项目"，乡镇干部在体制外寻求建立权力与民间资本之间的"委托—代理"关系——"富人治村"，[⑤]成为吸引项目在村庄落地的高效方式，"政绩—业绩"互惠纽带[⑥]借助民间"资本下乡"向村庄一级渗透。在此过程中，民间资本与政府的关系愈发紧密，但各种名义的"项目进村"（项目落地）是否释放了乡村治理效能，现有文献的学理探讨与经验总结不够充分。

（二）国家文化公园建设中的激励偏差

激励（本文主要指行政官僚施政中的激励）之所以会产生偏差，一则与激励实施"过程"相关，二则与激励"成果"的价值导向密切联系。西方学者关注激励"成果"的价值导向。在公共文化服务领域，地方领导需要具有可视性（visibility）

---

① 尹利民、全文婷：《项目进村、集体债务与新时期的农民负担——基于赣北 D 村的个案分析》，《东华理工大学学报（社会科学版）》，2014 年第 1 期，第 53-57 页。

② 曹海林、吕安丽：《乡村振兴视角下"项目进村"政策执行偏差及其矫正》，《江苏社会科学》，2023 年第 4 期，第 84-93 页。

③ 崔宝玉、高歌：《"项目进村"对村庄治理机制的重构》，《北京工业大学学报（社会科学版）》，2024 年第 3 期，第 55-71 页。

④ 唐兴军等：《社会资本视域下乡村治理共同体的构建》，《决策与信息》，2024 年第 3 期，第 59-67 页。

⑤ 陈文琼：《富人治村与不完整乡镇政权的自我削弱？——项目进村背景下华北平原村级治理重构的经验启示》，《中国农村观察》，2020 年第 1 期，第 29-43 页。

⑥ 周黎安：《地区增长联盟与中国特色的政商关系》，《社会》，2021 年第 6 期，第 1-40 页。

的公共物品[①]来为其政绩背书，成为激励“成果”偏差的主要表征。我国学者更加关注激励实施“过程”。自上而下的“官吏分途”现象[②]揭示了作为“流官”的市、县（区）、乡（镇）干部有为升迁而自我激励的强烈动力，而作为“守吏”的“村干部”几乎没有从项目中获得选任国家正式干部的机会，[③]自然也就没有“制造”短期“业绩”的冲动。在项目制基层实践中，上级政府既没有解决好对基层政府（组织）的有效授权问题，基层政府（组织）也没能从项目资金向下转移中获得制度化激励。授权与激励问题扭结，各级政府与组织形成“各扫门前雪”式的问题处理方式。[④]

随着建设国家文化公园逐渐上升为国家文化战略，部分财政资金与建设项目涌向地方基层，乡村成为公园建设的重要“场地”。长城国家文化公园在五大国家文化公园中率先启动，长城村落作为重要建设支点，受到政界、业界与学界广泛关注。一方面，长城村落大多位于政区边界，民间俗称“三不管”地带。政界倾向于认为，位置偏远导致行政管控“鞭长莫及”是乡村贫困的主要原因。现实情况是，一些长城村落地处行政边界，但受惠于丰富的矿产资源（中西部地区居多），工矿类“项目进村”反而如火如荼，没有出现行政主体“三不管”情况，但是边界与非边界村落之间仍存在具有统计显著性的发展差异。[⑤]长城村落与其他村落的发展差异性，并不能用自然地理或经济地理等单一因素解释。另一方面，长城遗产与村落空间格局深度绑定，工农业发展条件严重受限。随着文化遗产类项目建设的推进，“项目进村”的执行效能与地方治理问题成为政界关注的新焦点，但是学术界没有

① MANI A, MUKAND S: Democracy, Visibility and Public Good Provision, Journal of Development Economic. 2007, 83(2): 506-529.

② 周雪光：《从“官吏分途”到“层级分流”：帝国逻辑下的中国官僚人事制度》，《社会》，2016 年第 1 期，第 1-33 页。

③ 国家选聘到农村任职的高校毕业生是“例外”群体，这些人被百姓称为“大学生村官”。“大学生村官”任满 1 个聘期，且担任村“两委”副职及以上职务，考核优秀并获群众认可，则可通过公开选拔担任乡科级领导干部。

④ 李祖佩：《分利秩序：鸽镇的项目运作与乡村治理（2007—2013）》，社会科学文献出版社，2016 年，第 253-254 页。

⑤ 林爽：《矿区农村乡村振兴发展水平评价及影响因素研究——以鄂尔多斯为例》，硕士学位论文，内蒙古农业大学，2023 年，第 24-27 页。

给出清晰答案。第三方面，大中型城市周边的长城村落更新问题[①]与文化营建问题[②]引起业界与学术界定向探讨。这种探讨多限于非普适性乡建规划与艺术实践的经验层面。[③]第四方面，学者从中观层面对长城国家文化公园的特定省段管理体制进行探讨，在规划编制、资金投入、经营模式与法律保障等方面提出建设性建议，[④]但是对长城村落普适性制度与治理层面的学理探讨少有涉及。长城国家文化公园对长城村落治理的影响，仍有诸多“盲区”。

包括长城国家文化公园在内，学者基于全国各地开展的国家文化公园项目建设实践逐渐意识到，文化项目在建设中会与地方治理深度纠缠，由此产生执行目标、过程与结果偏差。

建设国家文化公园作为一项推动文化资源保护传承利用的新时代战略决策，其设计逻辑隐含国家与地方激励相容。然而项目建设效果在一定程度上背离政策初衷，出现国家与地方激励不相容。[⑤]主要体现在三个主要方面：一是中央层面与地方层面建设国家文化公园的财政事权与支出责任不匹配，中央“财重事少”而地方“财少事烦”；二是中西部地区建设公园任务重，地方财政普遍紧张，自我激励不足；三是公园建设市场化进程缓慢，市场激励不足。[⑥]由此进一步引申出国家与地方激励相容与不相容并存，形成国家文化公园项目建设中的“基层困境”。针对“基层困境”，有学者聚焦国家文化公园建设中的区域不平衡现象，提出面向“发展示范区”“经济推动区”“文旅功能区”“后发弱势区”来分区施策，靶向破解。[⑦]有学者亦提出“地域生态”“地方生产”与“社区生活”三者相调适的国家文化公园相容性利用路径。[⑧]上述探讨已经触及国家文化公园建设中的激励偏差的本质。由

---

① 赵之枫、关达宇：《旅游发展背景下“防御型”传统村落空间形态研究——以京西北地区明长城沿线聚落为例》，《华中建筑》，2020 年第 5 期，第 81-84 页。

② 邝芝芳：《基于〈考工记〉设计思想的长城村落文化营建探讨》，《艺术与设计（理论）》，2020 年第 9 期，第 63-65 页。

③ 常鑫、薛小琪：《文化记忆视角下长城古村落模因图谱与数字化设计研究——以庄河村雕饰纹样为例》，《南京艺术学院学报（美术与设计）》，2024 年第 2 期，第 84-90 页。

④ 白翠玲等：《长城国家文化公园（河北段）管理体制研究》，《河北地质大学学报》，2021 年第 2 期，第 127-134 页。

⑤ 祁述裕：《国家文化公园：效果如何符合初衷》，《探索与争鸣》，2022 年第 6 期，第 5-7 页。

⑥ 傅才武：《国家文化公园建设中的地方激励问题》，《探索与争鸣》，2022 年第 6 期，第 12-14 页。

⑦ 吴承忠：《国家文化公园建设中的区域不平衡及发展路径问题》，《探索与争鸣》，2022 年第 6 期，第 15-17 页。

⑧ 邹统钎等：《国家文化公园相容性利用原则与路径》，《文化软实力研究》，2023 第 6 期，第 51-63 页。

于缺乏对微观案例经验的系统梳理与辩证反思，目前尚未形成涉及国家文化公园具体建设层面的激励方法论。

2024年以来，推进中国式现代化的文化道路问题被提出，[①] 国家文化公园作为一种公共政治空间的文化动员功能与国家认同功能获得深入阐释，[②] 为深化认识公园建设与地方治理之间的关系，提供了新的启示。2024年5月14日，习近平总书记给北京市延庆区石峡村乡亲们回信，[③] 高度评价长城的民族价值、文化价值与精神价值，对长城遗产保护与长城村落发展寄予殷切希望，在全社会引发热烈反响。2024年7月，党的二十届三中全会对文化与乡村治理工作提出更加明确的要求："传承中华优秀传统文化，优化文化服务和文化产品供给机制""统筹乡村全面振兴""全面提高城乡规划、建设、治理融合水平"。[④]

在此背景下，长城遗产与长城村落深度耦合，长城文化赋能长城村落发展，成为新时代乡村治理的重要课题之一。在"项目治国"与激励机制框架下探讨国家文化公园作为地方治理的一种有效方法时，隐含着一种方法论上的工具理性思维，诱导出本文有关建设国家文化公园的具体思考：国家文化公园项目落地过程中存在"国家与地方激励相容性"问题。"物体系"文化项目如何影响地方治理系统，如何在长城国家文化公园项目建设中保持国家与地方之间的激励平衡。

二、案例观察：河北B村长城国家文化公园建设概况

河北省B村现隶属于Q市SH区，[⑤] 由明长城军事城堡转型而来，是单村庄行政村。截至2024年4月，B村共有常住户籍人口233人，满族人口占全村常住户籍总

---

① 傅才武、李越：《论中国式现代化的文化道路问题——国家文化结构视野下由文化认同建构国家认同的逻辑》，《山东大学学报（哲学社会科学版）》，2024年第3期，第22-37页。

② 傅才武：《国家文化公园：空间结构叙事与文化认同塑造》，《学习与实践》，2024年第5期，第109-122页。

③ 新华社：《习近平给北京市八达岭长城脚下的乡亲们的回信》，新华网，2024年5月15日，http://www.news.cn/politics/20240515/76b8c5ec701a4008941de3140450943b/c.html。

④ 新华社：《中国共产党第二十届中央委员会第三次全体会议公报》，新华网，2024年7月18日，http://www.news.cn/politics/leaders/20240718/a41ada3016874e358d5064bba05eba98/c.html。

⑤ 按照研究惯例，文中涉及的村、镇、区、市均以字母代替；为保护个人与单位隐私，文中涉及访谈对象姓名与公司名称等均以字母缩写表示。

人口约 62%，[1] 为满族自治村。B 村见证了长城促进民族融合的历史进程，是长城村落的典型代表。B 村丰富的长城物质遗产、富有特色的军事堡垒村貌、多彩的民族文化、鲜明的明清军事制度与农耕制度文化、传承不辍的长城精神，使得该村获得长城国家文化公园项目垂青。

研究团队对河北 B 村长城国家文化公园建设过程的实地考察时间跨度为 15 个月（2023 年 1 月至 2024 年 4 月），涵盖 B 村“最美长城村落”项目建设工期的 65%。[2] 案例研究主要采取文本研究与田野调查方法。首先调阅国家级、河北省与 Q 市建设长城国家文化公园的各类规划文件。其次在 B 村实地踏勘，掌握 B 村长城遗址现状及村容村貌一手资料，了解“长城人家”管理制度、项目运行机制与具体实施效果。再次是代表性人物访谈，通过对村两委班子成员、村民、长城保护志愿者、外来农民工、民宿经营者的半结构化访谈，对长城专家与学者的开放式深度访谈，对常年在村居住的户籍村民口述民族志整理，经过编码，形成合计约 28.7 万字的访谈资料。

（一）河北 B 村长城国家文化公园建设的主要内容

2020 年以来，B 村的“最美长城村落”项目“入库”河北省长城国家文化公园重点项目，定位为示范样板工程。B 村成为河北省在长城国家文化公园“传统利用区”探索保护、传承、弘扬长城文化，创新文旅融合新路径的先行示范村。

“最美长城村落”项目分为两个子板块，一是文保重点项目——长城墙体及附属 1 号马面至 4 号马面段保护性修缮工程。该项目 2022 年 4 月开工，2023 年 7 月正式完工。1 号至 4 号马面基本恢复原有规模。腰铺九号敌台现已开放为游客可登临观赏点，是 B 村城堡的主要展示点之一。

二是传统利用区示范样板工程——“长城人家”主体工程。该项目总投资 5078 万元，包括传统生活生产区域的基础设施改造工程、文旅配套设施提升工程、满族特色文化空间打造工程和长城民宿示范工程。其中，生活生产区域的基础设施改造工程由 Q 市财政投入，Q 市城建局负责实施；文旅配套设施提升工程、满族特色文化空间打造工程由 Q 市旅游和文化广电局与 SH 区文物局共同策划，Q 市旅游控股集团与 XL 集团投资并负责实施；长城民宿样板示范工程——“ZJ”项目——由 SH 区文化旅游投资开发有限公司负责改造与日常运营。2024 年初，B 村又争取到河北

① 本数据由研究团队从 B 村委员会处获取。

② “最美长城村落”项目于 2021 年开始实施。因疫情防控需要，该项目于 2023 年初进入实质性施工阶段。

省民宿发展促进专项资金，目前已成功吸引多位民间投资者入驻B村打造风格各异民宿，有望新增特色民宿5～7家。同时，B村的村级文旅发展企业组建完毕（试运营中），正与各级投资平台与投资主体对接。经过市、区、镇、村四级领导班子与市场投资主体共同努力，投资聚集效应逐渐显现。

（二）河北B村长城国家文化公园建设中的主要经验与不足

1. 主要经验：长城国家文化公园“项目进村”优化长城村落治理结构

在不改变村“两委”班子组成人员的前提下，长城国家文化公园项目在村“两委”中建立“长城人家”项目小组，同时吸纳长城保护员与志愿者、村外长城专家、专业律师、企业合作方领导等加入。该举措因包含了不同管理者之间的认知冲突与理解分歧，进而提出了村落管理制度与长城国家文化公园管理制度的规范一致性议题。

镇村两级干部的特殊工作法，促进了制度的规范一致性的生成。在长城国家文化公园项目落户B村过程中，M镇干部在SH区委、区政府统筹指导下已经实行多年“包联村”工作法，即镇干部联系下属村庄，任务包干。面对长城国家文化公园建设项目，“包联村”的M镇干部在处理行政管理工作时遇到新问题而没有现成经验可循，必须与“包联村”在“长城国家文化公园建设领导小组”工作框架下，共同迎着困难解决问题。M镇协助B村“两委”班子通过项目与制度的双重整合，将长城国家文化公园项目管理与建设激励措施在村落治理长周期中内化。

具体说来，M镇包村干部将“长城人家”项目与“五通进村”事务性工作整合，协助村“两委”通过文旅发展股份合作社与Q市旅游控股集团、XL集团及有关局委合作，推动B村天然气管道改造。在具体实施过程中，镇村两级干部将正式制度与村民传统整合，征询长城文化与文保专业人士意见，保留少许农家土灶；对于项目引起的村民新纠纷，项目小组首先通过企业与村民“面对面”方式尝试私下调解，然后通过律师给出法律建议，积极争取民事司法途径解决，避免村民上访。此举提升了“长城人家”项目的基础设施水平，改善了村民生活设施，减少了空气污染，同时照顾到了活动不便的年老村民吃“大锅饭”的传统与特殊需求，保留了村民集体记忆与乡村文化“原真性”。这种做法使项目建设的科学安排同村落治理“土”经验与“土”办法深度结合，村落治理呈现出技术理性与感性经验相融合的实践特征。

河北B村长城国家文化公园建设实践还显示出，长城国家文化公园作为一种制度体系，为B村提供了村落治理新框架。

首先，村“两委”充分发挥村民自治组织职能，班子成员加入“长城人家”项目小组，对下发动村民，对上与M镇及SH区“长城国家文化公园建设领导小组”直接对接。项目小组与“专班”的最大不同，在于前者包括领导与具体办事人员，既明确了成员职责分工又确立了追责机制，能够依据原有组织规则对失职人员实施有效惩戒；后者由于成员临时抽调，“专班”没有组织权限对不尽职人员实施有效追责，因此无法克服“任务层层分解，责任级级难追”的“专班”“空转”弊端。村支书（兼任村委会主任）全面主抓“长城人家”项目在村建设，统筹项目建设与村落日常生产生活的协调问题；排名第一的村党支部副书记（原村委会主任）具体负责对接村落规划、村民动员与驻外村民联络；村委宣传委员具体负责对外接待、新闻撰稿与媒体发布；村纪检委员具体负责村民普法活动等。

其次，村“两委”通过项目小组与有关市场主体签订协议，成立文旅发展股份有限公司并实施直接领导。通过村民入股合作社与集体参股公司的形式合理划分村民、村集体与村外市场主体的法定权利与责任边界。针对“长城人家”项目建设中以地方财政投入为主的子项目和经营性市场主体投资为主的子项目，村“两委”委托律师，对制定的上报文件与拟定的合同文本进行合规性与合法性审查，维护村集体与村民的合法权益。

最后，村“两委”定期召开“长城人家”项目村级议事会。例如，定期召开“‘长城人家’民宿旅游开发项目推进会”“‘四必到’①工作机制通气会”“村庄环境整治议事会”，将长城文物、长城文化、乡村环境置于项目的首要位置。在决策之前，认真征询项目小组中长城保护员与保护志愿者的专业意见，邀请村外长城专家与工程技术人员出谋划策。

> 对于长城巡保工作，我认为一是巡查长城建筑，确保其安全无恙；二是发掘保护长城非物质遗产，包括地方传统、民间传说故事、地方经验等，为史料补遗并提供佐证。
>
> 20230831LFY2，B村长城保护志愿者
>
> 长城国家文化公园建设，文化与旅游同等重要，光有历史文化而没有产业支撑，保护利用难以持久，光有旅游而没有历史文化，就偏离了国家建设国家文化公园的本意，文旅融合就是要让长城“好玩”，发动社会大众广泛参与其中。
>
> 20230414DYH3，中国长城学会专家
>
> 城墙与敌台修缮不同于现代工程原地起楼，使用大型机械设备可能对其他

①“四必到”即政策宣传到户、决议传达到户、工作发动到户和意见征求到户。

墙体与邻接部位造成破坏，“下慢功夫、用老方法”是绕不开的工艺要求。

20230727GCS1，北京QY古建筑集团有限公司工程师

长城保护员与长城保护志愿者全部来自B村及临近长城村落，他们有关长城文化的地方性知识，对于弥补项目建设盲点具有现实价值；村外长城专家为关心并了解B村的长城学者，他们解读国家政策，并将新见解与新思路导入项目建设工作中，对B村村情的切实了解使得其意见更加联系实际，避免“专家进村”的盲目性；工程技术人员为具有长城修复经验的专业古建工程公司的工程师，他们在施工方法上提出专业性意见，获得“事半功倍”的良好效果。村“两委”尽力避免“拍脑袋决策”，形成了较为科学与专业的村集体决策流程。

总之，长城国家文化公园项目建设引发B村规划与文化环境变化，二者实现与长城国家文化公园建设目标有效整合。同时，围绕建设项目，B村对村落管理中的岗位职责、集体与个人的权责边界、知识与技术专业化等方面作出具有可执行性的规定。“长城人家”项目在实施过程中，通过村民自治组织在功能上与上级行政组织保持一致（村委委员职责分工与上级对口单位保持一致），改进了B村治理中僵化的“专班”式官僚结构；通过村级公司与合作社在运作模式上与市场主体保持一致，改善了村级经济实体权责不清的“家长”式威权结构；通过村级议事会与专业组织与团体互动，使得以项目建设为中心的长城文化专业知识与长城保护与修缮的专业技术得以贯彻到基层。由此，B村治理结构得到优化，这使B村与上级政府的关系也得到切实改善。作为地方行动主体的B村与代表国家的上级政府形成方向和利益一致的行动共同体。

B村治理虽简约但不简单，很多外村组织来我村取经学习，我总结的一条就是从解决村民身边事做起，从基础上使劲，给村民提供兜底服务，这就是简约治理；发展乡村经济不是一件简单的事情，村民在开始的时候多疑虑而观望，这个时候‘村干部’必须带头，从现实可行的小项目干起。有了具体的现实收益，村民才会跟着干。把简约而不简单的事情都做好了，村民气顺人和，这个时候外面的企业才敢来投资，镇里和区里的政策、项目、资金会越来越多向村里倾斜，原因就是村里各种关系理顺了，事情才能做起来。最重要的是村民积极配合，这样干部群众才能一条心，村集体才真正有力量。

20230423LCS3，B村党支部书记

2. 主要不足：长城国家文化公园“项目进村”诱导长城村落短期治理行为

河北B村缺乏金融资本与智力资本，集体经济羸弱，资金导入与村外“洋专家”

的智力导入成为项目制村落治理成败的关键。在长城国家文化公园项目酝酿期，M镇领导倾向于在招商引资中寻求“短、平、快”项目。为加快这种项目落地，M镇干部尝试打“关系户”的主意——让宗亲、同窗、乡党、金兰旧友中的成功企业家作为“短、平、快”项目的主体投资人，成功引入一个小型民宿K项目。成功企业家与官员会在本乡本土形成“官—商熟人社会”，“政绩—业绩”互惠纽带在B村中进一步转化为“官—商熟人社会”互惠纽带。“官—商熟人社会”与既往研究中的熟人社会的最大不同，在于“抬头不见低头见”的乡里乡亲不再成为乡镇干部施政的道德羁绊与舆论顾忌。乡镇干部更加关心与老板的关系是否牢固，即使合作未能发动全体村民，没有普惠全村，项目也有私人关系兜底，[①]可以保证完工。由于项目合同之外的人情勾连，各利益相关方权责模糊，B村在“项目进村”中的抗风险能力较为脆弱。

为推动长城国家文化公园建设，消除上述风险，上级政府主动创意、策划并推动长城民宿样板示范工程——“ZJ”项目——在B村落地。2024年1月，B村在上级领导支持下，又争取到河北省民宿发展促进专项资金，于是村“两委”班子、有意开展民宿经营的村民以及第三方规划设计公司曾三方研讨测算：以接待能力10～15床位且5年收支平衡为标准，村民自主投入的能力上限为10万元，加上财政或企业补贴之后能够承受的民宿改造总成本应该控制在25万元以内。但是在SH区投资巨大而外观精美的民宿示范项目鼓动下，其他村民对投资预算与短期回报产生了不切实际的期待。他们对于改造成本与补贴的预期被大大激励，要上级财政或市场主体投入户均50万～70万元改造资金才同意流转宅基地。在攀比心理作用下，原先有意进入民宿市场的村民，其自主改造意愿大大衰减。鉴于当前经济形势，上级财政与市场主体既无能力也无动力支付高额改造补贴。为进一步加快民宿示范样板在B村推广，迅速形成一批示范成果，上级要求村干部加大工作力度，尽快使用专项资金，却形成上级示范项目之“示范”初衷与村落实际推动不相符的两难局面。

从此事看出，一方面，代表国家的上级政府树立标杆的初衷是好的，然而机械地“强制”地方行动主体与其步调一致，工作“快速平推”，却时常忽视基层真实诉求。县区与农村治理单元之间存在巨大经济体量落差，标杆是否考虑了村民承受能力，在此值得深思。另一方面，上级领导与基层村“干部”对“长城人家”项目的展现形式与成果形式存在认知偏差。上级领导更加关注长城国家文化公园建设

---

① B村的民宿K项目仅涉及一户村民自愿流传宅基地，故而官商私人关系可以兜底；如果项目需要修路与拆迁，牵涉其他村民的承包地与宅基地权益，则官商私人关系兜底的经济代价和沟通成本将巨大。

成果的短期、快速、表层呈现，而下级干部更加关注公园建设成果是否能真正为民所享。此外，项目制乡村短期治理行为背后隐含领导责任漏洞：项目“大干快上”“大事显大政”的直接受益人是本届领导，干系村庄长远利益的事（无论是否有利）是下届领导的事，与本届领导无关。

“项目进村”乡村治理除了热衷“大干快上”，还导致上级相关行政主管部门的治理行为同B村“两委”及M镇技术官僚[①]施政举措不吻合。

2021年前后，B村“两委”及M镇政府讨论连通临近村落长城墙体，共同开发城墙游览步道的动议，但并未得到上级有关行政主管部门的积极回应。一方面，长城文保行政主管部门强化文物保护职责。2019年之前，国家文物局批复同意的长城涉建项目中，基础设施类比例最高，旅游类比例最低，[②]反映出国家更看重长城涉建项目的社会功能而非单纯旅游创收功能。这对地方文保行政主管部门指导基层实践产生积极影响，问题在于地方日后贯彻国家方针“走形”。

> 镇里和村里想搞这个墙体连通，主管部门一听说下面要自己搞长城，就认为是乱搞，马上叫停。要钱没钱、要人没人（指文保专业队伍），搞啥？是不是文物都给你说成把文物搞坏了。村里人听说搞长城，上面出钱，啥怪话没有；自己出工出钱，要占地修道，家里条件不好的就有情绪，认为是瞎搞。就村里这仨瓜俩枣的钱，能有个啥回报？一个“乱搞”一个“瞎搞”给我们定性就不敢动，以后也不敢想了，主要还是工程太敏感。
>
> 20231129CYM10，现B村委委员、原村委会主任

另一方面，随着国家文化公园建设的推进，文保行政主管部门不应抱着短期内“不求有功、但求无过”的心态做事，应在充分实地调研与科学论证基础上，根据被保护对象因地制宜地加以保护利用更为合理，官方反馈与决策更宜积极回应地方合理诉求。当然，这并不是说B村“两委”及M镇政府提出的动议就一定可行，是不是“乱搞”“瞎搞”，仍需科学研判。

研究团队通过对Q市长城沿线17处（总长约31.7千米）各种保存状态的遗址实地考察发现，城堡、城墙与敌台损毁主要是战争、地震、雷电、雨水长时间冲刷浸泡与植被根系侵蚀所致。人为破坏主要是改革开放前村民拆墙修房垒圈。游客攀爬坚固完好的长城而导致墙体损毁的概率极低。实际上，文物主管部门已经考虑到

---

① 尽管“村干部”不是真正意义上的干部，但是村两委班子成员从事项目建设具体工作，本文将其视为广义上的技术官僚。

② 中国文化遗产研究院：《中国长城2017—2018年度保护发展报告》，文物出版社，2021年，第51-52页。

长城原始遗存的脆弱性，采取了必要封闭措施。限制游客攀爬的长城区域主要集中在损毁严重、濒危、存在落石风险、地势陡峭、对游客游览存在安全隐患、有隔离性保护装置的段落。相关专业研究亦表明，除却历史与自然客观原因，近年来城墙崩坏主要与现代修缮技术工艺有关。[①] 若能科学设定游客流量，严控游客超载，则旅游给长城带来的影响十分有限，过度保护的做法值得商榷。

三、长城国家文化公园建设中的国家与地方激励相容性

河北 B 村长城国家文化公园项目建设过程表明，长城国家文化公园通过“项目进村”实现了“制度下乡”。这不仅为乡村治理带来正反两方面启示，亦为揭示长城国家文化公园建设之中的国家与地方之间的激励张力，提供了窗口。

（一）长城国家文化公园建设中的国家与地方激励相容

1. 乡村治理制度同构为宏观层面上的国家与地方激励相容奠定基础

长城国家文化公园项目建设过程为乡村治理提供了制度体系，促进乡村治理制度同构（institutional isomorphism）。[②] 乡村治理制度同构的三个方面如图 1 所示：强制性同构、模拟性同构与规范性同构。项目小组分别强化了三种执行力，即官僚执行力（具体指村“两委”统筹项目建设与村庄发展的能力）、契约执行力、法制与专业执行力。三种执行力的强化，克服了传统官僚科层制“长期惰性”向村庄蔓延所引起的治理低效，提高了治理主体的行动效率。同时也最大限度克服“短期冒进”思想对“村干部”治理惯性的影响，又能避免乡村频繁成为上级部门“政策拉练”[③] 的对象，进而保持乡村治理结构的适应性与稳定性，获得持续的“执行激励”。如此，韦伯科层制理论中设想的受益者（具体为长城村落）真正以实践中制度革新的方式重塑自我。乡村治理经过“强制性—模拟性—规范性”制度同构三重过程而逐渐完善，治理领域由单一项目向村庄本体延伸，形成以“乡村发展”总任务带动“经济治理”，以经济成果带动“村民管理”的治理逻辑链。此过程使经济决策与

① 王怡婕等：《镁质石灰建造的明蓟镇砖石长城保护问题初探》，《世界建筑》，2022 年第 9 期，第 80-85 页。

② DIMAGGIO P J, POWELL W W. The Iron Cage Revisited: Institutional Isomorphism and Collective Rationality in Organizational Fields, American Sociological Review. 1983, 48(2): 147-160.

③ 丁煌、卫劭华：《地方政策执行过程中的“政策拉练”：模型构建与案例分析》，《中国行政管理》，2024 年第 3 期，第 6-16 页。

群众动员方式得以优化，建构了科学决策、法制化管理、专业激励与经济激励并行的村落治理范式。同时，市场机制得以在村落全面发育。由此，B村治理结构得到优化。

乡村作为长城国家文化公园“项目进村”及其衍生“制度下乡”的受益者，自我重塑并不可能实现韦伯理想化与完全理性化的科层制同构，而是与其仍有一段距离，形成具有中国特色的“行政发包制”① 制度同构。自上而下的行政组织与村“两委”“强制性同构”的真实意图，在于建构统一的上令下达通道，实现上级的正式行政权威与村集体灵活裁量权的有机对接，进而推动上级的项目决策被忠实执行；上级投融资平台与村级经济实体“模拟性同构”的真实意图，在于完善村庄的“法人化”市场主体，实现上级预算资金与下级配套资金、自筹资金的有机对接，进而形成多元化融资架构，缓解上级财政资金缺口；领导小组与项目小组为村民自治组织带来“规范性同构”的真实意图，在于建构项目实施过程中的组织人事操作界面，实现长城国家文化公园项目建设的结果导向考核，同时在考核不合格时实现领导干部（包括村“干部”）问责，避免程序性问责机制不健全所导致的法人问责漏洞。国家文化公园制度体系具有长期性，对乡村带来的“行政发包制”制度同构，使既往“短、平、快”项目背后的制度——“短期行政发包制”——转变为具有可持续内生激励作用的“长期行政发包制”。

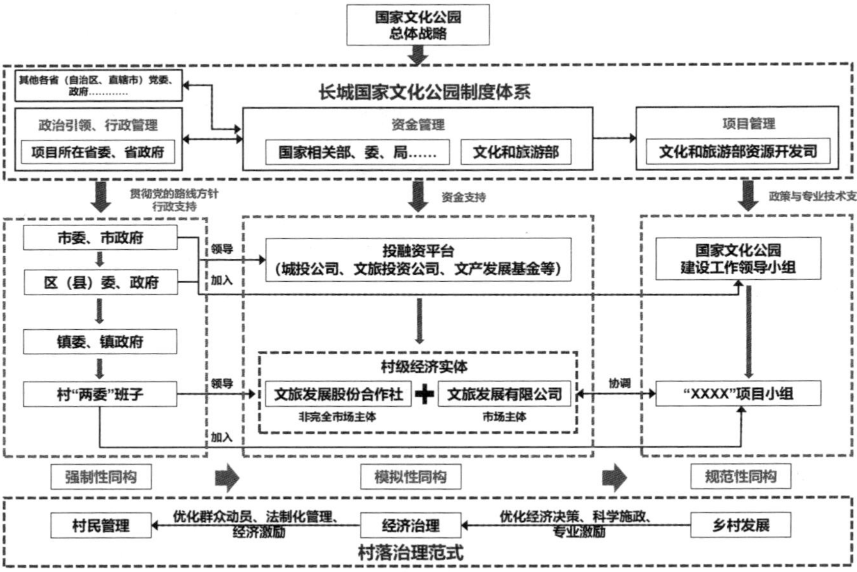

图1　长城国家文化公园项目促进乡村治理制度同构

① 周黎安：《行政发包制与中国特色的国家能力》，《开放时代》，2022年第4期，第28-50页。

2. 长城国家文化公园项目重建村落治理机制与行动逻辑

面对长城国家文化公园“项目进村”，长城村落重建了以村落自然和文化资源禀赋为基础，以村庄文化旅游经济为中心的村落治理机制与行动逻辑。

首先，在乡村治理制度同构基础上，形成凝聚现代村民集体理性、地方性知识理性，现代公民人格得以完善的村落治理机制。

现代村民集体理性与传统小农理性相区别。前者克服个人理性、家庭理性乃至宗族（家族）理性的局限，整合经济利益、社会利益与生态利益，释放“空间理性”，实现乡村文化空间的价值最大化。村民借助村级非完全市场主体与市场主体，回应村落治理“模拟性”同构中的经济结构，赋能村民理性经济实践。

地方性知识理性是对传统家户式小农观念的超越。这种理性在诚实、重诺、守信、团结、孝亲、互助等优秀文化传统内核之上，融入公平、正义、平等、守法等现代社会价值，发挥半正式制度作用，理顺地方“熟人社会”的人情关系，形成更广泛的集体共识，具备与法律规制相匹配的现代调解功能，助力集体协商解决民事纠纷。村民借助干群一体化扁平结构，回应村落治理“强制性”同构中的政治结构，赋能村民德治与感性文化实践。

现代公民人格是现代公民意识的基础。只有村民具备独立与自主人格，他们才能对个人与集体的“权界”（“权界”是现代社会自组织的基础）有自我感知；只有村民具备自律与理性人格，他们才能对“权利”与“义务”有自我感知，自觉维护权利并履行义务；只有村民具备社会参与型人格，他们才能行使好权力，维护好自治权利，履行好自治义务。良好的现代公民意识是村民有效而自主处理村落公共事务的基础性心理结构，形成法治化与专业化的村民自治意识。村民借助地方性社团，回应村落治理“规范性”同构中的专业结构，赋能村民法治实践。

现代村民集体理性、地方性知识理性、现代公民人格形成村民文化心理的支撑结构；村级非完全市场主体与市场主体、干群一体化扁平结构、地方性社团为地方实践提供工具性支撑。党的集中统一领导体现国家意志与国家价值导向，在外在形式上确保地方实践的统一性、连续性与整体性，为长城村落治理提供内在的价值引领，是乡村治理中不可动摇的根本保障。

其次，村“两委”带领村集体开展地方实践，将村落治理机制转化为解决村庄现实问题的具体行动。

具体而言，面对文化遗产保护与村落发展的统筹协调问题，村集体不以文化遗产保护为理由而牺牲村落发展利益，而是量力而行，统筹平衡文化遗产保护力度与村落发展速度，实现文化遗产保护与村落发展的长期综合利益最大化；面对乡村文化空间的资本化问题，村集体不以牺牲村民与村集体的长远利益来换取上级的短期政策支持与资金支持，而会考虑乡村文化的远期增值并计算其现实贴现价值，寻求乡村文化的长期经济价值最大化；面对生产要素中的资本、劳动、土地、文化配置问题，村集体不会激进地推动土地承包权、经营权、宅基地流转与入股，而是在尊重村民意愿基础上，示范户先行，其他村民随后跟进，维护村民的合理权益；面对乡村治理中的德治与法治权限问题，村集体不会偏执于乡规民约或法律法规的任何一方，而是采取适宜的民间调解方式或法律解决途径，维护道德良俗，巩固乡间秩序，坚守法律底线，实现村落“善治”；面对个人与集体的权利与义务边界问题，村集体不会因村民个人享受权利而免除村民个人应承担的集体义务，同时不会因集体义务的个人分解而“层层加码”村民个人义务，而是通过集体共识与村落凝聚力，使村民自觉履行集体义务，通过村民自觉共担责任与履行义务的行动，创造更多可为后人享受的文化的经济价值与社会价值。

以村庄文化旅游经济为中心的村落治理机制与行动逻辑，反映“集体唯实主义”实践特征，体现出不同于“农作小循环”中的“村社理性”，又不同于“资本大循环”中的“传统家户小农理性”，而是恰亚诺夫式（Chayanovian）[①] 游离于“资本大循环”之外，同时与资本密集型经济实体保持距离的“现代‘三农’理性”。这种理性在农业经济效益的考量维度之外将农村地方性知识理性与农民现代公民人格注入其中，呈现复合理性特征，使理性内涵更加丰富与立体。

长城国家文化公园项目诱导出的村落治理机制与治理行动，是村民对官僚科层制与“行政发包制”之间制度同构差异的本能反应。以地方实践回应长城国家文化公园“项目进村”所优化的乡村治理结构，其本质是将科层制的文本性同构转化为“行政发包制”的实践性同构，进而应用于乡村治理。这种实践聚焦于“国家—社会”互动场域中的村落治理单元，揭示出长城国家文化公园“项目进村”中的普遍规律性以及对乡村治理的积极正面意义。

（二）长城国家文化公园建设中的国家与地方激励不相容

1.“短期项目制”乡村治理中的国家与地方行动主体激励不相容

长城国家文化公园建设中的国家与地方激励不相容，其一体现为“短期项目制”乡村治理背景下，行政官僚追求“显性”文化治理政绩与地方基层村民需要“隐性”公共文化服务之间的冲突。

---

① ［荷］扬·杜威·范德普勒格著，潘璐译：《小农与农业的艺术：恰亚诺夫主义宣言》，社会科学文献出版社，2020 年，第 76-98 页。

国家行政官僚追求文化治理政绩无可厚非，他们通过市场机制“制造”业绩来凸显政绩，有为升迁而自我激励的强烈动力。这里的国家干部主要指市、县（区）两级干部，也包括大部分乡镇干部。一些乡镇干部未表现出与上级干部一致的“激励相容”，主要与镇村之间的“官—商熟人社会”有关联。作为“守吏”的“村干部”几乎没有“制造”业绩的冲动。一些乡镇干部即便“留守”乡里，依然可以依托下属村庄的实权派，“吃到”体制内的各种政策与财政项目“红利”。

实际上，地方（乡镇党委与政府，村“两委”班子）基于民间实践经验，形成了一套建设长城国家文化公园项目的本土策略。村“两委”对于建设长城国家文化公园项目，既有意愿也有一定文保经验与地方能力，在乡镇基层专业技术人员指导下，可以出色完成村级项目。乡镇与村庄的自发建设行为并非无章可循，而是“嵌入”作为广义“制度背景”的乡土经验与科学施工规范之中。但基层“因地制宜”实施的长城国家文化公园项目，相当一部分以村民可感知的公共文化服务的形式呈现（如乡村全民健身、乡村非遗保护、乡村大舞台等），这在上级政府看来算不上“亮眼业绩”（如 GDP 增量、固定资产投资额、地税收入增长幅度、引进战略投资者等），无法形成助力官员升迁的“政绩”，因而基层的合理化意见被上级轻视。

2. 官员避责意识下的国家与地方行动主体激励不相容

国家文化公园建设中的国家与地方激励不相容，体现为官员避责意识下，国家行政机关官僚化治理与地方基层专业化治理之间的张力。

对于长城国家文化公园项目，各级文旅行政主管部门积极推动，但是建设国家文化公园项目的自身经验不足。2023 年 5 月，研究团队列席文旅部在山东济南组织的“长城国家文化公园专题培训班”，与负责实施长城国家文化公园建设项目的省、市有关部门同志交流，发现各级领导干部对于如何建设、管理及运营长城国家文化公园困惑多、经验不足，“摸着石头过河”是普遍现象。在缺乏长城国家文化公园具体建设经验的情况下，国家行政机关更加重视转发行政文件，传达会议精神，工作重心在于建设督导、资金下拨与成果验收；地方基层技术官僚长期身处文物保护工作一线，对文物保护现状、文化遗产活化与利用、开展文化活动的流程更加熟悉，工作重心在于项目落实。文化治理的国家行动主体与地方行动主体之间存在信息与经验差，这并不利于中央地方双方在长期而复杂的项目中协同行动。因此在长城国家文化公园已开工项目中，个别涉文化遗产的保护性综合利用项目由于规划分期实施、建设周期较长、实施主体牵涉面广，出现工期滞后、财政资金闲置的状况。

出现上述状况的深层次原因，在于少数行政官员出于避责意识导致国家行政机关行动僵化。这些官员认为，在我国纵向行政序列的“条条”系统中，既能规避个人责任，又能激励基层的一大“法宝”是将行政问题上升为政治问题。然而对于一地一域的横向“块块”系统，各种行政问题时常勾连烦琐、一发牵全局，这需要域内协调并互相补台，基层不逃避责任，勇于担当，将问题分而治之加以解决。很多地方性问题发生时，“条条”为了规避或减轻自身主体责任，过度强调纵向系统政治规则，政策上给予横向系统的合作空间不足，忽视地方行政灵活性，制定的“本本”（工作指导性文件）与“块块”的实际情况并不相适应，因此“条条”无法对“块块”施以有效激励。在一些地方，解决行政问题的“政治化”倾向实为掩盖“本本”失灵，成为“文牍主义”盛行的根源。

实践表明，上级行政官员的刻板思维和避责惯性，加之建设长城国家文化公园所需的保障机制不完善，难以为基层提供自主探索创新的宽容环境。基层如果得不到上级行政机关的有效正向激励，其行动在较短时间之后也会趋于保守。如果基层干群与上级行政机关长期“激励不相容”，基层建设长城国家文化公园的积极性就难以凝聚。

四、结论与建议

（一）基本结论

通过回顾相关研究文献，梳理国家文化公园的总体建设实践可以发现，文化项目建设过程与地方治理纠缠，可能造成项目建设目标、建设过程与建设结果之间的偏差。这可被概括为“国家与地方激励相容性”问题。国家与地方激励相容与不相容并存，形成国家文化公园项目建设中的“基层困境”。

河北 B 村案例为剖析长城国家文化公园建设中的国家与地方激励相容性，提供了一个饱满的理实互动基点：长城国家文化公园具有“项目抓手”与“制度创新”二元价值。长城国家文化公园项目采取了政治与技术、金融资本与文化资本、“洋方法”与“土经验”协调整合的“项目进村”路径。项目建设中的国家意志、经济规律与技术性规定，转化为项目制乡村治理中的制度“刚性”，项目落地过程中的乡村具体施政过程，构成项目制乡村治理中的实践“弹性”。长城国家文化公园作为一种制度体系“嵌入”B 村，上级党政机关要求乡村基层在治理中作出调整；乡村基层要在治理中预留灵活空间以回应上级要求。由此，在项目制乡村治理中，前者作为“规定动作”与后者作为“自选动作”之间的张力，在各方利益的相互协商中展开。

在“长城人家”项目实施过程中，B村村民自治制度同长城国家文化公园制度体系保持规范一致性，体现了韦伯（Max Weber）式科层制地方治理的形式主义理性——自上而下一以贯之的科层严谨对应与指令传导。B村村民在包村干部协助下对建设项目提出自主设想，灵活实施，保存乡土气息，体现了格尔茨（Clifford Geertz）式地方性知识维系地方人情社会的后现代主义感性——自下而上建构的村民自主人格与村落价值准衡。官僚科层的制度品格同地方性知识的话语调性相融，形成B村富有张力、活力、聚焦于“当下”的集体唯实主义村落实践。科层、理性而结构化的地方治理，同人情、感性而非结构化的地方性经验的抱合，正是B村将国家项目与制度体系“地方化”的核心特征与核心价值。

长城国家文化公园“项目进村”制度同构，优化了乡村治理结构。由制度同构引发的治理创新，将治理机制引入技术性政策域，为技术官僚治理与村民参与乡村治理提供了制度框架。创新的精髓并不在于官僚统治技术创新，而在于政府同村民的技术性沟通与理性合作被纳入科学决策范畴。这种努力让行政权力贴近乡土，为乡村治理开启文化“善治”的美好前景。

国家借由国家文化公园建设项目介入乡村治理以落实其文化诉求。作为地方行动主体的村庄与代表国家的上级政府形成方向和利益一致的行动共同体。以村庄文化旅游经济为中心的村落治理机制及行动逻辑，体现长城国家文化公园建设中的国家与地方激励相容。

长城国家文化公园项目建设，亦体现出“项目治国”方略下的“行政发包制”在中国现实国情下的局限性。一方面，长城国家文化公园项目仍未完全摆脱对“短期项目制”的路径依赖，“短、平、快”项目有助于凸显领导“显性”政绩而忽视基层群众的“隐性”公共文化需求，其结果是在“新官不理旧账”的“运动型治理”中，项目“重建设、轻利用”。另一方面，长期、可持续与整合性激励机制的缺失，进一步削弱官员担当意识而趋向规避风险与责任，其结果是上级“本本”与基层实践“两张皮”，中长期工程项目进度缓慢，项目资金“躺在账户睡大觉”。上述两种负面情况说明，制度层面的技术性阻力，体现长城国家文化公园建设中的国家与地方激励不相容。

（二）主要建议

首先，发挥国家重点建设项目库中“重大文化项目”的带动作用。增加优质公共文化服务供给，改善市场化文旅产品供给结构，促进文旅产业提质升级，带动地方经济与文化发展；构建新型扁平化文化管理架构，压缩超长行政科层链条，建立优质文化资源直达基层的快捷“行政通道”；改善对文化政策的精准调控能力，减少文化项目重复建设导致的产能过剩，提高基本公共文化服务的配置效率。

其次，以财税体制改革为契机，促进文化建设项目由“短期行政发包制”向“长期行政发包制”转变，克服项目落地过程中的基层短期治理非理性冲动。在国家层面，适当提高国家在文化供给端的支出责任，同时加快推动新一轮财税体制改革，扩大消费税征收范围，重点拓展文旅消费端征税种类；在地方层面，通过国家赋予地方更广的征税基础，扩大地方税源，稳定地方税收，同时促进地方在文化项目建设中的财政事权与支出责任更加对等，激励地方建设好具有可持续发展内生动能的中长期文旅项目；通过促进地方财政由过度依赖“土地财政”，逐渐向依赖“市场财政”转变，激励地方加强文旅市场建设，激活地方文旅服务消费新场景。

再次，强化基层官员政绩考核，最大限度克服地方在文化治理中的“懒、庸、散”弊端。进一步落实县（区）、乡（镇）干部“包联共建”工作机制，提高各局、委、办纵向系统内部办事效率，加强横向系统之间统筹协调能力，破除干部“包而不联”“包联单干、同僚观看”工作陋习；细化基层文化服务绩效考核，由重数量向重质量转变；丰富基层文娱活动内容与内涵，增强基层群众文化参与感；开展“文化项目进农村、进社区回头看”活动，加强对文化项目在基层中实施效果的中长期考核。

最后，进一步推动长城国家文化公园建设，配套设计针对技术官僚的容错机制。配套设计的目的是规范文化项目建设而不是为其套上“紧箍咒”。如果在机制上不能包容各种尝试，那么僵化的机制可能导致僵化的长城国家文化公园建设成果与服务供给。为避免这种情况，鼓励基层技术官僚在长城国家文化公园项目建设中的技术创新、制度创新与管理体制创新；培育广大干部群众的科学理性精神、乡土文化感性精神与民主法治精神；维护“首创精神”，扩大长城国家文化公园中的各类“示范区”与“建设试点”，包容官员的创新失败，及时总结经验与教训，保持施政定力与连续性；推动长城国家文化公园项目建设的成熟地区，结合自身条件，由公园建设阶段转入公园管理阶段，鼓励地方基层探索“后国家文化公园建设时期”的地方治理与文化治理统合路径。

基于“工具—目标—主体”的中国长城文化保护政策文本量化分析 *

陈 玉 王泽艺 **

摘要： 长城作为中国现存体量最大、分布最广的大型线性文化遗产，不仅是古代军事防御体系的杰出代表，也是中华民族历史、文化和社会变迁的重要见证。其独特的地理位置、庞大的建筑规模以及丰富的文化内涵，使得长城在全球文化遗产中占据举足轻重的地位。随着全球对文化遗产保护意识的提升，中国政府进一步认识到长城在国家文化和历史中的重要地位，并采取了一系列政策措施。然而，这些政策的效果如何，它们如何在不同的历史时期响应社会和文化的需求，以及它们的实施过程和实际影响，仍然需要系统的梳理和分析。通过对长城文化保护政策的脉络演进及文本量化分析，可以揭示政策制定与实施的关键因素，通过对“工具—目标—主体”层面发现政策制定的特点和规律，对长城文化保护政策的深入研究不仅有助于理解政策的脉络演进，还能为未来完善长城文化保护策略提供经验和借鉴。

关键词： 长城政策文本 文化遗产 保护

长城作为中华民族的一个精神象征，从新中国成立时起就受到了党中央、国务

---

* 基金项目：河北省社会科学基金项目“河北长城文化话语融媒体传播创新研究”（编号：HB21XW014）。

** 作者简介：陈玉，燕山大学中国长城文化研究与传播中心执行主任、教授；王泽艺，燕山大学文法学院博士研究生。

院的高度重视，1961 年起一批批长城重要地段被陆续公布为全国重点文物保护单位。1984 年邓小平、习仲勋等党和国家领导人发表题词“爱我中华 修我长城”推动了长城保护工作的全面开展。1987 年长城被联合国教科文组织列入了《世界遗产名录》，但直到 2006 年 9 月国务院才颁布了《长城保护条例》，总体确立了长城保护的法律地位。[①] 党的十八大以来，习近平总书记对长城保护作出重要指示，国务院召开专题会议研究长城保护工作。长城沿线各级党委、政府始终把长城作为文化遗产保护工作的重中之重，积极开展法规体系建设、资源调查认定、保护维修、执法督察等工作，社会各界积极参与，长城保护状况明显改善，长城保护社会效应不断彰显，长城精神得到传承弘扬，“政府主导、社会参与”的长城保护新局面逐渐形成。

一、三维分析框架构建

（一）X 维度：政策工具

政策文本是政府处理公共事务的真实反映和行为印记。政策工具则是政策文本既定目标和政策未来结果间的纽带和桥梁，政策工具是政策制定者为达到政策目标而设计使用的一系列手段及措施。在本研究中体现为政府为推动我国长城文化保护而制定的一系列的具体措施。政府是否能够科学合理地选择恰当的政策工具，并结合社会经济文化发展状况适时予以更新和完善，对于政策的有效执行和政策目标的顺利实现具有决定性影响。[②] 本文主要借鉴 Rothwell 和 Zegveld 提出的政策工具分类标准进行分类，将政策工具分为供给型、环境型、需求型。供给型政策工具指作用在长城文化保护供给端的政策工具，具体包括人才培养、技术支撑、资金支持、奖励补贴、基础设施和产业扶持；环境型政策工具是指为长城保护及长城文化发展创造出有利的政策环境，具体包括人文旅游空间、标准规范、目标规划、实施策略、监督检查、法规管制；需求型政策工具指充分调动政府、企业、公众等积极参与长城保护，促进全社会对长城文化保护产生更广泛、更深入的需求的政策工具，具体包括政府采购、宣传教育、市场完善、示范试点、社会参与和公共服务。

---

① 刘明霞、韩广义：《中国长城保护政策现状与问题研究》，《河北地质大学学报》，2017 年第 5 期，第 137-140 页。

② 代沁泉等：《我国省级非物质文化遗产保护政策研究及启示——基于“工具—主体—目标”三维框架的探析》，《情报科学》，2023 年第 2 期，第 1-9、19 页。

供给型政策工具是指社会治理主体，给予资金、技术、人才等方面的供给倾斜，其作用表现为推动力，具体划分为基础设施、教育培训、资金投入、公共服务、信息服务和科技支持；环境型政策工具是指政府借助多样化的工具执行效力，为区域内非遗保护进程提供有力的外部政策环境支撑，具有较强的影响力，涵盖税收优惠、人文生态空间、产业支持、标准制定、法律管制和目标规划；需求型政策工具则是通过多边途径和借助多方力量，对非遗保护中个体、群体传承、创新和发展中的各类需求予以最大程度地满足，其作用表现为拉动力，涉及国际交流、市场塑造、多元主体权益、政府采购、综合效益以及专家智库。

（二）Y 维度：政策目标

长城是由多种遗存及其所处自然环境共同构成的具有独特审美价值的文化景观。保存至今的古老长城面临着多种自然病害和人为损坏的威胁，长城蕴含着团结统一、众志成城的爱国精神，坚韧不屈、自强不息的民族精神，守望和平、开放包容的时代精神，历经岁月锤炼，已深深融入中华民族的血脉之中，成为实现中华民族伟大复兴的强大精神力量。保护长城实体和文化是一项刻不容缓的紧迫任务，如何秉持科学的文物保护理念，采取多种有效措施，确保长城历史、科学、艺术价值的延续，妥善处理长城保护管理与沿线区域经济社会发展的矛盾，缓解和预防自然灾害威胁，遏制人为破坏，打击涉及长城的违法犯罪行为，是一项需要各级政府和全社会共同关注并付诸努力的艰巨任务。政策目标是决策制定者通过实施政策所希望达到的目的与效果，不同类型的政策工具也分别对应不同的政策目标。[①]

结合《长城保护总体规划》和《中国长城保护报告》，本研究将长城文化保护政策目标分为 5 个方面：

①传承弘扬长城精神，是指传承弘扬长城历经千百年所蕴含的伟大精神价值，采取多种手段扩大长城精神在全社会的影响力。

②宣传推介长城文化，是指向全世界人民宣传推介长城的历史文化内涵，展现长城的壮美文化景观，以及向世界宣传推介我国政府在长城保护管理方面开展的大量工作，诠释新时代我国文化遗产保护先进理念，展示全面、真实的古代中国和现代中国。

③保护长城建筑遗产，是指强化日常养护，及时消除自然和人为因素可能造成的安全隐患。实施长城监测预警，加强预防性保护，提升长城资源信息化管理水

---

① 彭丽徽等：《我国公共数字文化服务政策的脉络演进及文本量化分析》，《图书馆杂志》，2024 年第 6 期，第 27-39 页。

平。结合工程实施加强长城保护、展示、监测等技术研究，切实改善长城保护状况，确保长城安全。

④延续长城文化景观，是指保护长城在2000多年营造过程中与周边地理环境共同形成的独特而壮美的文化景观，保护与长城军事防御功能相关的生态环境和景观风貌，保护长城周边与长城修筑、管理相关的生业方式、民族习俗，合理控制长城周边旅游等开发建设活动，协调长城保护与生态保护、基本农田保护、地方经济社会发展的关系。

⑤促进社会共同参与，是指进一步完善社会参与政策与措施，促进社会力量积极参与长城保护，营造全社会共同参与的良好氛围，不断夯实长城保护的社会基础。

（三）Z维度：参与主体

参与主体是指政策实施过程中涉及的个人、团体或组织。[①] 长城文化保护作为一项浩大的工程，绝不是仅通过政府、群体和个人中某一方面的努力就能够实现，其需要文化实践者、文化生产者等多元主体深入参与以共同建构起坚固的行动者网络。综合考量各主体在长城文化保护中的功能作用，本研究将长城文化保护政策参与主体分为5类：

①政府部门，部署和落实长城文化保护政策的各级政府机构。

②公共文化机构，不以营利为目的的长城文化保护组织。

③企业，从事长城文化相关活动的企业。

④社会团体（公众），为长城文化保护开展提供支持的个人。

⑤长城保护员，如长城保护员和志愿者。

二、政策样本选取与编码

（一）政策文本选取与预处理

为了保证政策文本的准确性和典型性，本文主要以“长城”“长城文化保护”为关键词，对北大法宝、国务院政策文件库、国家文物局官网、文化和旅游部官网等中的政策文本进行全文搜索。鉴于所获取的政策文件涉及面广、内容较多、政策

① 洪闯等：《我国老年人健康信息服务政策量化研究与启示——基于“工具—目标—主体”三维分析框架》，《现代情报》，2024年第8期，第99-109页。

类型多样，为了保证研究样本的科学性和代表性，经过对政策文件的多轮遴选，获得政策文件共计 165 份。遴选主要基于以下 4 个标准：

①选择中央层面的相关政策，主要涉及全国人大常委会、国务院及其下属部级单位。

②选择的政策类型以法律、行政法规以及部级规范性文件为主，对地方性政策和批复、函等非正式文件予以剔除，保留法律法规、通知、意见、办法等能够体现政策效力的文件。

③政策现行有效，并不存在重复性、低相关和不相关的政策。

④依据长城文化保护特质，进一步剔除保护名录、会议通知、申报通知等程序性文件。

同时，2006 年颁布实施的《长城保护条例》是我国第一部专门为长城保护出台的法律条例，首次明确了各级政府和有关部门的法定职责。对后续长城保护相关政策文件的制定有着重要的指向性作用。

为了保证政策年份的完整性，检索时间截至 2023 年 12 月 31 日，时间跨度为 2006—2023 年的长城文化保护政策文本作为研究样本。[①] 据此，编码筛选后最终获得有效的政策文件 66 份，其中中共中央、国务院层面政策文件 6 份，国家文物局等其他部委层面政策文件 60 份。

（二）政策文本编码

在确定政策样本的基础上，运用质性分析软件 Nvivo.20 对 66 份长城文化保护政策展开内容分析。首先，阅读政策文本内容，选择能够准确反映长城保护及长城文化保护内容和主题的政策文本条款与语句作为分析单元，从政策工具、政策目标、参与主体 3 个维度对分析单元进行编码和归类为不同的具体内容，以保证政策编码分类的准确性，最终获得参考点 1474 个。其中政策工具维度参考点共计 686 个，政策目标维度参考点共计 364 个，参与主体维度参考点共计 424 个，部分编码过程和结果示例如表 1 所示。

---

① 王超、崔华清：《乡村休闲旅游政策的量化评价与发展展望》，《旅游学刊》，2024 年第 5 期，第 45-60 页。

表 1 编码过程和结果实例

政策名称	分析单元	政策工具	政策目标	参与主体
关于 2011 年长城保护工作的通知	整合资源调查成果。各地要做好长城资源调查资料的整理、汇总工作，积极配合长城资源调查工作项目组及有关单位完成各时代长城资源田野调查成果的检查验收工作……在 2012 年底前完成明长城资源调查报告的出版工作。	资源整合	保护长城建筑遗产	政府部门
长城“四有”工作指导意见	鼓励社会力量参与长城保护。长城沿线县级人民政府应建立健全长城保护员制度。县级人民政府与长城保护员应以书面形式签订长城保护管理协议，就双方的职责、权利、考核、补助等内容做出规定。	奖励补贴、机制健全、社会参与	保护长城建筑遗产、促进社会共同参与	政府部门、长城保护员
长城保护总体规划	实施国家级长城重要点段长城保护维修项目，消除重大安全隐患，并重点推进一批长城保护展示示范项目……加强长城监测体系建设。	监督检查、技术支撑、示范试点	保护长城建筑遗产	政府部门
	长城参观游览区主管部门应按照长城保护的要求，科学核定并向社会发布长城本体和周边区域的游客承载量……结合旅游监测数据及相关评估结果，定期更新并发布游客承载量指标。	人文旅游空间、社会参与	保护长城建筑遗产、促进社会共同参与	政府部门、社会团体及个人
关于开展 2022 年度“5·18 国际博物馆日”宣传活动的通知	……以及大运河文化、长征文化、长城文化、黄河文化等中华文明标识建设，在创新体制机制、加强资源整合、促进馆际交流协作等方面开展的探索实践。	资源整合、宣传教育、	宣传推介长城文化	政府部门、公共文化机构

三、政策概况分析

（一）政策文本时间和发布主体统计

从政策发布的时间来看，我国长城文化保护政策发文数量呈周期性波动趋势，在 2016 年和 2021 年出现两个小高峰，长城文化保护政策出现的最高点为 2016 年，发文数量为 13 份，主要原因是 2016 年为《长城保护条例》实施十周年，加之 2016 年为我国“十三五”规划的开局之年，国家颁布了多项政策，将长城文化保护传承推向高潮。2021 年我国进入“十四五”发展阶段，文化产业和旅游产业的高质量发展带动了长城文化保护政策的制定，并在 2021 年出现又一个小高峰，随后政策发布数量有所回降。

从政策发布主体来看，政策主体包括国家文物局、文化和旅游部、交通运输部、国家发展改革委等政府部门以及国家开发银行等银行机构共 17 个部门。其中单独主体发文 56 份，联合主体发文 10 份。政策主体逐步多元，涉及部门不断增多，其中 75% 的政策来源于国家文物局，在长城文化保护的过程中把握总体方向，具有至关重要的作用。15% 的政策来自文化和旅游部。除了上述 2 个主要部门，虽然各省部门设置有所不同，但各部门之间也都存在着跨部门的横向联系。为实现长城文化保护多部门协同建设的目标，国家发展改革委、交通运输部、国家开发银行等部门也密切合作，政策关联强度较高。

（二）政策文本发文形式统计

对研究样本的文种形式进行统计后发现（见表 2），我国政府长城文化保护政策中“通知”类文件政策文本数量最多，占比 42.42%，其次为“规划”类，占比 31.82%，除此之外，政策样本中还涵盖了意见、办法、决定、法律等发文类型。具体来说长城文化保护政策文本中“通知”所涉及的内容较为全面系统，明确传达对长城保护的具体要求，确保各级政府和相关部门在长城保护工作中有明确的指导和依据。“规划”这一类型政策文件为长城文化保护提供明确的方向和目标，分阶段提出相应的目标任务和保障措施，有利于确保长城保护工作能够持续、有效地进行下去。“意见”类明确保护理念和原则，对各级政府及相关部门在长城文化保护方面的实践和政策制定具有指导意义，量体裁衣，推动长城文化保护工作的深入开展。以上三种发文类型占据整体政策文本的 87.88%，均具有较强的执行力。这也表明我国现行长城文化保护政策更多为“自上而下”的建设，以长城保护和文化传承工作的规划和指导性意见为主，给予各地区较大的地方性政策制定空间，但相关具体实施办法、落实性政策较少，对政策条文的实施效果会产生一定影响。①

表 2　政策文本发文形式统计

文件类型	表现形式	政策数量 / 份	占比
规划	规划、计划、纲要、战略	21	31.82%
办法	暂行办法、管理办法、实施方案	4	6.06%
意见	意见、实施意见、指导意见	9	13.64%
通知	通知、公告	28	42.42%
法律	法律、条例	1	1.52%

① 杨婷、唐鸣：《政策组合视角下中国政府黄河开发保护政策结构和逻辑研究——基于文本量化分析》，《青海社会科学》，2022 年第 2 期，第 51-66 页。

（续表）

文件类型	表现形式	政策数量 / 份	占比
决定	决定	2	3.03%
其他	规范、报告	1	1.52%

四、政策文本量化分析

（一）政策文本单维度分析

1.X 维度：政策工具分析

表 3 展示了长城文化保护政策工具类型编码分布的数量，从政策工具的维度来看，共有编码 686 条，覆盖面广，但分布失衡现象严重。首先是环境型政策工具，约是供给型政策工具和需求性政策工具之和，占比 50.15%。但其细分工具类别使用分布相对平均，其中监督检查、法规管制和目标规划所占比例较大，分别为 25.00%、19.48%、16.28%；其次是供给型政策工具，在政策工具中占比 28.57%，基础设施和资源整合占比最高，分别为 22.96% 和 20.92%；最后是需求型政策工具，占比 21.28%，宣传教育、社会参与和示范试点是主要内容，分别为 24.66%、23.29% 和 20.55%。

由此可见，政策工具维度分布特点为：

第一，我国长城文化保护政策为环境主导型，主要通过构建完善的法律法规及规划目标为长城文化保护创构法治化、规范化的良好政策环境，通过对长城主体、环境、游客、安全等方面开展监督检查工作，加强长城文化保护的管理，确保长城保护工作有序推进，高效实施。此外，目标规划的占比也表明了政策制定者对长城文化保护的未来发展有较为清晰的认知和判断，但在策略实施层面有所欠缺，缺乏具体的实施方案，以致政策执行力不足。

第二，长城文化保护政策长期着力于长城的基础设施建设如保护性设施工程、游览参观设施等，并借助技术手段助力长城文化保护，给予技术支撑。此外，由于长城自身大型线性建筑遗产的属性，资源点段数量众多，为促进长城及沿线资源整体性保护，我国十分重视跨区域、大尺度的资源整合。但随着文化旅游业蓬勃兴起，[①] 对长城国家文化公园范围内文化产业和旅游产业的扶持仍有欠缺，缺乏具体扶

① 程瑞芳、徐灿灿：《长城文旅资源结构特征及旅游化利用提升策略——以长城河北段为例》，《河北学刊》，2023 年第 5 期，第 212-217 页。

持措施会限制长城文化保护的后续可持续发展和优化。

第三，需求型政策工具有待加强，细分类别失衡严重。政府充分重视社会保护意识、良好保护氛围的重要性，对长城文化保护需要进行宣传教育来满足不同群体以及社会需求，同时通过引导社会参与完成长城文化保护的相关工作。此外我国政府对示范试点工具运用频繁，受长城体量大、分布广的属性影响，政府通过遴选示范标杆给予政策支持，发挥点段示范引领作用，进一步加强长城本体保护和长城文化宣传。但市场完善和对外交流处于较低水平，不利于长城文化的开发保护和文化推广。

第四，监督检查作为整体使用最广泛的政策工具，总体占比 12.54%，与市场完善占比 0.29% 相差悬殊，表明政府对长城的监管保护极为重视，但忽视对文旅市场的开发。强制性工具的长期瓮溢不利于长城文化保护事业的可持续、创新性发展，以“保护”促“保护”的政策随着时代的发展终究难以为继。

表 3　长城文化保护政策工具类型编码

政策工具类型	政策工具子工具	子工具频数	子工具占比	政策工具频数	政策工具占比
环境型政策工具	人文旅游空间	37	10.76%	344	50.15%
	标准规范	42	12.21%		
	目标规划	56	16.28%		
	实施策略	19	5.52%		
	监督检查	86	25.00%		
	法规管制	67	19.48%		
	机制健全	37	10.76%		
供给型政策工具	人才培养	21	10.71%	196	28.57%
	技术支撑	34	17.35%		
	资金支持	22	11.22%		
	基础设施	45	22.96%		
	产业扶持	8	4.08%		
	奖励补贴	13	6.63%		
	信息共享	12	6.12%		
	资源整合	41	20.92%		
需求型政策工具	宣传教育	36	24.66%	146	21.28%
	市场完善	2	1.37%		
	示范试点	30	20.55%		
	社会参与	34	23.29%		
	公共服务	22	15.07%		
	科学研究	15	10.27%		
	对外交流	7	4.79%		

2.Y 维度：政策目标分析

长城文化保护政策的目标维度共计分布 364 条，如表 4 所示，在 5 项政策目标中，保护长城建筑遗产分布最为广泛，所占比例高达 53.02%；延续长城文化景观、宣传推介长城文化和促进社会共同参与分布相对平均，分别占比 15.11%、13.74%、

11.26%；而传承弘扬长城精神占比相对较低，仅有6.87%。

由此可以发现，保护长城建筑遗产的广泛分布契合了长城文化保护的“科学规划、原状保护”原则和“保护好、传承好、利用好”总体要求，也是贯彻“保护为主、抢救第一、合理利用、加强管理”的文物工作方针的具体体现。延续长城文化景观也始终是政府推进长城文化保护的重要目标，我国政策对长城周边旅游开发建设等活动和生态保护等也有合理的可持续发展实施办法，但与宣传推介长城文化和促进社会共同参与相同，均需要进一步完善相关政策与措施，加强保护力度与参与主体的活力。此外，在《长城保护总体规划》长城价值部分中“承载中华民族坚韧自强民族精神的价值”被列为首位，《中国长城保护报告》也指出“传承与弘扬长城精神始终是长城保护的首要之义”。相比之下，传承弘扬长城精神这一政策目标未得到与长城价值相应的重视程度。由此可见，长城文化保护政策中存在“重保护”与“轻传承”的现象，长此以往不利于长城民族精神和时代精神的弘扬和长城文化保护事业的长期建设。因此，在坚持长城建筑遗产保护的基础上，其他政策目标也应得到重视和强化，落实具体措施，进而为长城文化保护提供更有力的宏观指导。

表4　长城文化保护政策工具类型编码

政策目标	频数	占比
保护长城建筑遗产	193	53.02%
延续长城文化景观	55	15.11%
宣传推介长城文化	50	13.74%
促进社会共同参与	41	11.26%
传承弘扬长城精神	25	6.87%

3. Z维度：参与主体分析

长城文化保护政策的参与主体维度共计分布388条，如表5所示，参与程度最高的是政府部门，占比达到58.51%；其次是社会团体及个人，占比为13.40%；之后是长城保护员，占比为11.08%；最后是公共文化机构和企业，两团体均占比8.51%。除政府部门外的其他主体虽分布相对较少，但能够为全方位的长城文化保护工作提供支持。这反映出我国长城文化保护政策是以政府部门为主导，发挥宏观指导和监督作用，公共文化部门、企业、社会团体及个人共同参与的社会共治模式。

长城文化保护呈现企业和社会团体主动参与长城保护的方式有限，被动参与和强制参与为主导的强政府特征，存在长城保护管理手段单一、文化推介能力有待加强的问题。

表 5 长城文化保护政策主体类型编码

参与主体	频数	占比
政府部门	227	58.51%
社会团体及个人	52	13.40%
长城保护员	43	11.08%
公共文化机构	33	8.51%
企业	33	8.51%

（二）政策文本交叉维度分析

1. “X—Y”二维交叉分析

对“政策工具—政策目标”维度展开交叉分析，结果如表 6 所示。长城文化保护的政策目标的实现综合运用了多种政策工具，但二者之间存在匹配不均的现象。横向来看，长城文化保护政策的实现主要依靠环境型政策工具，占比 45.35%，供给型和需求型政策工具的使用频次相对持平，分别为 26.95% 和 27.70%。具体而言，环境型政策工具中，监督检查和法规管制是使用频次前两位的两类工具；供给型政策工具中，基础设施、技术支撑和资源整合涉及全部政策目标，表明政府对长城文化保护的投入主要集中在硬件设施层面；需求型政策工具中，宣传教育发挥主要作用，对于市场完善工具的使用亟待提升。

纵向来看，政策目标尤其是保护长城建筑遗产和延续长城文化景观层面的达成主要依靠环境型工具中的法规管制和监督检查，即依赖政府出台法律的约束和监管。在传承弘扬长城精神、宣传推介长城文化以及促进社会共同参与的三项政策目标上，均以需求型政策工具为主，尤其注重宣传教育、社会参与和公共服务政策工具的使用。但也反映出，政策目标对于供给型工具的使用均较少，表明在实现长城文化保护目标的过程中，需要注重供给型工具的均衡使用。

表 6 “政策工具—政策目标”维度交叉分析

“政策工具—政策目标”维度		保护长城建筑遗产	延续长城文化景观	宣传推介长城文化	促进社会共同参与	传承弘扬长城精神	总计
环境型政策工具	标准规范	36	10	3	3	2	54
	法规管制	65	15	2	8	2	92
	机制健全	25	7	10	7	3	52
	监督检查	84	14	2	7	0	107
	目标规划	42	17	8	6	5	78
	人文旅游空间	18	22	18	12	6	76
	实施策略	16	5	1	1	1	24
小计		286	90	44	44	19	483
比例		55.75%	53.57%	28.57%	27.33%	27.54%	45.35%

（续表）

“政策工具—政策目标”维度		保护长城建筑遗产	延续长城文化景观	宣传推介长城文化	促进社会共同参与	传承弘扬长城精神	总计
供给型政策工具	产业扶持	0	1	7	5	1	14
	基础设施	34	22	8	8	3	75
	技术支撑	27	9	5	5	1	47
	奖励补贴	11	0	0	5	1	17
	人才培养	18	2	2	3	0	25
	信息共享	8	1	3	3	0	15
	资金支持	19	4	2	8	0	33
	资源整合	28	6	14	8	5	61
小计		145	45	41	45	11	287
比例		28.27%	26.79%	26.62%	27.95%	15.94%	26.95%
需求型政策工具	对外交流	2	1	6	3	2	14
	公共服务	8	11	12	12	8	51
	科学研究	9	3	7	6	6	31
	社会参与	24	5	8	26	6	69
	示范试点	21	8	11	6	2	48
	市场完善	0	0	2	1	0	3
	宣传教育	18	5	23	18	15	79
小计		82	33	69	72	39	295
比例		15.98%	19.64%	44.81%	44.72%	56.52%	27.70%
总计		513	168	154	161	69	1065
总比		100.00%	100.00%	100.00%	100.00%	100.00%	100.00%

2. “X—Z”二维交叉分析

对“政策工具—参与主体”维度展开交叉分析，结果如表 7 所示。五类政策参与主体对政策工具的运用搭配有不同的侧重。参与主体为政府部门的政策工具条款最多，共计 651 条，占比 57.31%。政府部门和长城保护员对环境型政策工具的使用率最高，分别占 51.00% 和 47.27%，说明政府倾向于营造有利的外部环境推进长城文化保护的整体进程。社会团体及个人、公共文化机构和企业对于需求型政策工具的响应频次最高，其中公共文化机构主要在公共服务和宣传教育中有所响应，但在现有政策工具中存在使用不足的现象。企业这一参与主体运用的政策工具最少，仅占 8.45%，侧重其在社会参与的作用，这也说明现有政策对于企业在长城文化保护中的作用缺乏重视，亟待激发其在创新保护方面的作用和独特优势。

表 7 “政策工具—参与主体”维度交叉分析

“政策工具—参与主体”维度		政府部门	社会团体及个人	长城保护员	公共文化机构	企业	合计
供给型政策工具	产业扶持	6	2	0	5	5	18
	基础设施	42	10	6	10	3	71
	技术支撑	32	5	1	7	4	49
	奖励补贴	13	4	9	0	0	26
	人才培养	20	4	9	4	2	39
	信息共享	11	1	1	1	0	14
	资金支持	22	8	6	1	6	43
	资源整合	37	6	2	7	5	57
小计		183	40	34	35	25	317
比例		28.11%	23.39%	30.91%	32.41%	26.04%	27.90%
环境型政策工具	标准规范	41	5	6	3	1	56
	法规管制	61	13	11	2	9	96
	机制健全	36	6	7	5	4	58
	监督检查	85	11	21	6	7	130
	目标规划	56	9	5	2	2	74
	人文旅游空间	35	13	2	15	10	75
	实施策略	18	2	0	0	2	22
小计		332	59	52	33	35	511
比例		51.00%	34.50%	47.27%	30.56%	36.46%	44.98%
需求型政策工具	对外交流	6	3	1	2	2	14
	公共服务	19	9	1	13	4	46
	科学研究	15	9	2	2	2	30
	社会参与	30	27	10	7	12	86
	示范试点	30	6	1	5	3	45
	市场完善	1	1	0	1	2	5
	宣传教育	35	17	9	10	11	82
小计		136	72	24	40	36	308
比例		20.89%	42.11%	21.82%	37.04%	37.50%	27.11%
总计		651	171	110	108	96	1136
总比		100.00%	100.00%	100.00%	100.00%	100.00%	100.00%

3. “Y—Z”二维交叉分析

对“政策目标—参与主体”维度展开交叉分析，结果如表 8 所示。各参与主体在各政策目标实现的过程中均有参与，但参与程度差异较大。政府部门作为主导参与者，在五项政策目标中均响应频次最多，作为政策的规划者和执行者，始终是长城文化保护的主导力量。但政府部门在保护长城建筑遗产这一目标中，响应频次占比 54.07%，而在传承弘扬长城精神方面的响应仅占 6.98%。表明政府部门仍将工作重心放在长城建筑本体保护工作中，未对长城精神的弘扬有深一步的规划和思考。同样，社会团体及个人、企业也以悬殊的比例差距表明其存在重保护长城建筑遗产、轻传承弘扬长城精神的问题。公共文化机构对于宣传推介长城文化政策目标的响应覆盖面最广，符合博物馆、文化馆等公共文化机构的属性和工作重心。

表 8 “政策目标—参与主体”维度交叉分析

“政策目标—参与主体”维度	政府部门	社会团体及个人	企业	公共文化机构	长城保护员	总计
保护长城建筑遗产	186	34	20	12	33	285
传承弘扬长城精神	24	9	5	7	4	49
促进社会共同参与	39	27	14	11	8	99
宣传推介长城文化	45	13	11	17	2	88
延续长城文化景观	50	13	9	11	2	85
总计	344	96	59	58	49	606

五、研究结论

（1）我国现行长城文化保护政策的政策工具呈现出不平衡的态势，其中环境型政策工具使用频率最高，供给型和需求型政策工具使用频率较低。长城文化保护政策仍以国家或者政府来规约，政府的监管仍是保证各项长城保护工作落实和可持续发展的重要保障。

（2）从短期的保护成效来看，以政府为主体能够发挥很好的效用，推动长城文化保护工作取得显著成效，但同时也限制了企业、公共文化机构等多元主体的参与和支持。这会影响社会群体共有共建共享的积极性，使长城保护停滞在“维持本体保护”，而在“发展长城文化”层面未有进展。此外政策执行的具体细则仍需进一步落实，否则不利于长城文化的长远保护利用。

（3）长城文化保护政策从“以保护促保护”向“以创新促保护”的发展模式转变，长城文化保护政策目标过度强调“保护第一”，而忽略了长城精神的传承，未注意建筑本体保护与精神传承的协同性。但在融合发展阶段，政府意图缓解“保护与创新”的二元对立局面，政策重心逐步从“过度保护”转向“创新利用”，顺应当下对于长城文化保护和长城国家文化公园建设的需求，对当下因保护与创新融合不当所导致的长城文化内生动力缺乏起到了一定缓解作用。

以发展新质生产力为重要着力点 推进长城保护传承利用的高质量发展*

赵 杰**

摘要：习近平总书记关于发展新质生产力的重要论述，为我们做好新时代的长城文化遗产保护传承利用工作提供了根本遵循。长城保护事业的基本要素是保护、传承、利用，实现这三个基本要素的合理配置是新时代长城保护事业高质量发展的重要抓手。核心要素是科技创新，要将各人文社会科学和自然科学学科的新技术、新方法、新成果应用到长城保护事业中，也要加快实现长城遗产本身相关科技的突破。绿色发展是高质量发展的底色，在长城保护事业全领域，必须坚持生态优先、绿色发展之路，既保护好长城，也保护好其所依存的环境，包括自然生态环境和人文社会环境。在人才方面，既要重视多学科专业人才的培养，也要重视广大热爱长城的社会人员的培训。

关键词：新质生产力 长城保护事业 基本要素 科技创新 绿色发展 人才培养

2024 年 5 月 14 日，习近平总书记在给北京市八达岭长城脚下的乡亲们的回信

---

* 基金项目：山西省高等学校人文社会科学重点研究基地（长城文化生态研究院）项目（编号：SDCC2023009）。

**作者简介：赵杰，山西大学长城文化生态研究院副院长、考古文博学院副教授。

中指出，长城是中华民族的代表性符号和中华文明的重要象征，凝聚着中华民族自强不息的奋斗精神和众志成城、坚韧不屈的爱国情怀。我们要保护好、传承好长城历史文化遗产，要像守护家园一样守护好长城，弘扬长城文化，讲好长城故事。习近平总书记的回信，政治站位高远，思想内涵丰富，文化情怀深厚，为我们做好新时代的长城文化遗产保护传承利用工作指明了方向。

习近平总书记关于发展新质生产力的重要论述，是在科学继承马克思主义生产力理论的基础上作出的极具前瞻性和原创性的理论贡献，是对马克思主义生产力理论的丰富和创新发展，具有重要的理论和实践意义，为我们做好新时代的长城文化遗产保护传承利用工作提供了根本遵循。以发展新质生产力为重要着力点，如何推动长城文化遗产保护传承利用工作的高质量发展是新时代文化遗产保护事业的迫切任务。

一、长城保护事业的基本要素

长城保护事业的基本内容包括保护、传承、利用三个部分，它们相辅相成，缺一不可。它们也构成了长城保护事业的三个基本要素，实现这三个基本要素的合理配置是新时代长城保护事业高质量发展的重要抓手。

首先，保护是基础，只有做好保护工作，长城遗址才能永续保存，其价值传承才有载体；也只有保护好长城遗址，其资源才有利用并转化为财富的可能。

我们做好保护工作，不仅要对遗址本身进行科学的保护，对其存在的人文环境和生态环境也要进行合理的保护。有着2500多年建造使用历史的长城，已经与周围的人文环境和生态环境有机融合在了一起。长城成为沿线人民群众的时空坐标轴，形成了独具特色的民风民俗，遗留下了丰富的非物质文化遗产。生态环境也因长城两侧的战与和而变化与适应。以明代而论，有时为减弱蒙古族骑兵的速度优势，强调在长城沿线严禁砍伐林木；有时又为了防止蒙古族骑兵对草料林木的利用，而烧荒毁林，不论哪一种情况，今天的保护工作都应减少人为干预，确保历史的正确书写。

其次，传承是内核，只看到遗址本身的物质表现，缺乏对长城价值内涵的发掘与弘扬，这样的遗址就失去了其存在的意义；无论是精神的弘扬，还是价值的传承，都应转化为长城遗址的合理利用，将其价值内化于心、外化于行。

正如习近平总书记在前文回信中指出的“长城是中华民族的代表性符号和中华文明的重要象征，凝聚着中华民族自强不息的奋斗精神和众志成城、坚韧不屈的爱国情怀”，长城遗址蕴含着中华民族的精神与中华文明的价值。同时长城又存在了

2500 多年，广泛分布于整个中国北部地区，如此庞大的时空体量使得它的历史发展还有很多待解之处，其文化价值的发掘也远远不够。我们不能止步于揭示长城的历史发展脉络，更应深究其与中华民族和中华文明的有机融合。

最后，利用是目标，做好长城保护与传承工作的目的，就是要让长城脚下的乡亲们依托长城资源走上致富的道路。

长城的合理利用不仅不会造成资源的破坏，相反会使生活水平的提高与长城遗产的保护达到和谐统一，达到真正“把祖先留下的这份珍贵财富世世代代传下去”的目标。

二、长城保护事业的核心要素

新质生产力的核心要素是科技创新，长城保护事业的核心要素也是科技创新。不仅要将新技术、新方法应用到长城保护事业中，也要潜心攻关，加快实现长城遗产本身相关科技的突破。

长城本身是涉及多学科的事物，除本体的文物保护外，与其相关的历史发展、建筑工艺、民族交流、经济往来、民风习俗、文学典故、生态环境等等都应当是长城考察研究的领域，可以说，长城的多学科性是长城学科与生俱来的重要特征。要加快各人文社会科学和自然科学学科的新技术、新方法、新成果应用到长城保护事业的步伐，更好地做好长城的保护、传承与利用工作。十年以前将无人机用于长城监测可望而不可即，对长城重要点段进行日常监控不仅需要安装监控设备，还需要电力、信号的建设，这对于往往位于深山老林中的长城来说，成本实在不菲。但近几年随着无人机技术、电信技术、远程监控技术的突飞猛进，带来的不仅仅是成本的降低，更带来了监测的全面与便捷，长城保护已经跃上了新的阶段。作为新一轮科技革命和产业变革重要驱动力量的人工智能技术也开始进入长城保护传承与利用领域，助力长城文化传播与价值实现。

必须注意的是，科技创新不仅仅在长城遗址的保护工作中大显身手，在长城的传承、利用方面，也应大胆吸收各学科先进理论与先进技术。而且不能只有拿来，应针对长城遗产自身的特征，实现长城本身相关科技的突破，推动长城保护事业全领域的高质量发展。

三、坚持长城保护事业的绿色发展

新质生产力本身就是绿色生产力，绿色发展是高质量发展的底色。在长城保护事业全领域，必须坚持生态优先、绿色发展之路。长城在漫长的岁月中，已经与周围的环境形成了有机的整体，无论是长城还是周围环境的改变都会造成对方的损害，我们必须坚持绿色发展的道路，既保护好长城，也保护好其所依存的环境。这里所说的环境，不仅指自然生态环境，也包括人文社会环境。

长城遗产本体的修缮保护，应坚持文物保护基本原则，包括不改变文物原状、最低人为干预原则、可逆性原则、与环境统一原则、符合文物内在要求原则、文物自身材料老化结果清晰可辨原则、预防优于弥补原则等等。对这些原则的坚持，就是做好长城保护事业绿色发展的重要表现。数年前某地用水泥修补长城的事例就是既破坏长城，又破坏环境的典型案例。

说到绿色，我们会想到绿色的植物。中东部地区的长城遗址，往往生长有草本、灌木等植物，对这些植物的清理应注意区分。深根植物，时日越久，对长城墙体造成的损坏也越大，甚至是非常严重的墙体崩塌，这类植物，就应清除或使其停止生长。而浅根植物对长城墙体不仅不会造成损坏，反而会降低墙体遭受风雨侵蚀的程度，如果一拔了之，那就适得其反了。因此对待长城墙体上的绿色植物，也要遵从最低人为干预、预防优于弥补的原则。

近几年绿色能源建设如火如荼，尤其是北方长城沿线地区不仅风能足，光能也多，因此也成为新能源电力的重要建设场所。但必须严格按照《文物保护法》及相关法规对保护范围和建设控制地带的管理规定进行建设，严禁打着新能源的旗帜行破坏长城及其环境之实。试想在长城墙体上、在烽火台的台体上，布置着成片黑色的光伏板、巨大的风机，那是什么样的景象呀！至于近几年曝出的某地开矿挖断长城，那就是赤裸裸地破坏长城与环境，与“绿”毫不沾边了！

长城保护事业的绿色发展，还体现在人文社会环境的风清气正。一个很重要的要求就是尊重客观事实，即实事求是。如某地竖立起“孟姜女哭倒长城处”的标志，明显是为博眼球的错误之举，如不及时制止，不仅仅是贻笑大方，更多的只会带来负面的评价，给当地的人文社会环境造成损害。再如对于长城时代的争论，因越早越好、越独有越好等思想作祟，在时代仍存争议的情况下，往往将学术研究的严谨性弃之不顾，而进行单方面的宣传。很多历史问题本身的探讨就是一个漫长的过程，是无法“急于求成”的！

这几年北京市在修缮长城遗址前开展的考古工作取得了重要的成果，不仅搞清楚了长城墙体、敌台等的内部结构，更重要的是发现了以往没有认识到的遗存，如火炕、灶址等，为长城的修缮保护工作提供了非常重要的客观依据。这种长城保护中的考古先行，本身就是对客观事实的尊重，是绿色发展的生动体现。

四、优化长城保护事业人才培养模式

发展新质生产力对人才提出了更高的要求，对人才培养模式也提出了优化与完善的要求。如上所述，长城具有多学科性，涉及很多学科门类。单纯学历史的、学建筑的很难适应长城保护、传承、利用全领域的工作，要求在人才培养方面着重进行多学科教育。这方面可以借鉴山西大学牵头的中国石窟文化联合研究生院打通学科壁垒的培养模式，让更多的受过多学科训练的专业人才进入文物保护事业中来。

社会力量是长城保护事业人才队伍的基石，虽然文化水平、学术基础参差不齐，但他们都保持着对文物最重要的敬畏之心，他们对文物保护作出的贡献不胜枚举。人才培养模式的优化，绝不仅仅指高校的学生培养，对社会力量进行培训、让社会力量到高校科研院所进行深造也是必须着手开展的重要工作。

让我们以习近平新时代中国特色社会主义思想为指导，以习近平文化思想为引领，以新质生产力为重要着力点，深刻领悟习近平总书记回信精神，扎实推进长城保护事业的高质量发展。

国内长城旅游市场大数据客群画像与网络声量*

赵鹏宇 李胜霞**

摘要：近年来长城旅游市场热度不减，游客画像特征与网络传播有必要关注。为此运用微信指数、百度指数、巨量算数和抖音短视频位序—规模法等研究方法，对国内长城各景区的网络声量和客群画像进行具体的研究。研究发现：（1）在客群画像方面，游客年龄集中在24～40岁之间，客源集中于二线、三线和四线城市，男女比例为7∶3。（2）在网络声量方面，百度网络关注度排名前五的景区有八达岭、嘉峪关、山海关、雁门关、娘子关，微信指数网络关注度排名前五的景区有嘉峪关、山海关、八达岭、雁门关、金山岭长城景区。（3）抖音关注度显示，国内长城各景区账号粉丝数量和作品获赞量位于首位的是雁门关，话题播放量最高的是八达岭长城景区，账号作品数量最高的是大境门景区。（4）位序—规模结构和齐夫指数q显示，“头部”景区数量少，呈现出分散布局；“中部”景区数量较多，且景区间差异并不明显；“尾部”景区数量不多，却表现出明显的差异性，反映出高位序景区在空间上有较强影响作用并呈现出高网络化发育水平。研究结论可为长城旅游营销决策提供参考。

关键词：长城景区 客群画像 网络声量

---

* 基金项目：“1331工程”提质增效建设计划项目子课题资助（编号：2023WTS20）。

** 作者简介：赵鹏宇，忻州师范学院旅游管理系副教授；李胜霞，忻州师范学院旅游管理系本科生。

一、引言

近年来，国内长城旅游持续火爆。截至2023年6月底，长城主题旅游景区国家3A级以上（含3A级）共37家，主要集中在北京、河北、山西、天津、宁夏、甘肃、辽宁、新疆、陕西、山东等10个省（自治区、直辖市）。其中5A级旅游景区6个，4A级旅游景区18个，其余为3A级旅游景区。

国内关于景区网络关注度研究成果较多。王雅贤运用ArcGIS空间分析法，对京津冀5A景区网络关注度空间的等级、形态、变化、全国分布及不同类型景区空间分布做了分析，① 康文婧利用空间异质性理论结合变异系数、核密度分析以及莫兰指数等方法对红色旅游景区的网络关注度的空间特征进行分析，② 张洋洋等利用百度指数对老君山风景区旅游网络关注度的时空分布特征和影响因素做了具体的研究，③ 罗婉琳等利用抖音用户、抖音话题等网络关注度数据，应用位序—规模、核密度、最邻近指数等方法对中国红色旅游景区网络关注的空间差异及驱动力因素进行分析，④ 丁志伟等学者通过抖音粉丝量数据，利用位序一规模法则、核密度估计、领域划分与模式组合等方法，对中国城市网络关注的空间差异进行具体的分析，并对比了其与传统百度指数的差异。⑤

在用户画像方面，李嘉俊通过问卷调查的方法对长白山景区的游客画像的特征做了具体分析，⑥ 甘雨婷等运用亲和图法和关联分析法对桂林景区的游客群体进行分类，分为重要发展人群、重要挽留人群。⑦ 周晋名等学者通过网络文本分析、隐喻提取技术等方法，从游客基本属性、人格类型、兴趣爱好三个维度构建上海迪士尼

---

① 王雅贤：《京津冀5A级景区网络关注度时空分布与影响因素研究》，硕士学位论文，燕山大学，2023年。

② 康文婧：《红色旅游经典景区网络关注度时空特征及影响因素研究》，硕士学位论文，西安建筑科技大学，2022年。

③ 张洋洋等：《基于百度指数的老君山风景区旅游网络关注度研究》，《绿色科技》，2023年第13期，第270-275页。

④ 罗婉琳等：《中国红色景区抖音网络关注度的空间差异及其影响因素》，《经济地理》，2023年第3期，第198-210页。

⑤ 丁志伟等：《基于抖音粉丝量的中国城市网络关注度空间差异及其影响因素》，《地理研究》，2023年第3期，第198-210页。

⑥ 李嘉俊：《基于“游客画像”的长白山旅游景区营销策略研究》，硕士学位论文，吉林外国语大学，2023年。

⑦ 甘雨婷等：《基于桂林市景区游客画像的市场细分研究》，《大众科技》，2023年第6期，第158-162页。

乐园游客画像。① 国内长城旅游景区游客画像与网络关注度研究较少，总结其游客画像与网络声量，可以为长城旅游营销决策提供参考。

二、研究方法

（一）百度指数

百度指数主要以百度海量网民行为数据为基础的数据分析平台，是目前物联网甚至整个数据时代最重要的统计分析平台之一，从发布之日起就已经成为众多企业促销计划的重要依据，由趋势研究、需求图谱、人群画像三部分组成。运用百度指数趋向探索功能，将关键词作为统计对象，能够有效地分析和计算出所搜索关键词在百度网站上搜索频率的总和，并可以形象直观地将曲线图和具体指数表现出来（其中搜索指数包括 PC 日均值、移动日均值以及整体日均值）。通过 Python 爬取国内长城各景区 2023 年 3 月到 2024 年 3 月的网络关注度，发现被收录的景区共有 19 个，核心词选取是在线搜索反馈的关键，主要运用直接选取核心词的方式，比较同一景区不同核心词百度指数数值，以数值最高的核心词为构成对象（表 1）。

表 1　国内长城景区百度指数搜索关键词

省、自治区、直辖市	地级市	景区名称	搜索关键字
河北省	唐山市	潘家口旅游风景区	潘家口
河北省	唐山市	青山关旅游区	青山关
河北省	张家口市	大境门景区	大境门
河北省	承德市	金山岭长城景区	金山岭
河北省	秦皇岛市	山海关景区	山海关
山西省	忻州市	雁门关景区	雁门关
山西省	朔州市	杀虎口旅游区	杀虎口
山西省	阳泉市	娘子关景区	娘子关
甘肃省	敦煌市	阳关景区	阳关
甘肃省	嘉峪关市	嘉峪关文物景区	嘉峪关
北京市	怀柔区	慕田峪长城旅游区	慕田峪
北京市	昌平区	居庸关长城	居庸关
北京市	延庆区	八达岭水关长城	八达岭
北京市	密云区	司马台长城	司马台
宁夏回族自治区	灵武市	水洞沟旅游区	水洞沟
辽宁省	丹东市	虎山长城景区	虎山长城

① 周晋名、毛润泽：《基于网络游记的景区游客画像构建研究——以上海迪士尼乐园为例》，《旅游论坛》，2020 年第 3 期，第 34-45 页。

（续表）

省、自治区、直辖市	地级市	景区名称	搜索关键字
辽宁省	葫芦岛市	九门口长城景区	九门口
河北省	秦皇岛市	角山长城景区	角山长城
山西省	忻州市	老牛湾景区	老牛湾

（二）微信指数

微信指数是基于微信大数据的移动端指数产品，能够反映核心词在微信内的关注度变化。微信指数所反映的关注度变化来自对微信检索、公众号作品以及朋友圈公开转发内容形成的全面分析。

微信指数结合了微信上的检索和阅读行为数据，鉴于对众多数据的阐述，可以形成当日、7 日、30 日以及 90 日的“核心词”动态指数变化情况，可以简单地看到某个词语在一段时间内的热度趋势和最新指数动态。通过 Python 爬取国内长城各景区 2023 年 3 月到 2024 年 3 月的网络关注度，发现被收录的景区有 30 个，通过 Excel 对数据做相关的处理。

（三）巨量算数

巨量算数是巨量引擎名下实质资料消费趋向洞悉品牌，借助抖音、西瓜视频等内容消费渠道衔接巨量引擎的信息与技术长处，输出内容趋势、产业研究、广告策略等洞察与观点。同时，开放多种数据分析工具，满足品牌方、推广类从业者、制作方等数据有关需求。

根据巨量引擎的内容使用情景、数据及技术掌握能力，巨量算数平台从“想法 + 设备”出发，打造五大板块包括动态监测、算数指数、抖音领域分析、算数排名、算数报告，为行业提供具体化纵深分析的参考依据，为垂类内容创作提供科学依据和直观分析。本文主要通过巨量算数搜索国内长城各景区 2023 年 3 月至 2024 年 3 月的用户画像的年龄、性别、客源地，发现被收录的景区有 20 个，分别为八达岭长城、金山岭长城、慕田峪长城、雁门关等景区，进而得出对国内长城感兴趣的游客的特征，然后通过 excel 对数据做相关的处理。

（四）位序—规模法

位序—规模法是一种可以通过分析规模和位序之间的相关关系来研究体系整体发展情况的方法，其能将国内长城各景区网络关注度按照从大到小的顺序进行排序，从而形成规模与位序的两两对应关系。在位序—规模研究方法下，两者在无标度空间上形成线性回归关系，其回归后的齐夫指数 q 可以表征国内长城各景区体系的内部差异状态。一般而言，回归系数接近 1，表明位序－规模结构较为理想，形成了稳定的发育结构。如果回归系数大于 1 或者显著大于 1，表明首位城市的影响大，存在首位型分布特点或者极化效应。如果回归系数小于 1，表明整体结构的离散性较强，内部发育的各层次结构松散，首位城市的带动力不强。该方法最常用的分析工具是齐夫指数公式，一般表达式为：

$$\ln P_r = \ln P_1 - q\ln R$$

式中：P_r 为国内长城中位序为 r 的景区的抖音采集账号的粉丝数量 / 作品数 / 获赞量 / 话题关注度；P_1 为关注度最高景区的粉丝数量 / 作品数 / 获赞量 / 话题关注度；R 为景区的粉丝数量 / 作品数 / 获赞量 / 话题关注度位序；q 为待定的齐夫指数。

三、国内长城各景区用户画像特征分析

（一）游客年龄结构以中青年为主

通过巨量算数得到国内长城各景区的游客年龄主要集中在 24 ～ 30 岁、31 ～ 40 岁年龄段之间，游客群体主要是青年、中年（图 1）。

喜欢八达岭水关长城的游客年龄主要集中在 24 ～ 30 岁、31 ～ 40 岁之间，年龄在 24 ～ 30 岁之间占 21.31%，年龄在 31 ～ 40 岁之间占 37.06%。喜欢金山岭长城景区的游客，年龄在 18 ～ 23 岁之间占 10.01%，24 ～ 30 岁之间占 21.25%，31 ～ 40 岁之间占 35.20%，41 ～ 50 岁之间占 17.74%，51 岁以上占 15.80%。喜欢慕田峪长城旅游区的游客，年龄在 18 ～ 23 岁之间占 16.40%，24 ～ 30 岁之间占 23.97%，31 ～ 40 岁之间占 36.24%，41 ～ 50 岁之间占 12.43%，51 岁以上占 10.96%。对雁门关景区感兴趣的游客，年龄在 18 ～ 23 岁之间占 10.55%，51 岁以上占 14.15%。喜欢居庸关长城的游客年龄主要分布在 24 ～ 30 岁、31 ～ 40 岁之间，年龄在 18 ～ 23 岁之间的游客占 12.12%。喜欢娘子关长城景区的游客，年龄在 18 ～ 23 岁之间占 10.41%，31 ～ 40 岁之间占 32.64%，51 岁以上占 18.86%。对嘉峪关文物景区感兴趣的游客，年龄在 31 ～ 40 岁之间占 34%，年龄在 41 ～ 50 岁之间占 14.91%。喜欢山海关景区的游客，年龄在 18 ～ 23 岁之间占 11.98%，年龄在 24 ～ 30 岁之间占 18.89%。喜欢黄崖关长城风景区的游客，年龄在 24 ～ 30 岁之间占 13.87%，年龄在 31 ～ 40 岁之间占 35.24%。对八达岭古长城感兴趣的游客年龄集中在 31 ～ 40 岁、41 ～ 50 岁之间，分别占 35.01%、25.98%。

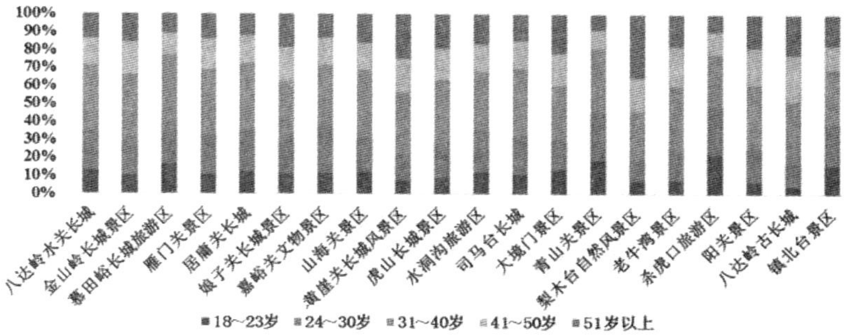

图 1　国内长城各景区游客年龄分布占比

（二）游客男女性别 7 ：3

整体上来看，男生占 7/10，女生占 3/10。其中，喜欢八达岭水关长城的游客男生占 52%，女生占 48%（图 2）。

喜欢金山岭长城景区的旅客中男生占 71%，女生占 29%。对慕田峪长城旅游区感兴趣的游客中男生占 50%，女生占 50%。喜欢雁门关景区的游客中男生占 76%，女生占 24%。喜欢居庸关长城的游客中男生占 73%，女生占 27%。喜欢娘子关长城的游客，男生占 70%，女生占 30%。喜欢嘉峪关文物景区的游客，男生占 66%，女生占 34%。喜欢山海关景区的游客，男生占 52%，女生占 48%。喜欢黄崖关长城风景区的游客，男生占 54%，女生占 46%。喜欢虎山长城景区的游客男生占 61%，女生占 39%。喜欢水洞沟旅游区的游客，男生占 51%，女生占 49%。喜欢司马台长城的游客，男生占 53%，女生占 47%。喜欢大境门景区的游客，男生占 57%，女生占 43%。喜欢青山关景区的游客，男生占 73%，女生占 27%。对老牛湾景区感兴趣的游客中男生占 63%，女生占 37%。对八达岭古长城景区感兴趣的游客，男生占 74%，女生占 26%。从整体上来讲，男生最喜欢的景区是八达岭古长城景区，女生最喜欢的景区是阳关景区。

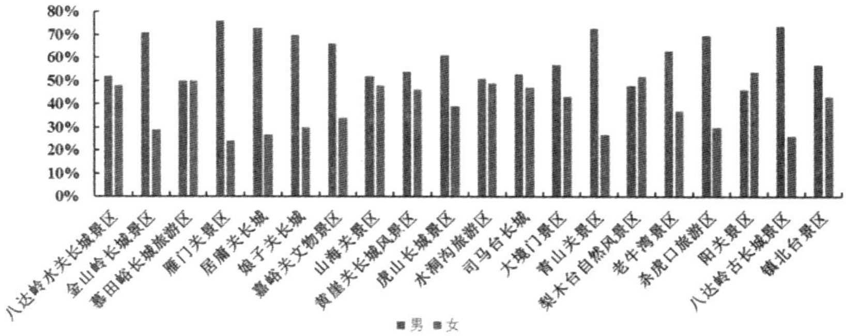

图 2　国内长城各景区游客性别分布占比

（三）客源以二、三、四线城市为主

国内长城景区游客主要来自二线、三线和四线城市（图3）。

喜欢八达岭水关长城景区的游客主要来源于三线城市和四线城市，其中三线城市占23.16%，四线城市占17.90%，五线城市的游客最少。喜欢金山岭长城景区的游客主要来源于三线城市和四线城市，三线城市占23.39%，四线城市占19.55%，来自五线城市的游客最少，占9.52%。喜欢慕田峪长城旅游区的游客主要来自二线和三线城市，二线城市占16.51%，三线城市占20.56%。喜欢雁门关景区的用户主要来自三线和四线城市，三线城市占19.50%，四线城市占19.22%，游客来源于一线城市占比最少，占7.44%。喜欢居庸关长城的游客主要来自一线城市、三线城市和四线城市，一线城市占13.95%，三线城市占22.59%，四线城市占17.26%。对娘子关长城有兴趣的游客，最受欢迎的城市是二线城市，占20.77%，次受欢迎的是五线城市，占20.76%，最不受欢迎的城市是一线城市，占6.91%。喜欢嘉峪关文物景区的游客，客源地主要有新一线城市、一线城市、二线城市、三线城市、四线城市、五线城市，占比分别为11.50%、3.35%、17.12%、10.12%、10.34%、46.41%。喜欢山海关景区的游客客源地主要有五线城市、四线城市、三线城市、二线城市、一线城市、新一线城市，分别占10.89%、16.34%、34.71%、13.94%、8.04%、14.95%。喜欢黄崖关长城风景区的游客最受欢迎的城市是新一线城市，为48.54%。喜欢老牛湾景区的游客，主要来源于三线城市、四线城市，分别占22.97%、24.90%。对阳关景区感兴趣的游客主要来源于新一线城市、五线城市，分别占18.15%、29.22%。喜欢八达岭古长城景区的游客分布在新一线城市、一线城市、二线城市、三线城市、四线城市、五线城市，分别占14.90%、16.54%、14.68%、21.99%、18.11%、11.92%。

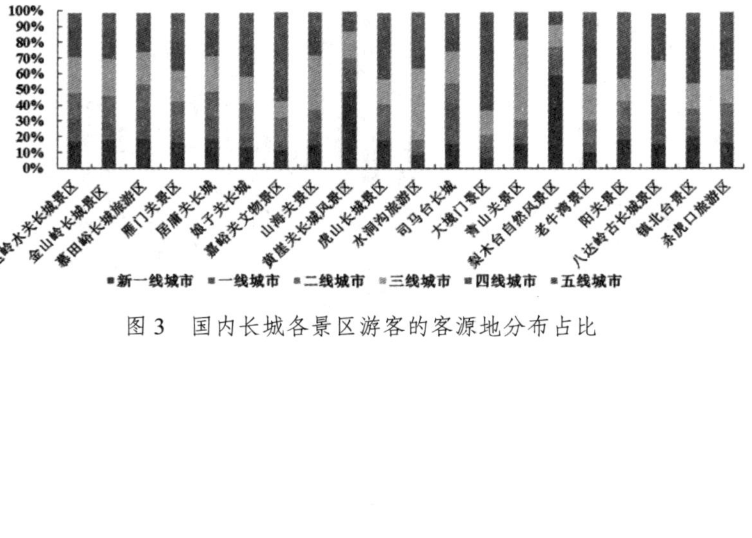

图3　国内长城各景区游客的客源地分布占比

四、国内长城景区网络关注度分析

（一）基于百度指数的国内长城景区网络关注度分析

国内长城各景区网络关注度可以分为 3 个等级（图 4），截取时间段为 2023 年 3 月到 2024 年 3 月，月均网络关注度值在 1100 ～ 1800 的景区为第一等级，分别为八达岭长城景区、嘉峪关文物景区、山海关景区、雁门关景区。月均网络关注度值在 450 ～ 600 的景区为第二等级，分别是娘子关长城景区、阳关景区、司马台长城景区、居庸关长城、金山岭长城景区、大境门景区、慕田峪长城旅游区、黄崖关长城风景区等景区。月均网络关注度值在 250 ～ 400 的景区为第三等级，分别为黄花城水长城、杀虎口旅游区、虎山长城景区、梨木台自然风景区、老牛湾景区、九门口长城景区、八达岭古长城景区等。

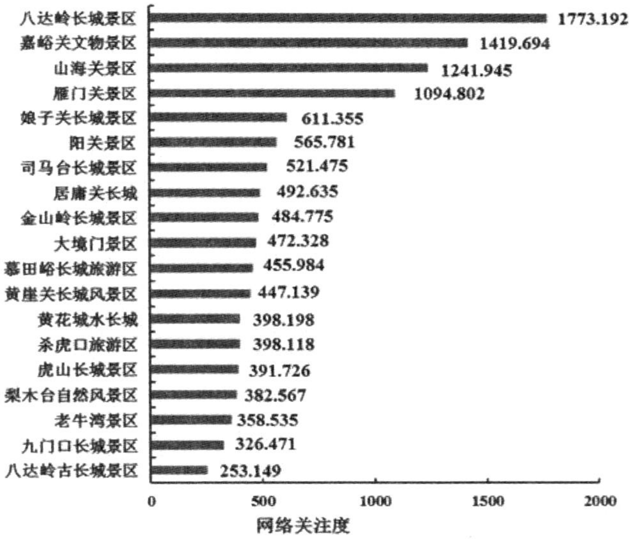

图 4　基于百度指数的 2023 年 3 月—2024 年 3 月国内长城各景区的月平均网络关注度

八达岭长城景区在 2019 年 6 月 1 日起实行全网实名制预约售票，并且全面启动在线售票方式，旅客可以通过八达岭水关长城微信公众号、小程序、携程、美团、大众点评、去哪、同程等方式，提前 5 天进行预约。在营销方面，八达岭长城景区一方面继续与传统媒体保持合作关系，通过中央电视台、北京广播电视台、北京日报、北京晚报、北京晨报、北京青年报、中国旅游报等媒体报道景区信息，另一方面也重视新媒体平台的合作，通过人民网、光明网、中国新闻网、千龙网、新浪、搜狐等网络媒体发布、转载景区信息或直播新品发布。在景区宣传方面，通过文创产品的开发、文创产业的发展，实现对外的国际化传播、对内文化的传承。①嘉峪关文物景区的旅游设施完善，景区内交通便捷，游客可以选择乘坐观光车游览，也可以步行欣赏沿途的风景。嘉峪关文物景区的服务质量也非常高，景区工作人员热情周到，为游客提供全方位的服务。游客无论是购票、咨询还是遇到问题，都能够得到及时有效的回应。嘉峪关文物景区通过建立微信公众号让游客在网上提前购买门票，为游客留下更多的时间去参观景区。嘉峪关文物景区通过举办长城文化交流活动，让更多对长城感兴趣的国内外游客前来参加，从而扩大景区的影响力。②山海关景区通过实体店和互联网两种渠道进行相关的销售，在互联网上，可以运用山海关景区的官方网站、快手、抖音、小红书、12306等20多家网络用户端口进行线上预约。景区与美团、抖音、快手达成长期合作关系，旅游者能够在线上购买门票，到景区后无须排队取票，刷身份证后就可以直接进入景区，给旅游者带来极大的便利。实体店除了直接出售门票的方式，山海关景区还与山海关区内7家旅游景区合作进行捆绑销售。此外，山海关景区还参加了为本地居民推出的秦皇岛市旅游一卡通活动，购买此卡后当年本地居民进景区参观不限制次数。除此之外，景区就某些产品开展招商活动，同时加大与旅行社等中间商的合作力度，充分扩展企业销售渠道。雁门关景区对硬件设施进行了一系列的改造，新建停车场、跨路天桥，将景区内循环路进行整修，在道路上安装指示牌、安全护栏、反光镜，更新各景点导览图，新建五星级酒店，并对景区厕所进行升级改造。③雁门关景区聘请了大量的专业化、职业化的导游，为更好推动雁门关的文化传播做了充分的准备。雁门关景区还邀请了当地知名的专家，为景区未来发展做更加系统的规划。④娘子关长城景区利用现代网络技术，通过多种渠道进行品牌宣传。利用多媒体进行品牌宣传，如在抖音、快手等短视频去提高游客的关注度，通过微博发布广告和宣传片，且利用运营微信公众号分布景区地理位置、历史文化、旅游资源等信息，同时也开发3D旅游地图，提高网上购票服务。为了加强与游客的互动，景区开通了微博、快手、抖音、小红书账号，针对游客留言提出的问题进行改造，从而加大了景区的知

---

① 郭艳峰：《八达岭长城景区的商业模式创新研究》，硕士学位论文，北京邮电大学，2022年。

② 苑君：《嘉峪关旅游景区管理体制研究》，硕士学位论文，西北师范大学，2016年。

③ 刘红萍：《基于游客感知的资源保护型景区旅游解脱系统的优化研究——以山海关老龙头景区为例》，《佳木斯教育学院学报》，2014年第4期，第455-462页。

④ 郝泽林：《演化视角下的雁门关景区发展动因研究》，硕士学位论文，山西大学，2019年。

名度。[①] 对于月均网络关注度值在 250 ～ 400 的景区来说，应该加大在抖音、快手、微博等自媒体平台的宣传力度，提高景区的基础设施建设，招聘大量的专业导游为游客讲解景区的文化历史，进而提高景区的网络关注度。

（二）基于微信指数的国内长城各景区网络关注度分析

微信关注度显示国内长城各景区分为三个等级（图 5），截取时间段为 2023 年 3 月到 2024 年 3 月。月均网络关注度值在 3500000 ～ 4300000 的景区为第一等级，分别为嘉峪关文物景区、山海关景区、八达岭长城景区等。月均网络关注度值在 225300 ～ 1255000 的景区为第二等级，分别为雁门关景区、金山岭长城景区、阳关景区、娘子关长城景区等。月均网络关注度值在 3000 ～ 157600 的景区为第三等级，分别为水洞沟旅游区、镇北台景区、慕田峪长城旅游区等。其中，网络关注度排在前五的景区，分别为嘉峪关文物景区、山海关景区、八达岭长城景区、雁门关景区、金山岭长城景区。由于前四个景区的宣传、服务、营销等方面在百度指数已经做了详细介绍，微信指数这里就不做具体的阐述。

对于月均网络关注度值在 3000 ～ 157600 的景区，在宣传、营销、服务方面有待提高。在宣传方面，可以利用官方网站、微博、微信公众号、抖音、快手等网络平台，发布关于长城的历史文化、风光景色、旅游活动等内容。定期举办与长城相关的主题活动，吸引游客的关注和参与。这些活动不仅可以提升长城的知名度，还可以让游客更深入地了解长城的历史和文化。加强与旅行社、在线旅游平台等合作，推出长城主题旅游线路，为游客提供便捷的预订服务。利用虚拟现实技术让游客可以在线上体验游览长城的感觉，新颖的宣传方式可以吸引更多年轻人的关注。

在营销方面，深入了解目标游客群体的需求和偏好，突出长城文化特色，精准定位其独特的历史文化价值、自然风光和民俗特色。充分利用微博、微信、抖音等社交媒体平台，发布各景区的美景、文化故事和活动信息，吸引粉丝关注和互动，让更多的人来该景区打卡拍照，扩大景区的网络知名度。通过与网红、旅游达人合作，邀请他们来各景区游玩并分享给粉丝，借助其影响力扩大宣传范围。创新旅游服务方式，提供个性化的导游讲解、定制化的旅游套餐等，满足游客的多样化需求。

① 相蕾：《文旅融合视角下乡村旅游发展路径探索——以山西平定娘子关景区为例》，《南方农机》，2022 年第 6 期，第 86-98 页。

图 5　基于微信指数的 2023 年 3 月—2024 年 3 月国内长城各景区的月平均网络关注度

（三）基于位序—规模法的国内长城各景区网络关注度分析

对国内长城各景区抖音账号粉丝量、作品数、作品获赞量、话题关注度四个维度进行位序—规模分析（图 6）。账号粉丝数量和作品获赞量位于首位的是雁门关景区，账号粉丝数为 10.4 万，视频获赞量为 56.9 万。由账号视频获赞量以及粉丝量拟合出来的位序－规模曲线可知，齐夫指数 q 值分别为 2.59 和 2.27，反映出高等级的粉丝数和获赞数在空间上具有较强的空间影响力和一定的网络空间集聚效应，同时也体现出总体结构并非一个理想的均衡结构，甚至出现了极化效应。国内长城各景区话题播放量最高的景区是八达岭长城景区，其话题播放量是 8.7×10^4 万，话题播放量排名第二的是山海关景区，其播放量为 5.2×10^4 万，排名第三的是雁门关景区，其播放量为 4.2×10^4 万，排名第四的是金山岭长城景区，播放量为 7803.5 万，排名第五的是黄崖关长城风景区，播放量是 2673.6 万。

由景区作品数量拟合出来的位序－规模曲线可知，齐夫指数 q 值为 1.53，产生了较为严重的极化效应。账号作品数量最高的是大境门景区，作品数量为 1059 个，其次账号作品数量最高的景区是金山岭长城景区，作品数量为 780 个。由景区话题量拟合出来的位序—规模曲线可知，齐夫指数 q 值为 2.99，同样也产生了较为严重的极化效应。当 q=2.99 时，说明高位景区发育较为突出，中低位景区发展还不是很完善，并且景区抖音话题关注水平的整体结构也不是很理想的均衡结构。总体来说，国内长城各景区在抖音上话题量分布呈现出“头尾部”分散，“中部”相对密集的特点，体现了高等级旅游地总体发展和优势明显，而低等级旅游地发展相对较少，但也呈现出了一定的分层。

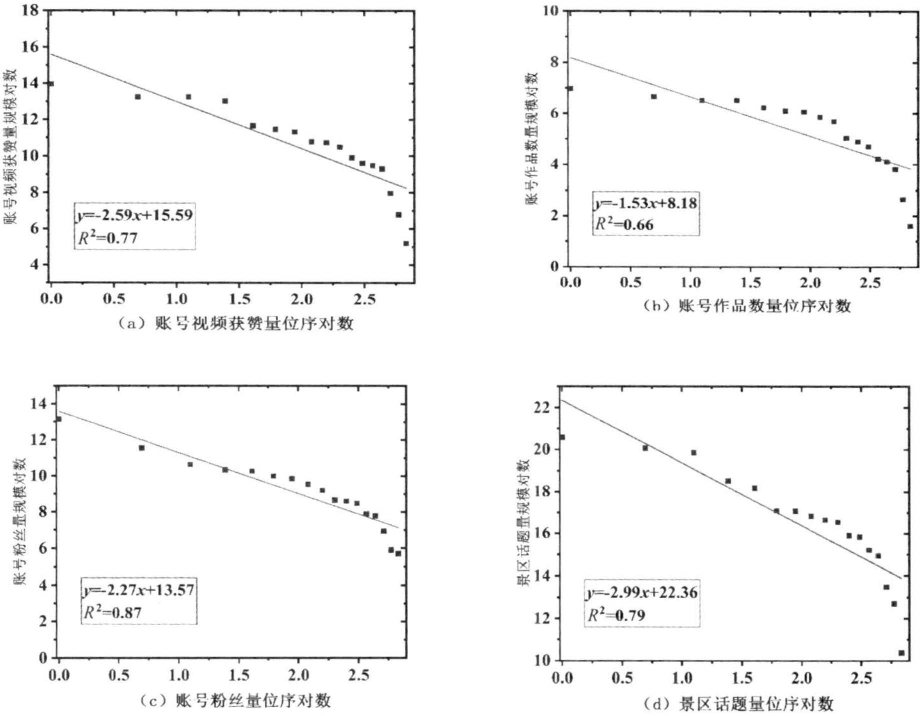

（a）—账号视频获赞量；（b）—账号作品数量；

（c）—账号粉丝量；（d）—景区话题量位序

图 6　国内长城各景区的规模图

结论

本文主要通过微信指数、百度指数、巨量算数、位序—规模等研究方法，对国内长城各景区的网络声量和用户画像特征做了相关的分析。

（1）在用户画像方面，国内长城各景区的游客，年龄大部分集中在 24 ～ 30 岁、31 ～ 40 岁之间，大多数游客来源于二线城市、三线城市和四线城市，男性游客占总人数的 7/10，女性游客占 3/10。

（2）百度指数网络关注度在 1100 ～ 1800 的景区划为第一等级，网络关注度在 450 ～ 600 的景区划为第二等级，网络关注度在 250 ～ 400 的景区划为第三等级。得出网络关注度排名在前五的景区有八达岭长城景区、嘉峪关文物景区、山海关景区、雁门关景区、娘子关长城景区。

（3）微信指数网络关注度在 3500000 ～ 4300000 的景区划为第一等级，网络关注度在 3500000 ～ 4300000 的景区划为第二等级，网络关注度在 3000 ～ 157600 的景区划为第三等级。得出网络关注度排名在前五的景区有嘉峪关文物景区、山海关景区、八达岭长城景区、雁门关景区、金山岭长城景区。

（4）抖音短视频关注度，根据位序－规模法，整体拟合曲线并非完全吻合理想状态。其中，“头部”景区数量很少，呈现出分散布局；“中部”景区数量较多，但是景区之间的差异并不明显；而“尾部”景区的数量不多，却表现出明显的差异性，从而反映出高位序景区在空间上的很强的影响作用并呈现出高网络化发育水平。国内长城景区账号粉丝数量和作品获赞量位于首位的是雁门关景区，话题播放量最高的景区是八达岭长城景区，账号作品的数量最高的是大境门景区。